2021年度广东省重点建设学科科研能力提升项目"广东特色文化资源融入高校思政课的实践与经验研究"（立项批准号：2021ZDJS098）研究成果之一。

广东省高校思政课区域协同创新中心（佛山科学技术学院）2022年思政课协同创新建设成果之一。

九州文库

地方特色文化资源融入思想政治教育教学研究

林瑞青　韩中谊　杜环欢　主编

九州出版社
JIUZHOUPRESS

图书在版编目（CIP）数据

地方特色文化资源融入思想政治教育教学研究／林
瑞青，韩中谊，杜环欢主编．--北京：九州出版社，
2023.10
　　ISBN 978－7－5225－2276－0

　　Ⅰ.①地… Ⅱ.①林… ②韩… ③杜… Ⅲ.①高等学
校—思想政治教育—教学研究—中国 Ⅳ.①G641

中国国家版本馆 CIP 数据核字（2023）第 193241 号

地方特色文化资源融入思想政治教育教学研究

作　　者　林瑞青　韩中谊　杜环欢　主编
责任编辑　陈春玲
出版发行　九州出版社
地　　址　北京市西城区阜外大街甲 35 号（100037）
发行电话　（010）68992190/3/5/6
网　　址　www.jiuzhoupress.com
印　　刷　唐山才智印刷有限公司
开　　本　710 毫米×1000 毫米　16 开
印　　张　17
字　　数　305 千字
版　　次　2024 年 3 月第 1 版
印　　次　2024 年 3 月第 1 次印刷
书　　号　ISBN 978－7－5225－2276－0
定　　价　95.00 元

编 委 会

前　　言

本著作是 2021 年度广东省重点建设学科科研能力提升项目"广东特色文化资源融入高校思政课的实践与经验研究"（立项批准号：2021ZDJS098）的研究成果之一，也是广东省高校思政课区域协同创新中心（佛山科学技术学院）2022 年思政课协同创新建设成果之一。

回首 2022 年，广东省高校思政课区域协同创新中心积极开展各项工作，进一步加强了与兄弟院校马克思主义学院（思想政治理论课教学部）之间的交流学习，推动了成员高校思政课教师之间的经验交流。在交流中，思政课教师增进了了解、提高了认识、学习了技能，得到了很多新的启示。

这一年，作为牵头单位，佛山科学技术学院马克思主义学院在思政课创新研究方面也作出了一些亮丽成绩：主持一项国家社会科学基金思想政治理论课专项项目、"中国近现代史纲要"课程获得国家一流课程称号、参与组织佛山地区大中小学思政课教师教学竞赛、申报建设思政课在线开放课程建设……为广东省高校思政课区域协同创新中心 2022 年思政课的协同创新建设积累经验。

2022 年，广东省高校思政课区域协同创新中心围绕"广东特色文化资源/中华优秀传统文化融入高校思想政治理论课教学"主题，向 16 所成员高校思政课教师征集了 60 余篇教研论文，开展了论文评比活动，并将论文编成文集印发给思政课教师进行学习和交流。

2022 年 11 月 25—26 日，广东省高校思政课区域协同创新中心成功举办了 2022 年年会。本次会议采取线上（腾讯会议）线下（佛山科学技术学院）相结合的方式进行，邀请张丰清、李辉、张永刚、李成等学界名家做了专题讲座，16 所成员高校马克思主义学院院长（主任）、200 余名高校思政课教师、佛山科学技术学院 40 余名思政专业研究生参加了会议。

会上，有 10 位思政课教学骨干代表各自学校作了交流发言。

　　本著作由广东省高校思政课区域协同创新中心 2022 年年会论文择优编辑而成。谨此对本著作全体作者、各高校马克思主义学院党政领导的鼎力支持表示衷心的感谢！

广东省高校思政课区域协同创新中心
2023 年 4 月 6 日

目　录
CONTENTS

第一章 **01**

地方红色资源融入思想政治教育教学

地方红色文化融入思政课供给侧结构性改革：意涵、问题与路径

孔祥志①

供给侧结构性改革虽属于经济学范畴，但在我国高等教育教学改革方面存在共通性，具有指导意义。将地方红色文化融入高校思政课能够充分发挥思政课堂主阵地的重要作用，能促进党史学习教育，传承红色基因，弘扬红色文化，使高校大学生在红色土壤中汲取红色力量，树立正确的世界观、人生观、价值观。但在实际的教学过程中存在着供给侧与需求侧结构性失衡的矛盾，影响思政课的实际教学效果。调整供给与需求之间的矛盾，优化思政课的教学结构，促进地方红色文化的有序发展，发挥红色文化的教育功能，对高校思政课教学质量的提升具有重要意义。

一、地方红色文化融入高校思政课供给侧结构性改革的科学意涵

地方红色文化融入高校思政课供给侧结构性改革的科学意涵，首先要厘清谁是供给侧、谁是需求侧、结构性改革到底是"调结构"还是"改体制"等问题②。供给侧主体是高校思政课教师，既包括专门从事思政课教学的专任教师，也包括从事思想政治教育研究、承担部分思政课教学的兼职教师。需求侧是学生群体。地方红色文化融入高校思政课供给侧的改革是思政课教学资源、教学手段、教学方法的改革。高校思政课教师作为思政课供给主体承担着教书育人的重要使命，以培养德智体美劳全面发展的社会主义建设者和接班人，担当民族复兴大任的时代新人为己任。高校思政课教师应满足学生需求，明确思政课的教学主题，发挥红色文化教育的优势，优化地方红色文化资源在教育资源配

---

① 作者简介：孔祥志，广东理工学院马克思主义学院专任教师，教育硕士。

② 徐建飞，王莹. 新时代高校思政课供给侧结构性改革：意涵、问题与路径 [J]. 广西社会科学，2021（2）：169–174.

置中的地位与作用，扩大地方红色文化资源供给，完善教育内容，改进教学方法，以地方红色文化为教育载体，提升教学手段实现有效供给，提升高校思政课教学质量和水平，给需求侧提供更多、更好的教育机会和选择。

地方红色文化融入高校思政课需求侧的改革是指思政课教学要立足社会发展需要，关注需求侧的认知结构与接受程度，对大学生进行爱国主义教育、爱社会主义教育，使大学生树立正确的世界观、人生观、价值观，坚定马克思主义信仰，坚定理想信念，从而实现高校思政课立德树人的根本任务，实现大学生的自由、全面发展，争做新时代社会主义现代化的建设者和接班人，为实现中华民族伟大复兴奋斗终生。

地方红色文化融入高校思政课教学的结构性改革究竟是"调结构"，还是"改体制"？需要在教学实践中不断总结实践检验。地方红色文化融入高校思政课教学的结构性改革内含两个方面：一是对高校思政课教学的供需结构进行改革。由于在高校思政课教学中存在教学资源结构性失衡、供需不平衡的矛盾和问题，这就需要对高校思政课教学进行课程结构、教学内容的结构调整。二是对高校思政课教学进行体制改革。从目前地方红色文化融入高校思政课教学的效果来看，供给侧结构性改革需要解决既有的结构失衡问题，也需要解决体制僵化的难题。因此，地方红色文化融入高校思政课结构性改革是用结构性改革的办法缓解高校思政课供需之间的结构性矛盾，从而实现高校思政课的供需平衡。

二、地方红色文化融入高校思政课教学供给侧结构性改革存在的问题

（一）高校思政课教学供给数量不足

高校思政课教师作为思政课教学的供给侧结构性改革的主体，是实现思政课教学目标、优化教学效果的内在动力，是增强思政课吸引力、亲和力、感染力、号召力的关键力量[1]。然而，在现阶段我国高校思政课教学中仍存在着教师数量不足的情况，而由于思政教师的数量不足，高校的思政课普遍采用的是大班授课制，这种教学模式难以呈现良好的教学效果[2]。一方面，从思政课的供给情况来看，高校思政课的师生比低于1:350，授课教师数量明显不足，导致师

---

[1] 谭培文，李云峰. 论新时代思想政治理论课教师话语身份的基本场域 [J]. 广西社会科学，2020 (10)：174-178.

[2] 战英. 新媒体时代高校思政课供给侧结构性改革探析 [J]. 辽宁经济职业技术学院. 辽宁经济管理干部学院学报，2020 (6)：65-67.

生比例出现较大的失调，进而难以对学生进行全面的授课；另一方面，从高校思政课教师所学专业以及研究方向来看，高校思政课教师供给与地方红色文化融入高校思政课教学需求之间还存在着较大的供给差。绝大多数高校思政课教师的专业为哲学、教育学、政治学、心理学、法学、历史学、社会学、经济学等，缺少地方红色文化研究方向的思政课专任教师，导致高校思政课教师在实际的教学活动中，对地方红色文化的理解只停留在表面，缺少对红色文化理论研究的深度与广度。因此，高校思政课教学供给数量不足将使课程完成度受到限制，影响红色文化课程的建设与实施，不利于高校思政课的发展。

（二）高校思政课教学供给能力弱化

高校思政课教师是供给的主体，不仅要坚定政治信仰、强化使命担当、秉承家国情怀、提升道德修养、塑造人格魅力、夯实专业基础，还需要具备将教材体系转变为教学体系、将知识体系转变为信仰体系的教学供给能力。长期以来，高校因评价体系存在"身份固化""权力集中""激励不足""公平缺失""严重同质化"等问题①，导致绝大多数高校思政课教师都存在重学术研究而轻教学赋能、重理论素养而轻实践锻炼的倾向，尤其是年轻思政课教师，其教学供给能力尚有欠缺。主要体现在以下几个方面。

一方面，教师自身的知识素养不足。教师自身的知识储备关系到课堂教学的进展与教学水平的提高。教师对于红色文化的理解程度关系到能否将红色文化的含义理解并将知识点传授给学生。如果教师对地方红色文化的理解不够深刻，那么在素材选用上会有一定的困难。另一方面，随着社会经济的发展，教学对象思想观念的转变，信息技术的日新月异，需求侧对思政课教师教学内容、教学方法、教学模式、教学手段等方面的供给能力提出了更高的要求②。在实际的教学实践中思政课教师将地方红色文化灵活有效地应用于思政课教学的能力有待提升。因此，现阶段，高校思政课教师供给能力与需求侧对思政课教学的要求有待提升。

（三）高校思政课教学供给质量不高

目前，我国部分高校开始重视供给侧结构性改革对促进高校思政课教的重要性，但多集中于对教学方法的改革而忽视了地方红色文化融入思政课教学内

---

① 姜华，苏永建，刘盛博，等."双一流"背景下构建高校评价体系的思考［J］. 中国高校科技，2018（7）：7-11.

② 张雷声，顾钰民，佘双好，等. 新时代思想政治理论课的改革创新［J］. 理论与改革，2020（1）：1-21.

容的实效性。高校思政课教学供给质量不高主要体现在如下几个方面：第一，供给侧研究较为片面，缺乏有效的地方红色文化理论依据，导致思政课教学供给质量有待提升。第二，选取的地方红色文化资源与思政课程内容的对应关系较差，对思政课的教学效率造成了较大的影响。第三，教学重点不够突出，教学供给主体缺少对高校思政课供给内容的思想性、学理性和科学性的关注，忽略了地方红色文化融入思政课教学的理论价值与现实依据，单纯地将教学重点放在教学方法创新与教授手段改善上，使得高校思政课的教学创新没有质的提升，从而影响学生对思政课学习的兴趣与积极性，对思政课教学供给质量造成了一定的影响。

三、地方红色文化融入高校思政课教学供给侧结构性改革的实施路径

（一）增强高校思政课教学的供给能力

高质量的高校思政教师队伍需要拥有过硬的供给能力才能够满足当代对思政课教学目标的要求。首先，要依据不同高校发展的实际情况和时代要求健全和完善高校思政教师队伍培训体系，使高校思政课教师具备教育教学能力。其次，要开展相应的红色文化主题教育培训，开展红色文化教学实践以及红色文化学术交流等活动。要提升高校思政课教师的红色文化知识储备、红色文化理论知识素养和专业能力，强化高校思政课教师对马克思主义中国化的最新理论成果的理解和吸收，不断用马克思主义理论成果丰富自身，从中汲取红色养分，滋润自身。再次，高校思政课教师要注重学生发展的个性化需求，将因材施教的理念融入高校思政课的教学过程中，合理构建教学供给模式，为地方红色文化融入高校思政课教学提供重要保障。最后，需要注重教学方法的创新，充分利用"微课""智慧校园""翻转课堂""中国大学MOOC"等信息技术与互联网教学平台，使高校思政课堂的教学方法更加完善，进而保障地方红色文化融入高校思政课教学具有良好的供给能力。

（二）优化高校思政课教学供给内容

高校思政课教学是一个统筹规划、循序渐进、相互衔接、紧密相连的有机整体，因此，在高校思政课教学中融入地方红色文化要优化高校思政课教学供给内容。在高校思政课教学供给内容的具体安排上，结合本校教学实际，遵循不同学段需求侧主体的认知规律，尊重思政课教学的客观规律，凸显思政课教学供给内容的个性化与多元化特征，整合不同学段的地方红色文化资源，制订实施教学内容层级化的教学规划，解决好高校思政课教学供给内容一体化的改

革创新。要充分挖掘高校思政课教材中与地方红色文化相契合的教学内容，掌握教学重难点内容，保证各学段的思政课教学供给内容与需求侧内在诉求相契合，提高思政课教学内容供给的有效性、科学性和实用性。

（三）提升高校思政课教学的供给质量

供给质量不仅是评判高校思政课教学效果的重要指标，同时在一定程度上反映着高校思政课教育教学工作开展的主要目的。对高校思政课而言，高校思政课教学供给质量的提升关键在于供给主体将地方红色文化理论讲清、讲透、讲实。思政课教师必须坚持马克思主义的基本观点与立场，深刻领会马克思主义的科学内涵和精神实质，准确掌握地方红色文化的科学内涵与价值，以科学的理论说服人、打动人、感召人和武装人，激发需求侧主体的爱国热情、民族自豪感，提升我国文化软实力。地方红色文化是新民主主义革命时期，以中国共产党人为首的革命志士，将马克思主义理论与中国革命实际相结合，领导各地人民创造出来的物质与非物质文化。① 作为供给侧主体的高校思政课教师，一方面要强化思政课教学的供给能力，注重红色文化理论知识的学习与红色文化资源的积累，确保红色文化资源的实效性与可行性。尤其是地方红色文化中具有鲜明代表性的英雄事迹、影视剧、红色歌曲等不仅仅代表着地方红色文化，更是弘扬红色精神、唱响红色主旋律的最强音。另一方面，高校思政课教师在供给内容的选取上要符合高校思政课的教学内容，切实符合需求侧主体的实际需求，这样才能使其教学内容更具有活力与表现力，达到课堂教学效果，充分发挥红色资源的教育价值，弘扬红色文化。

（四）提升高校思政课教学的实践供给

第一，开展形式多样的校内红色文化主题活动。校内开展红色文化主题活动，可以使青年大学生在实践中学习红色文化知识，讲好地方红色故事，重温红色经典。通过校内实践活动，可以增强青年大学生对党的感情认同、理论认同、政治认同，继承和发扬光荣革命传统、党的优良作风；可以提高青年大学生的认识能力和处理实际问题的能力；可以使青年大学生在历史中汲取走向未来的智慧，始终保持奋发有为的拼搏精神，坚定跟党走中国特色社会主义道路的信念；可以让青年学生树立报效祖国的远大理想，为实现国家强盛、民族复兴贡献力量。

---

① 程世利.地方红色文化在高校思政课中的价值与运用［J］.淮南职业技术学院学报，2021，21（4）：15-16.

第二，开展红色文化校外实践活动。校外实践活动是对需求侧主体进行实践教学不可缺少的环节。可以结合学校的教育教学规律以及大学生的身心发展规律开展红色文化校外实践活动，将大学生从理论课堂带到实践课堂，增强教学实践性。可以通过开展清明祭祀英烈活动，引导大学生在缅怀先辈的情怀中认知传统、尊重传统、继承传统、弘扬传统，增进其爱党、爱国、爱家乡、爱社会主义的情感。要倡导文明祭奠，摒弃陋习，引导大学生践行社会主义新风尚。

第三，高校要加强与爱国主义教育基地的合作。爱国主义教育基地是延续红色生命、传承红色基因的重要场所。高校加强与爱国主义教育基地的合作可以充分发挥爱国主义教育基地的作用。可以结合党史进行学习教育，把党史课、思政课搬进爱国主义教育基地，引导大学生在实践活动中学史明理、学史力行，赓续红色基因，弘扬红色文化。以肇庆为例，肇庆应该充分发挥叶挺独立团团部旧址纪念馆、中国人民解放军粤桂湘边纵队司令部旧址、沙浦农民协会旧址等红色教育基地的作用，将这些宝贵的红色资源转化为将党史学习教育与学习宣传贯彻党的十九届六中全会精神紧密结合、一体推进的重要载体，推动肇庆党史学习教育走深走实，续写中国共产党人的伟大壮歌。

结 语

红色文化是在革命战争年代，由中国共产党人、先进分子和人民群众共同创造并极具中国特色的先进文化，蕴含着丰富的革命精神和厚重的历史文化内涵。而地方红色文化具有浓厚的地域性、代表性，是红色文化中不可缺少的一部分。为解决地方红色文化融入高校思政课教学暴露出来的结构性失衡问题，供给侧结构性改革势在必行。突出高校思政课教学供给侧结构性改革，可以推动高校思政课教学供给端的转型升级，构建更有效、更科学的教学供需结构，实现地方红色文化融入高校思政课教学供给侧与需求侧的良性互动与协调平衡。

"大思政课"视域下地方红色资源融入理想信念教育探析[①]

韩中谊　陈梓涵[②]

习近平总书记在党的二十大报告中指出："广大青年要坚定不移听党话、跟党走，怀抱梦想又脚踏实地，敢想敢为又善作善成，立志做有理想、敢担当、能吃苦、肯奋斗的新时代好青年，让青春在全面建设社会主义现代化国家的火热实践中绽放绚丽之花。"[③] 新时代青少年理想信念教育事关全面建设社会主义现代化国家、实现中华民族伟大复兴中国梦的全局。同时，青少年学生正处在"拔节孕穗期"，必须扣好人生的第一颗扣子，而扣好扣子的关键就是理想信念教育。因此，充分利用地方红色资源进行理想信念教育，是青少年实现人生理想、创造人生价值的要求，也是实现社会主义现代化的迫切需要。本文将以用好用活潮汕红色文化资源为例，探究地方红色资源融入青少年理想信念教育的价值意义、教学创新和机制创新。

一、地方红色文化资源融入理想信念教育的价值意义

用好用活青少年熟悉的红色文化资源，有助于推动党史学习教育常态化，弘扬伟大建党精神，促进青少年形成"知—情—意"的学习闭环，坚定理想信

① 基金项目：教育部 2020 年度高校思想政治理论课教师研究专项一般项目"教学生活化视阈下增强地方高校思政课亲和力和针对性研究"（项目编号：20JDSZK014）；广东省高等教育教学研究和改革项目"运用地方资源增强广东高校思政课亲和力和针对性研究"（项目编号：粤教高函【2020】20 号）。

② 作者简介：韩中谊（1984— ），哲学博士，佛山科学技术学院马克思主义学院副教授、硕士生导师、教研部主任，研究方向为思想政治教育。陈梓涵（2000— ），女，广东汕头人，佛山科学技术学院马克思主义学院学科教育·思政硕士研究生，研究方向为思想政治教育。

③ 习近平. 高举中国特色社会主义伟大旗帜 为全面建设社会主义现代化国家而团结奋斗[N]. 人民日报，2022-10-26（01）.

念。思政课教学中援引潮汕红色文化资源，既能体现红色文化本身的价值，又能彰显地方红色文化特殊的教育意义，红色文化资源无疑是对青少年进行理想信念教育的宝库。

（一）在具体叙事脉络中增强理性认同

红色文化资源是中国共产党领导人民在长期的奋斗历程中形成和发展起来的一切形式的先进文化的总和①。红色文化资源的创造主体是中国共产党及其领导的广大人民群众，实践基础是中国革命、建设和改革开放的实践，指导思想是马克思主义理论，文化滋养是中华优秀传统文化。红色文化资源记载着我们党带领人民披荆斩棘、从"雄关漫道真如铁"到"长风破浪会有时"的艰难困苦，是对年轻一代进行理想信念教育最好的"活教材"。从"大思政课"建设的角度来说，我们既要把生动鲜活的红色文化引入思政课堂，也要带领学生进行实践教学，进行红色景点参观调研、红色历史梳理和红色精神专题探究。

具体到地方红色文化资源层面，一是各地蕴含着不同历史时期的丰富红色资源，将其串成一条主线，能够架起连接历史和现实的桥梁，反映了中国共产党人领导各地人民从革命、建设、改革一路走来的奋斗历程。并且，地方红色文化资源跟学生的日常生活和心理距离更近，更容易让学生接纳和理解，能够让学生把地方发展叙事与宏观整体叙事统一起来，更加真切地理解中华民族从站起来、富起来到强起来的伟大飞跃。

二是挖掘地方红色事迹和经验对马克思主义中国化理论的探索，能够为马克思主义理论进校园提供通俗性的载体和亲切可感的素材。从理论上说，红色文化与马克思主义中国化具有紧密联系，是在马克思主义中国化的伟大历史进程中生成的特殊形态。② 具体到微观层面，以彭湃在海陆丰地区的革命活动为例，讲述彭湃发动农民运动，建立农村县级苏维埃政权，初步探索农村包围城市、武装夺取政权的革命道路，推进马克思主义的中国化和大众化等系列事迹，能够在红色故事中深入浅出地讲述新民主主义革命的理论内涵。又比如，汕头是改革开放后设立的五个经济特区之一，结合潮汕人民发展商品经济、艰苦创业致富的案例，有利于讲好改革开放的伟大意义，讲好建设小康社会等的理论内涵。地方红色资源进入课堂，能够收到用本土小故事讲思政大道理、育"大

① 陶厚勇.江苏红色文化资源在高校思想政治教育中的应用［J］.扬州大学学报（高教研究版），2020，24（5）：86-91.
② 杜向民，郗波，王立洲.高校红色文化教育传承研究［M］.北京：中国社会科学出版社，2021：90.

英才"的效果。

三是红色文化资源有助于青少年对社会现实问题作出理性判断。前述地方红色资源，从建设性的角度来说，有利于讲述发展脉络和理论成果；而从批判性的角度而言，则有利于有针对性地回应"历史虚无主义"等错误思潮，坚定历史自信，从伟大、真实的党史中汲取智慧和力量；有利于抵制西方所谓"普世价值"的论调，弘扬爱国主义、集体主义、社会主义的价值观，坚定中国特色社会主义"四个自信"。

（二）在带入的特殊情境中激发情感共鸣

地方红色资源有其特殊的情感激励价值，能将青少年带入历史与现实紧密相连的情境中，激发学生的情感共鸣，以情增信。

以潮汕地区的红色文化资源为例，在数量上，潮汕地区的红色文化资源极为丰富，中国共产党的红色足迹遍布潮汕的每一方热土，汕尾甚至多达 615 处红色遗址，位列广东省地级市革命遗址数第一。从质量上看，潮汕地区有着众多高质量的红色物质遗产，比如汕头有著名的"中央红色交通线旧址（汕头中站）"，这个在 1931 年建立的交通站，在反"围剿"时期，为革命事业作出了出色的贡献，护送过周恩来、邓小平等众多中央领导，还兼顾运输物资、筹集款项等任务，再现了英勇无畏、浴血奋战的斗争场景。潮汕地区还有许多无形的红色文化资源，如"潮汕七日红"和潮侨抗日，在潮汕儿女代代相传的"歌册"中细细道来，在革命潮剧中娓娓道来。

这些宝贵的红色遗产见证着中国革命道路在潮汕地区留下的历史轨迹，诉说着中国共产党人为民族独立、人民解放而抛头颅、洒热血的感人场面。通过课堂和实践环节对青少年进行地方红色文化教育，能够让学生设身处地地理解革命先辈们在艰苦条件下的伟大人格和精神魅力，感受革命先烈对理想信念的矢志不渝和对马克思主义中国化的不懈探索。榜样的力量是无穷的，情感的激励是极其重要的。以情感人，以情增信，新时代青少年才能拒绝"躺平"和"摆烂"，用奋斗展现青春的底色。

（三）在激发爱乡爱国意识中投身民族复兴伟业

学史明理和增信，目的还是要崇德和力行。地方红色文化资源融入理想信念教育，除了能帮助青少年建立对历史和理论的清晰认知、情感认同进而构建理想信念外，也有利于培养青少年的爱乡爱国意识，增强投身民族复兴的伟大斗志，进而转化为服务当地社会发展的行动。

一是潮汕红色文化资源向青少年呈现了中国共产党人领导革命、建设、改革的发展历程，能够让学生在今昔对比中理解从站起来、富起来到强起来的伟大飞跃背后的来之不易，感受今天幸福生活的来之不易，让学生真正明白唯有不忘初心、继续前进，接续一代又一代人的持续奋斗，才能续写新的辉煌，共享美好生活。

二是潮汕地区发展成就的取得源于潮汕本地人民和海外华侨的共同努力。2020 年 10 月 13 日，习近平总书记在广东省汕头市考察时的讲话中指出："华侨一个最重要的特点就是爱国、爱乡、爱自己的家人。这就是中国人、中国文化、中国人的精神、中国心。"潮汕本地人民和海外华侨在爱国主义和乡土情结的共同作用下，在伟大创造精神、伟大奋斗精神、伟大团结精神和伟大梦想精神的激励下，为推进国家的革命事业和社会主义建设作出了贡献，为潮汕地区的经济社会发展作出了贡献。引导学生学史崇德，有利于激励青年学子保持赤子之心，不忘报国之志，心系家乡发展，把强大的精神动力转化为投身服务地方、建设国家的实际行动。

三是曾经作为经济特区的地方，如今的发展也面临新的问题和挑战。对潮汕的红色文化遗产进行再开发，不仅能够推动潮汕文旅事业的发展，实现红色文化资源变现，而且有助于青年形成不怕困难、勇于开拓的精神气质。挖掘利用潮汕地区优越的地理区位优势、侨乡资源、人才资源，善于在危机中育新机，可以推进地方经济社会发展迈上新台阶。

二、地方红色文化资源融入理想信念教育的教学创新

红色文化传承中华优秀传统文化精华，蕴含马克思主义理论精髓，尤其是其中深厚的家国情怀、民族精神与革命情操，且随着时代的进步与社会的不断发展，是思想政治教育的鲜活素材，要全方位将其融入思想政治教育过程之中①。因此，思政课教师聚焦铸魂育人，就需要深度挖掘育人资源，将地方红色文化资源与思政课教学有效对接，构建有"温暖"、有"思想"、有"精神"的思政课堂。

（一）利用新民主主义革命时期的红色素材讲解"只有社会主义才能救中国"

以"农民运动大王"彭湃为例，他用马克思主义点燃了海陆丰农民运动的火种，建立了海陆丰苏维埃政权。在思政课的教学中，可以运用彭湃在牺牲前

---

① 张有武. 红色文化资源融入高校思想政治教育的价值与实现维度 [J]. 教育理论与实践，2022 (6)：32-35.

"只要我还有一口气，我就要为共产主义事业奋斗到底"的革命精神，激发青少年爱国、爱党、爱社会主义的信念，同时以革命先烈不畏牺牲的人格品质，激励青少年在学习上埋头苦干，在生活上不懈奋斗。扩而充之，利用新民主主义时期的潮汕红色文化资源，可以让学生感受潮汕人民"跟着党打破旧世界"的精神，让青少年领悟为什么只有社会主义、只有共产党能救中国。同时，在传授地方红色文化的理论和故事时，要善于找寻能与青少年产生共鸣的契合点，引导青少年理解革命先烈对马克思主义的信仰、对国家和民族的担当，以及如何在现实生活中坚持人民立场，把马克思主义用活，成为坚定的马克思主义者。

（二）利用改革开放时期的地方红色文化资源讲解"只有中国特色社会主义才能发展中国"

教师讲授汕头作为经济特区的建设历程，能够让学生真切感受改革开放的开启和社会主义现代化建设的开创与发展，让学生坚信只有中国特色社会主义才能发展中国。落实到思政课教学中，可以带领青少年参观"开埠文化陈列馆"，感受汕头的开放历史——从 1860 的被迫开放，改革开放时期的主动开放，再到新时代的全面开放，感受汕头的经济社会发展取得的巨大成就，人民幸福美好生活的不断实现。文化馆中陈列的历史材料是青少年学习的有力教具，使青少年明白汕头的发展始终与国家的命运相依，个人的前途与国家的命运相依；理解改革开放是决定当代中国命运的关键一招，中国特色社会主义是改革开放以来党的全部理论与实践的主题；从而激励青少年自觉把坚持中国特色社会主义融入自身的价值追求，以坚定的理想信念与新时代同行。

（三）利用从站起来、富起来到强起来的前后对比，引导学生坚信中华民族伟大复兴的光明前景

2021 年以来，在全党全国的统一部署下，潮汕地区的诸多学校都紧锣密鼓地开展党史学习教育，在思政课教学中讲解新时代潮汕取得的发展成就，与之前的革命年代和改革开放初期对比，感悟发展成果的来之不易，美好幸福生活的来之不易。同时，教师要跟学生分析当前的发展形势，一方面让学生认识到我国正处于改革深水区，面对着新的发展阶段、新的机遇挑战；另一方面又要重视思想引领，即从党带领人民进行的百年奋斗历程来看，困难与进步、危机与新机、挑战与机遇始终并存，新时代中国有了更为坚实的物质基础，更为主动的精神力量，今天比任何时候都更有条件实现中华民族伟大复兴。正如习近平总书记在考察汕头时的要求，党和人民要携手努力，锲而不舍地实现中华民族伟大复兴的中国梦。思政课教学要赋予红色精神崭新的时代内涵，将以往的

革命精神、改革精神与当前的奋斗目标结合起来，既汲取红色文化的智慧和力量，对未来充满信心，又让青少年坚信靠共同奋斗一定能够实现中华民族的伟大复兴，而且更加自立自强、守正创新、勇毅前行，在新时代新征程中奉献青春力量。

（四）在形式上要依托地方红色文化资源创新思政课教学手段

只有以潮汕当地的经济社会发展进程、青少年的成长过程和他们的现实生活为依托开展理想信念教育，才能使青少年把红色文化资源内化为理想信念，从而成为担当民族复兴大任的时代新人。第一，学校有其独特的人才优势和教学优势，可以整合和开发地方红色文化资源，开展"沉浸式思政教学"，以地方红色故事唤起学生的情感共鸣。比如，结合"潮侨抗日"等事例，感受潮汕侨胞的爱国情怀，激发爱国情感。第二，各级学校可以创新"第二课堂"，开展学生研学，让学生与"红色文化资源"零距离。在开展学生研学课程中，要注重地方红色文化的特色，既突出时代脉络，又赓续好红色血脉。第三，利用丰富多样的线上课程，如微党课、线上红色导游小程序，将 VR（全息投影）技术与红色文化资源相结合，突破时间和地理的限制，吸引青少年的兴趣，形成更适合青少年的学习方式，从而实现思想政治教育与红色文化相结合的目标。

三、地方红色文化资源融入理想信念教育的机制创新

从"大思政课"建设的角度来说，要使地方红色文化能够有效融入青少年的理想信念教育，需要将提高思政队伍素质、活化地方红色资源、促进红色文化与民俗文化融通等作为必要的支撑保障。

（一）提升思政课教师用好用活地方红色文化资源的素质能力

落实立德树人的关键课程是思政课，而思政课的关键在于思政课教师。思政课教师是教的主体，是思政课教学活动的主导。只有培育一支能将红色资源融入思政课教学的教师队伍，才能把坚定的理想信念输送到青少年之中，为他们补足精神之钙。只有有信仰的人来讲信仰，才能触动学生，把红色基因传承下去。然而，就现状而言，以潮汕地区为例，针对高校教师的红色专题培训仍待加强和优化，针对中小学教师的红色理论培训并不多。大力推动地方红色资源进校园就必须先以思政教师作为发力点，针对大中小学不同阶段的教师进行如何运用红色文化资源的教学培训。因此，我们要厚植思政教师队伍的家国情怀，使思政教师有坚定正确的政治方向和使命意识，不断提升教学水平，拓宽理论和实践的视野，将宏大的历史叙事和贴近地方人民群众的红色文化资源相

结合，把信仰的力量接棒给年轻一代。

具体方式如下：（1）实践研修可以使每位思政教师在考察中体会历史，获得对红色资源的直观体验、情感共鸣和价值认同，如此才能更好地把地方红色故事、红色精神、英雄人物融进教学过程，使思政课堂教学更具温度，才能在叙事讲理中更好讲透理论；（2）各阶段思政教师既要守好自己的"责任田"，又要做到同频共振、同向发力，不断交流学习，做好学段衔接；（3）重视系统联动，将各学科各专业各课程中可以融入地方红色文化资源的部分提取出来，围绕铸魂育人目标细化教学方案，实现高校层面"思政课程"与"课程思政"的协同创新，推进中小学层面将红色文化嵌入语文、历史等科目的教学中，更加重视日常生活化的思政教育。

（二）在活化地方红色文化资源中传承创新

作为我们党传承下来的具有先进性和革命性的宝贵精神财富，红色文化在我国的革命、建设、改革到新时代的每个时期都熠熠生辉。在这一历史进程中，我们不仅有"军民团结，艰苦奋斗"的井冈山精神、"不怕艰难险恶"的长征精神等全国闻名的文化资源，我们每一个地市尤其是红色老区还有当地家喻户晓的红色资源。习近平总书记强调，"要把红色资源利用好，把红色基因传承好"①。然而就现状而言，各地对红色文化资源的保护仍显不够，对红色文化资源的挖掘、利用和阐释仍有潜力。我们要在继承红色资源的基础上，一是彰显红色精神的人民性，拉近与学生的心理距离；二是要挖掘红色文化具有跨越时空、具有永恒意义的时代价值，让学生在人同此心、心同此理中感悟精神伟力；三是要注重红色文化资源的形式创新。例如，构建"地方红色资源+"的创新育人品牌，探索学生喜闻乐见的呈现方式。此外，我们还要加强地区联动，由点连成线，形成沿海地区的红色资源群。

（三）促进地方红色文化与民俗文化精神的融通

作为地方特色历史文脉，潮汕文化给青少年理想信念教育提供了文化支持。例如，"自强不息，同舟共济"的红头船精神，是潮汕地区一种优秀的民俗文化，为"团结一心、浴血奋战"的红色精神融入青少年理想信念教育提供了基础的人文素质。两者蕴含的对国家和人民的爱，以及由此而来的团结奋进精神，可以作为青少年理想信念教育的特殊切入口。推而广之，潮汕地区有着丰富的

---

① 习近平. 全面提高办学育人水平　为强军事业提供有力人才支持［N］. 人民日报，2019-05-22（01）.

民俗资源，我们如能立足于地方文化特点，阐明地方历史文化传统与红色文化传统的高度一致性，让青少年学生感受到革命文化从吸收中华优秀传统文化中来，也将更好地激发学生对红色文化的认同，共同助力青少年理想信念教育。

结　语

作为理想信念教育的重要资源，地方红色文化资源具有重要的育人价值。我们要立足地方红色文化资源，讲好中国共产党带领人民从革命、建设、改革到新时代的奋进故事，坚定"四个自信"，增强执政认同，不断创新思政课教学内容、形式和方法；要提升思政课教师用好用活地方红色文化资源的素质能力，在活化红色资源中彰显地方红色文化的人民性、时代性和创新性，厚植红色精神的传统文化根基。深度挖掘红色文化，实现多元共建，才能培养出有"功成不必有我，功成必定有我"的青少年，才能让青少年争做红色事业的接班人，走好新时代的长征路。

广东红色文化资源融入思政课程的实践路径

王　浩①

红色文化资源厚植于华夏热土，是我国实现精神文明现代化建设过程中的源泉，实现文化强国战略的基础。已然融合进中华民族文明血液和灵魂的红色文化资源，承载着突出的时代特性，是中国文化不可或缺的一部分。

赓续红色血脉，助推乡村全面振兴成为党的十九大以来的核心任务。2022年1月4日，随着中共中央、国务院发布1号文件，在这份文件中提出：当前关于建立健全乡村建设的诸多路径，"聚焦产业促进乡村发展"，"扎实稳妥推进乡村建设"成为其中的重要组成部分②。利用红色文化资源，为乡村振兴激活"红色引擎"，充分发挥当代大学生的主人翁意识，释放经济发展的"红色动能"逐渐成为热门话题。

一、广东红色文化资源发展态势

广东省作为当前中国 GDP 总量第一大省，作为当前中国经济腾飞的核心区域之一，也是最早建立共产党地方组织的地区之一；它不仅是中国马克思主义的主要传播地，也是近现代革命火种孕育壮大的地方，更是改革开放的桥头堡以及核心区域。拥有着光荣革命传统的广东省，蕴藏着丰富的红色文化资源，拥有着延续年代最长、序列最完整、种类最齐全的红色文化资源和相关文物。

（一）红色文化资源的概念

红色文化资源是具有马克思主义中国化特质的伟大精神财富，同时具备着多重性与特质，其文化内涵、政治特性、载体丰富等诸多特点，使得红色文化资源具备极高的开发价值。随着中国经济的全面腾飞，具有中国特色的现代化

---

①　作者简介：王浩，广东理工学院马克思主义学院专任教师，中国史硕士。

②　中共中央、国务院关于做好 2022 年全面推进乡村振兴重点工作的意见［EB/OL］.（2022-02-22）［2022-09-16］. http：//www.gov.cn/zhengce/2022-02/22/content_ 5675035. htm.

道路不断推进，红色文化资源在当下党建工作、基层治理、乡村振兴、第三产业的发展过程中初绽光辉，彰显出极大的经济效益，并成为中华民族腾飞的宝贵精神财富。

身具马克思主义中国化精神特质，我国红色文化资源具有多种形态，并非单一、静止不变的。面对当今社会的蓬勃发展的需要，红色文化资源日益凸显出新的功能，不断涌现出新结构、新题材，展现形式和结构框架也具有多样性。在中国共产党的领导下，中国人民从"站起来、富起来、强起来"的长期奋斗过程中形成了文化资源，这一文化图谱囊括了百年以来的社会主义革命、建设和改革历程，既包括这一过程中的革命政治思想、革命理论纲要、政治制度体系等非物质文化资源，也包括与之相关的场域旧址遗址、建筑集群、文化遗迹、文物、文本文献、影音资料等物质文化资源①。

据 2021 年广东省政府公布的首批《广东省革命文物名录》名单来看，目前广东省仅不可移动革命红色文物就达 1 513 处之多；同时，可移动的革命红色文物数量高达 4 783 件（套）。在这些革命文物之中，广东省拥有"全国重点文物保护单位"称号的地点达 30 处，位列全国第四；"省级文物保护单位"105 处，均居全国的前列。目前，广东省全省 21 个市有 82 个县，已经列入国家革命文物保护利用片区，是现今中国少有红色资源全域覆盖的省份。②

（二）广东省红色文化资源在文旅行业的发展概况

截至 2021 年年底，据广东省文化和旅游厅统计，广东省现有备案的红色文化遗址 4000 余处。早在 2018 年，广东省为促进本省文化旅游业的发展，探寻区域文旅行业发展新方向，依托本省重要的红色文化资源，重点打造了 10 条红色旅游线路。同年年底，广东省仅红色文化旅游创收突破人民币 356 亿，文旅经济板块同比增长了 13.1%，取得了游客接待人口达到 7641 万人次的突出成绩。③2021 年，中国共产党百年华诞之年，广东省倾心打造的红色旅游精品线路，有 3 条线路入选国家"建党百年红色旅游百条精品线路"，获得社会各界的一致好评。

---

① 张继焦. 换一个角度看文化遗产的"传统—现代"转型：新古典"结构—功能论"［J］.西北民族研究，2020（3）：178-189.

② 南方观察. 广东：红色资源焕新生 保护利用显活力［EB/OL］.（2022-02-23）［2022-09-16］. https：//baijiahao. baidu. com/s? id=1725545072322886237&wfr=spider&for=pc.

③ 广东省文化和旅游厅. 广东推出红色文旅护照 线上线下联动传播红色文化［EB/OL］.（2022-04-29）［2022-09-16］. http：//www. gd. gov. cn/gdywdt/bmdt/content/post_ 3272344. html.

（三）广东省红色文化资源与"互联网+"的融合创新

广东省红色文化资源在以互联网为载体的多维建设和文旅产品的多元打造中，更是取得了一系列显著成果。广东省红色文化资源已初步形成了区域特色明信片，是广东省贯彻实施"乡村振兴战略"的重要组成部分。

2021年9月1日，"粤学党史·粤爱党——打卡广东红"微信小程序的上线，拉开了广东红色文化资源发展新篇章。这款由广东省委党史学习教育领导小组办公室与省委宣传部、省总工会和腾讯等多家单位联合开发的高新红色文化产品是全国第一个由省级单位开发的线上线下融合智媒党史学习教育平台，创造性地将广东省全域高精度的手绘红色地图，实现红色地标精准导览。"广东红"立足信息时代特色，将时下热门的"VR线上体验""AI音频导览""旅游实地参观打卡""盲盒抽奖激励"和"现场直播互动"等新颖元素集于一体，至今已有超过1亿人次点击使用。

二、广东红色文化资源融入思政课程教学实践路径的挑战与意义

当前，广东红色文化资源发展日新月异，多元发展呈现繁荣局面，但是整体上还存在诸多不足。围绕这一世纪难题，党中央作出了重大决策部署，将"乡村全面振兴"作为实现中华民族伟大复兴的一项重要且艰巨的任务，为培养新时代复合型人才，提升大学生的创新创业技能，培育孵化新的经济增长路径。广东红色文化资源已然成为广东省高校研究的热门话题，科学地将广东红色文化资源融入思政课程教学中去，打造精品思政课程，对实现课程思政教学改革有着重要的价值。

（一）赓续红色血脉，助推乡村全面振兴

2022年1月初，中共中央、国务院发布1号文件指出：围绕当前乡村发展问题，需要将工作重心聚焦于产业促进乡村发展中去，鼓励各地区拓展农业多种功能，挖掘乡村多元价值①。利用好乡村红色文化资源，激活乡村全面振兴的"红色引擎"，夯实乡村文化根基，使红色文化资源利用成为乡村振兴战略的重要路径。

青年大学生作为全面振兴道路上的生力军，应当充分发挥其主人翁意识。作为接受高等教育，具备创新头脑，富有青春激情的新一代，如何充分发挥他

---

① 中共中央、国务院关于做好2022年全面推进乡村振兴重点工作的意见 [EB/OL]. (2022-02-22) [2022-09-16]. http://www.gov.cn/zhengce/2022-02/22/content_ 5675035. htm.

们的主观能动性，创造性地结合区域特色优势，普及科学知识，促进乡风文明建设成为思政课程和课程思政改革的关键。将广东红色文化资源融入思政课程实践中去，可以说是头等大事。

广大青年学子需要认真学习了解广东红色文化资源，参与与之相关的课程实践活动。这样做既有利于扩大爱国主义教育的场域范围，还能增强高校思政课程爱国主义教育的效果；有利于激励广大青年学子，从广东红色文化资源中汲取内在精神力量，从而转化为建设新时代中国特色社会主义的强大动力，为乡村全面振兴孵化出新型人才，从而达到推进乡村建设中的"产业振兴、人才振兴、文化振兴、生态振兴和组织振兴"的目的①。

（二）提炼区域文化内涵，丰富广东红色文化资源

将广东红色文化资源融入思政课程实践中去，就要赋予广东红色文化以青春朝气，带动学生对思政课程的学习热情，提升广东红色文化的向心力和凝聚力，提炼广东特色精神主旨，让学生树立起崇高的爱国情怀、深厚的乡情眷恋。可以进一步深挖红色文化资源，利用好思政实践课程，引领当代青年学子学会社会实践，将发生在广东范围内的先烈们可歌可泣的革命故事，打造成富有区域地方特色的红色文化资源，并通过影音、舞台剧、VR 体验等多种新兴方式展现出来。通过实践课程为广东红色文化资源赋予新时代气息，为诸多文化欠发达区域中缺乏故事的红色旅游景点和文化遗址赋予应有的历史感观和文化品位，使之走出广东，走向世界。

（三）创新理论教育，促成一体化平台的构建

通过省区市各级博物院、图书馆、档案馆和文化馆等公共场所和校史馆中所收藏的红色文物、红色资料和其他历史遗迹相结合，将诸多种元素进行科学的整理。将馆藏文物与广东红色史迹、地标建筑相结合，并结合党史、新中国史、改革开放史、社会主义发展史的史实，还原历史现场，从多个角度切入，讲述广东红色文化故事和时代风貌。统筹利用好以上场域的爱国主义教育基地和党员教育基地的丰沛资源，深挖广东红色文化资源的内在特质，以主题团日活动、建党节、建军节和清明节等节日为重要切入口，面向青年学子设计具备时代性、实践性、趣味性和感染力的宣教活动，让学生以不同身份感触历史。

（四）当前红色文化资源融入思政课程教学的实践路径的挑战

受高校思政教师发展水平的限制，即受思政老师自身学科知识和研究领域

---

① 中共中央、国务院关于做好 2022 年全面推进乡村振兴重点工作的意见 [EB/OL]. (2022-02-22) [2022-09-16]. http：//www.gov.cn/zhengce/2022-02/22/content_ 5675035. htm.

的限制，高校开展思政课程实践活动因缺乏科学规划、协同管理，同质化严重，缺乏对其他学科领域知识学习和应用实际技巧的专业化学习与培训，使得很多高校思政实践课程浮于表面，相关产出成果缺乏创新性和前瞻性。

从广东红色文化资源本身发展的态势来看，已经成型的广东省的红色文化资源集散区域分布较为零散。整体上来看，广东省红色文化的核心主题、品牌形象不够突出，经济欠发达区域红色文化题材的展示陈列和宣传方式十分老旧，更新性、互动性较差。受资金和人才的影响，很多老区苏区革命文物的陈列馆、展示馆，以及地方博物馆依旧采用"图片+文字+实物"的传统展示方式，学生在实践过程中缺乏参与实践体验感，短时间内无法共情，很难收到良好的教育效果①。

三、广东红色文化资源融入思政课程实践教学的相关路径

让传统文化融入思政教学，可以唤醒大学生对于红色文化资源学习热情，缓解社会科学知识积累薄弱同学的学习吃力、缺乏热情的现象，以及学生对于思政课程学习过程中知识要点过于庞大和理论性过强的恐惧心理。高校需要适应广东省情，通过教学和实践相统一的方式，为思政课程的教学提供新路径，以广东红色文化资源为桥梁，打造校外实践基地，第二课堂，促成"馆—校"多元合作机制一体化平台。

2022年是"十四五"规划的关键之年，是全国开展党史学习教育的鼎盛之年，在这伟大的历史转折时刻，党和国家领导人对于红色文化教育无比重视。立足于"中华民族伟大复兴战略全局"和"世界百年未有之大变局"，心怀"国之大者"，把握大势，敢于担当，善于作为，为服务国家富强、民族复兴、人民幸福贡献力量是习近平总书记对我国高等教育所提出的殷切期望，也为我国高等教育的发展指明了前进方向。贯彻习近平总书记系列讲话的思想，实现思想政治课程协同育人跨越式发展是每位思政工作者肩负的重要责任，思政教育的核心在于红色血脉的赓续，是时代发展的潮流。

（一）打造立体化贯通性教学团队，强化战略思维布局

加强对高校思政实践课程的重视，在已有知识框架下，充分发挥好理论和实践联系教学目标、跨教研室，甚至跨学院的沟通对话机制，形成富有活力且具有贯通性的教师体系。在健全与落实教研室培养教学梯队建设基础之上，跨

---

① 曾颖如. 聚焦革命文物保护：广东省实行革命文物集中连片保护见成效 [EB/OL]. (2020-06-28) [2022-09-16]. https：//www. thepaper. cn/newsDetail_ forward_ 8026002.

学科打造一支学历高、专业能力强和思想政治素质过硬的教学科研团队，依托于马克思主义科学理论体系，构建一支具备通识教育能力的教学队伍。这有利于引领在校学生学习运用跨学科方式挖掘和抢救广东特色红色文化历史，围绕红色文化资源实现思政课程跨科目联动。

充分落实思政课教师教学科研一体化建设，坚持"教学出题目、科研做文章、成果上课堂"的实践路径，把教学与科研活动统一于人才培养这一根本任务中，着力实现教学与科研相融相长，做到教学问题科研化与科研成果教学化，实现科研与教学双丰收，实现智慧课堂深度融合课堂教学建设的新局面。要切实发挥好思政教育核心理念，促进思政课程实践课教学实效性的提升。

（二）打造党史实践基地，做好"馆校合作"多元合作工作

进入21世纪以来，诸多高校纷纷筹建校史馆，并倾力打造思政教学实践基地，但是受校龄不足、馆藏资料单一匮乏、场地不足、经费紧张等诸多客观因素的影响，尽管高校聚集了诸多专家学者、学术先进，但就全国范围来说，校史馆建设在整体上还存在巨大发展空间，这使得绝大多数高校红色文化研究倾向于理论化，缺乏与当地区域特色的结合。

仅以广东省档案馆为例，作为南粤地区红色馆藏圣地，该馆的红色档案就有革命历史档案、革命历史资料、革命历史照片，以及实物档案等多种红色文化资源。截至2018年年底，据该馆研究报告可知，"1915年至1949年间，广东省档案馆收藏档案就有480多卷，达6 500多件之多，相关资料超过1 100种，上万册，照片2 000余张，实物30多种"。馆藏红色档案资源数种类多，内容丰富，涵盖面广，具有极高的史料价值。这些宝贵的红色档案资料是做好广东省红色文化资源挖掘、保护、研究、利用等工作的重要凭证和支撑，是构建中共广东党组织史、地方史的第一手材料。①

然而，截至2018年，该馆自20世纪80年代至今的馆藏红色文化资源整理工作还在推进过程中，虽然取得了斐然的研究成果，但是广东省档案馆尚未能将馆藏所有非机密类红色文化档案资料全部完成数字化上传工作。除此以外，累至今日，广东省档案馆所收藏的改革开放史资料，难以估量，工作任务艰巨可想而知，而且与之对接的高校还只是寥寥数所，已具备的人力难以满足如此庞大的转换工作。

---

① 黄秀华．广东省档案馆馆藏红色档案资源及其开发概览［J］．广东档案，2018（2）：38-39．

与此同时，广东省各高校师生在中华人民共和国成立以后，在学习广东红色文化资源之际，依然鲜有使用相关文化资源的，大量影音图像资料及相关档案因人力问题，惨遭闲置。在思政课程和课程思政的教学过程中，很多教师的教案资料缺乏与地方实际的联系，课程教学难以让学生身临其境，与历史人物共情，与历史对话，缺乏对改革开放史、社会主义发展史部分学习的积极性。

基于此，构建长效合作机制，依托现有的省区市各级博物院、图书馆、档案馆和文化馆等公共场所，充分发挥研究人员与红色文化资源协调机制，打造校外实践基地迫在眉睫。完善的馆校合作机制，优势互补，可以以在校大学生为志愿者，由馆校联合培养，参与地方博物院、图书馆、档案馆和文化馆等公共场所的建设和维护，锤炼学生的综合技能，合理整合现有广东红色文化资源，协同打造区域文化资源平台，在原先的展览及收藏功能基础上，拓宽相关机构的影响范围，参与红色文化资源整理过程，共享文件归类数字化存档技术，突破单一学科壁垒，为红色文化资源创新与利用注入新鲜血液，实现共赢。

（三）盘活红色文化资源，实现多重赋值

尽管目前广东省的红色文化资源利用取得了突出成就，但是依旧呈现出区域集散现象，即侧重于关注中华人民共和国成立前的红色文化资源，对于富有广东特色的诸多红色文化资源开发还不到位。以新中国史为例，广东西北山区存在大量中华人民共和国成立初期"三线建设"的红色工业遗址，这是研究中国现代化工业体系的重要资料，但是，随着时间的迁移，连江县红色工业遗址除本地人和少数专家学者外，无人问津。诸如此类，不胜枚举，广东省红色文化资源宝库，传承有序，未曾断绝。但是随着时间推移，大量红色文化资源，诸如在乡村脱贫攻坚战中，发挥重大作用的乡村中小学和乡镇医院从业者的相关影片、遗迹的资料，改革开放初期乡镇企业及其工作者的影片、资料、相片、录音资料、遗存，有待整理，分类使用。

盘活红色文化资源已成为全面振兴乡村建设、夯实乡村第三产业的重要路径。如何利用大学生天马行空的想象力和创造力创新突破，让当下鲜有关注、具有区域特色、凝聚红色文化脉络的资源焕发新生机，成为当下国家"十四五"计划的重中之重。从2022年1月国务院的一号文件不难看出，乡村振兴是继脱贫攻坚战之后新的挑战。盘活乡村红色文化资源，成为乡村文化复兴的必由之路，亦是广东省捍卫其文化强省的必经路径。融合"互联网+"技术，迎合当下人们喜闻乐见的艺术形式，以舞台剧、微视频、VR仿真等模式，使沉睡的红色文化资源得以活化，创造出群众喜闻乐见的新作品，春风化雨、润物无声地利用好红色文化资源，从推进乡村的持续发展。

结　语

利用好广东的红色文化资源，发挥好思政课程实践的力量，将党史学习教育系统融入"三全育人"思想的全过程，是高校思政者的神圣使命，也是增强"四个意识"、坚定"四个自信"、做到"两个维护"的重要体现。红色文化资源凝结着党领导区域内群众在革命、建设和改革时期的伟大实践成果，是具有马克思主义中国化特质的伟大精神财富，探寻其与新时代思政课程的融合与创新，是高校思政人的头等大事。

深挖红色文化资源，实现红色文化资源多重赋值，让其彰显富有活力的青春色彩，掀起广东红色文化资源利用的新浪潮，面向青年学子设计具备时代性、实践性、趣味性和感染力的宣教活动，让学生以不同身份感触历史。这可以帮助学生认识近现代中国社会的国史、国情，了解中国近现代社会发展的主流和本质，深刻领会历史和人民如何选择了马克思主义、选择了中国共产党、选择了社会主义、选择了改革开放，让大学生坚定中国特色社会主义的道路自信、理论自信、制度自信、文化自信。

粤北红色文化何以融入大中小学德育一体化

康雁冰①

红色文化是中国共产党领导人民进行革命斗争，实现民族独立、人民解放的伟大实践，也是先进文化之一，蕴含丰富的德育思想，具有重要的德育价值。以韶关、清远等为代表的粤北地区位于粤、赣、湘、桂结合部，素有"红三角"之称。粤北红色文化得天独厚，资源丰厚，底蕴深厚，基因厚实，是立德树人的鲜活载体、生动教材。将粤北红色文化融入大中小学德育一体化，贯穿学生成长全过程、全方位、全周期，有助于他们坚定理想信念，强化责任担当，并激励他们争做中华民族伟大复兴的时代新人。

一、粤北红色文化的内涵、特性以及对大中小学德育一体化的意义

粤北红色文化特指中国共产党领导粤北劳动人民，为实现富强、民主、文明、自由、平等、公正进行的革命斗争，形成的革命文化。它是一种集革命性、大众性、地方性于一身的中国特色先进文化。其内涵丰富，包括"人""物""事""魂"等。"人"是指为国家富强、民族独立，以及革命胜利，奋斗、战斗和牺牲的人物，既包括梁展如、郭招信、郑选民、欧日章等出生在粤北地区的人物，也包括毛泽东、朱德、陈毅等曾经在粤北领导革命、战斗过的人物。"物"指红军长征粤北纪念馆、北伐纪念馆等红色文化纪念馆，乐昌市梅花镇大坪村湘南暴动乐昌遗址、省委机关旧址红围、双峰寨、石塘古村等为代表的粤北红色文化遗址，以及步枪、衣物、红军碗等器具为代表的红色文化遗产等；乐昌市博物馆保存了红军留下的手榴弹、箩筐、斗笠、电话机等物件。"事"是指粤北革命人物的革命故事、红色家书，粤北会战、红军长征、粤北突围、中共广东省委迁至韶关等在粤北地区发生的历史事件，以及相关的文化影视作品

---

① 作者简介：康雁冰，男，湖南永州人，法学博士，韶关学院讲师，研究方向为思想政治教育与人的发展。

等。"魂"是指粤北革命精神、革命品质以及价值追求等。

粤北红色文化具多元特质。一是政治性，此为红色文化的本质特征。"红"指的就是政治性。传承红色文化，就是要传承"红色基因"。它是"灵魂""生命线"。二是丰富性，粤北红色文化资源丰富，内涵丰富。韶关是红军长征唯一经过的广东省地级市，广泛分布着沈所红围、梅岭梅关、大岭下会议旧址、廖地会师旧址、油山镇上朔古村人民会堂等，红色遗址居广东之首。毛泽东、朱德、周恩来、邓小平、陈毅、彭德怀等老一辈革命家，共和国十大元帅有六位都曾在韶关战斗和生活过。他们在粤北这块红色土地留下了战斗足迹，以及丰富的革命遗址、革命故事和丰富的精神财富。目前，单在粤北韶关，就有革命旧址、遗址、纪念设施329处，其中红军遗址、遗迹有131处，红军烈士纪念碑（园）8座，经认定命名的红军遗址（旧址）文物保护单位37个，红军历史文物1120件。红色资源及其蕴含的内涵可见一斑。三是地域性，红色文化已经成为粤北地区的符号，除了文化功能，还具有地域功能，在广东省具有无可替代性，已成为本地域的鲜明特色。近年兴起的华南历史研学，更加为其添上了浓墨重彩的一笔。四是群众性，这是红色文化的本体性。红色文化的形成过程就是一部唤醒人民大众、组织人民大众、造福人民群众的历史。广大人民群众积极参与革命、建设和改革的实践，形成了红色文化的画卷。"红军说，我们是人民的军队。"年近90岁的韶关仁化县城口镇居民吴长城对80多年前红军长征经过时留下的这句话记忆犹新。年幼的他不仅被红军带去驻地吃饭，还把他送回家。红军长征经过了南雄、仁化、乐昌3县近20个乡镇，还住进当地农民家。毛泽东在韶关主持过农民运动讲习所，朱德在韶关开展了一个多月的革命活动，项英、陈毅在南雄等地进行了三年游击战。

青少年是祖国的未来、民族的希望，一定要教育好、培养好，从学校抓起，从娃娃抓起。在大中小学循序渐进、螺旋上升地开设思想政治理论课非常必要。为此，要不断增强思政课的思想性、理论性和亲和力，坚持"八个统一"，充分挖掘思政课教育资源，实现"三全育人"。粤北红色文化就是值得挖掘的德育资源。它可以丰富德育课程内容，有效提高思政课的"八个统一"，提升德育课程质量，增强大中小学立德育人实效。

二、粤北红色文化融入大中小学一体化德育的内在逻辑

思想道德的形成、发展具有规律性。将红色文化融入大中小学一体化德育，既要用好红色资源，又要把握好学生年龄学段的特殊性，遵循思想道德教育规律，才能取得实效。在横向上挖掘潜能，充分开发最近发展区，在纵向上适当

延展，从易到难，由浅入深，科学发展，让学生每一阶段的每一步走稳走实，前后阶段的衔接更加顺畅。

（一）小学阶段"讲好红色故事"，引领道德启蒙

习近平总书记指出："革命传统教育要从娃娃抓起，既注重知识灌输，又加强情感培育，使红色基因渗进血液、浸入心扉，引导广大青少年树立正确的世界观、人生观、价值观。"① 从认知能力而言，小学阶段大致可称为具体运算阶段，学生能进行具体思维，尚不具备抽象思维能力。这一阶段具有守恒性和群集运算两个典型特征。处于这一阶段的儿童必须依靠具体事物的支持抓住实质。换言之，具体思维离不开具体事物，且形成这种认知的思维是零散的，不完整、不系。小学阶段的德育应结合具体的人物、事迹展开，使之与现实的生活发生联系，从而进行道德启蒙教育。如果我们仅仅把小学阶段的道德教育当作知识或口号进行机械化、重复式的传播，那么学生获得的只是几个词汇，或者舌尖上的爱国主义而已，内心的认同、情感的笃定却鲜有发生。小学生的道德启蒙教育既不能抽象化，也不能成人化，必须依据认知思维的特点，借用适当的载体，采取适当的方法，才能实现德育目标。针对儿童的具体思维特质，小学阶段德育要求教师、家长讲好红色故事，教师在德育课程中采取以故事为核心的教学方法，家长在生活教育中用好"红色故事"，以故事思维、故事情节、艺术魅力触动心灵，激发孩子的情感共鸣，实现其对革命英雄的崇拜，对革命精神的敬仰，并在孩子的心中播下真善美的"种子"。习近平总书记将青少年道德培育形象地比喻为"扣扣子"，第一粒扣特别关键，革命英雄就是最好的榜样，革命精神就是最好的"人生第一扣"。推进小学生的道德认知，需要我们以情感体验为抓手，以美的形象为载体，以正确的价值引导为落脚点，在伟岸的革命英雄形象和红色故事的沉浸体验中完成情感体验，形成道德认知，以及审美判断。

（二）中学阶段"注重红色体验"，强化政治认同

中学阶段是青少年道德价值观培育的拔节孕穗期，精心引导和栽培不可或缺。中学生的年龄处于青春期，身心快速发育，其道德和价值观也处于形成、发展的急剧变化阶段，是道德情操、心理品质和行为习惯养成的关键时期，这一时期思想道德素质水平的高低，对于他们的一生将产生巨大的影响。正因为

---

① 习近平. 全面落实"十三五"规划纲要　加强改革创新开创发展新局面 [N]. 人民日报，2016-04-28（01）.

他们"三观"未定，才更有可塑性。如果说小学阶段处于"碎片化"状态，那么中学阶段将要走向"系统化""整体化"的阶段。我们要为之赋能、聚气、正心，帮助青少年形成正确的道德认知、道德选择和道德判断。要实现这种转变，我们必须让青少年"知其然"，更要"知其所以然"，通过知行并进达成知与行的联通，使之同频共振、相向而行。从知的维度而言，我们要以中国近现代史为主线，以党史、新中国史为重点，与地方史、家乡史以及本地英雄人物相联系、相结合，以叙事、体验为主要途径，将小学阶段的启蒙教育的点滴知识汇聚成汪洋大海。从行的维度而言，要在系统性理论教育的基础上提升其价值性，建立红色文化的价值认同，对革命英雄的人格认同，实现"听党话、感党恩、跟党走"以及社会主义制度的政治认同。

（三）大学阶段"传承红色基因"，坚定理想信念

大学生的道德观基本形成，但是不稳定，易摇摆。在信息化的今天，网络包裹的形形色色的复杂信息，特别是历史虚无主义、自由主义等思潮的冲击，可谓是泥沙俱下，让大学生眼花缭乱，真假难辨，举棋不定，表现为立场上的不坚定，道德选择上的左右摇摆，以及对文化、理论、道路、制度的不自信。少数大学生甚至自诩中间立场、无立场，其结果往往是倒向"西方"还不自觉、不自省。个别学生被网络中所谓"真史""野史""艳史""伪史"弄得云山雾罩，晕头转向，有的还充当抹黑革命英雄的帮凶。究其原因就是没有传承红色基因，赓续红色血脉，以及坚定理想信念。大学生已经具备知识储备、理论基础以及感性认识，针对性进行系统性学习，开展理性教育，可以提高其政治站位，提升发现问题、分析问题、解决问题的能力。大学思政课是"立德树人"的核心课程、关键课程，传承红色基因需要融入主渠道，占领主阵地，开展启发式教学、探究性学习、创新性学习，提高学生的参与度，使理论与实践、思政课程与课程思政、小思政与大思政、学校与社会形成育人合力，形成全员育人、全方位育人、全过程育人的良好氛围。

三、粤北红色文化融入大中小学一体化德育的实践路径

立德树人是大中小学一体化德育的共同目标，粤北红色文化是实现这一目标的重要载体。为了确保粤北红色文化全面融入、全过程融入、全方位融入，大中小学有机衔接，我们必须采取有效措施推动粤北红色文化融入大中小学一体化德育。

（一）融入大中小学一体化德育教学

一是融入德育教材的一体化。习近平在 2019 年 3 月 18 日在北京召开的学校

思想政治理论课教师座谈会上提出要"在大中小学循序渐进、螺旋上升地开设思想政治理论课",所以,必须坚持用一体化的理念和逻辑构建德育教材体系。在内容设置上避免过度重复,内容编排上避免简单堆砌,理论深度上避免"眉毛胡子一把抓"或难易倒挂,准确性上避免相互矛盾、相互掣肘、相互抵消。如果内容上过度重复,就难免出现"炒冷饭"现象,导致学生反感、排斥,久而久之敬而远之。如果内容上简单堆砌,就难免造成"无整体感""系统性",没有逻辑力、说服力,久而久之变成"自说自话",王婆卖瓜。首先,粤北红色文化融入目标要素,体现了教材育人的核心。其次,粤北红色文化可以融入内容要素。中小学品德课以及大学阶段的思政课、就业指导、校本教材等都可以成为其融入的落脚点。比如,韶关市中小学可以围绕陈召南、邓祝三、叶修林等本地英雄人物、革命事迹等编写课外读物,大学则可以将红色文化写入思政课等教材等。总之,教材一体化要以"立德"为本,"树人"为魂,融入全科、全程、全面育人过程之中。

二是融入德育教学的一体化。大中小学德育教学,不仅要各自守好一段渠,还要联合守好整段渠,合力分配好支渠。大中小学德育教学的一体化要求整体化、系统化、协作化,避免分散化、个体化、个别化。大中小学阶段教学如接力赛一样,在自己的赛段全力冲刺,跑稳跑快,还要确保在接力区顺利交接棒。这就要求比赛的队员不断提高接棒技巧,增强交接的顺畅性、稳定性。在避免抢跑的前提下,为下一棒确立优势。既要防止自己掉棒、摔跤,还要保障下一棒顺利接棒。首先,思政课程与课程思政的一体化。习近平总书记要求:"其他各门课都要守好一段渠、种好责任田,使各类课程与思想政治课同向同行,形成协同效应。"① 粤北红色文化不仅要融入大中小学思政课,而且要融入其他课程之中,渗透于各科教学之中,发挥"润物细无声"的作用,起到涵养品德的功效。要避免只教书,不育人,更要预防为别国育人,甚至是"为敌育人"。其次,大中小学教师队伍建设一体化。火车跑得快,要靠车头带。动车高铁的每段还自带动力。在这种条件下,火车跑得快,需要方向一致、步调一致。大中小学教师队伍建设也不例外,特别是道德价值观。思政课建设关键在教师,一体化德育亦是同理。

三是融入德育目标的一体化。大中小学德育的根本目标是为党育人、立德树人。实现这一根本目标,需要从大中小学各阶段分步推进,循序渐进,螺旋

---

① 习近平. 把思想政治工作贯穿教育教学全过程 开创我国高等教育事业发展新局面 [N]. 人民日报,2016-12-09 (01).

上升。实现大目标，要从一个又一个小目标推进，可将整体目标分解为阶段目标。阶段目标的确定不仅要求科学合理，还关乎整体目标的实现。只有确保具体目标服务于整体目标，契合阶段特点，符合阶段发展规律，才能符合预期。首先，要提升大中小学教师历史观的一体化。粤北红色文化就是一部中国共产党领导粤北人民的革命史、战斗史、奋斗史。学史可以明理、增信、崇德，提高教育教学的价值性，以及育人本领。推进大中小学一体化，可以采取专题培训、轮岗兼职、联合备课、资源共享等途径，提高历史修养和道德素质。其次，提升大中小学教师的文化自觉、文化自信。历史是最好的教科书，也是最好的营养剂，学史能够增强自信。只有教师自信了，才能通过态度、语言、情感、性格、品格、行为等传递给学生。

（二）融入大中小学一体化德育实践

习近平总书记指出："要坚持理论性和实践性相统一，用科学理论培养人，重视思政课的实践性，把思政小课堂同社会大课堂结合起来。"① 实践出真知。人只有在改造客观世界的过程中，才能改变自己的主观世界。学习红色文化，不能只是"坐而论道"，必须"躬行践履"，在学中做，在干中学，真正悟透、学懂、做实。

一是融入实践教学的一体化。首先，粤北红色文化选题融入大中小学学段实践项目，安排一定量的红色文化主题演讲、征文、调研、研学等实践，让学生在沉浸式体验中领悟红色精神，感悟红色力量，激发奋斗动力。比如，小学阶段可以开展红色文化历史知识、红歌、红色文化主题演讲、朗诵等活动；中学阶段可以开展红色主题辩论赛、征文、主题教育、团日红色主题教育等活动，可组织学生参观北伐战争纪念馆、红军长征粤北纪念馆、革命老区等基地，通过观瞻红军遗物、遗存、遗迹，缅怀英雄先烈，体会今天幸福生活的来之不易，激发青少年的责任担当和报国之志。其次，在大中小学学段分别设置红色文化专项实践学时，为粤北红色文化全面融入大中小学实践教学一体化提供学时保障。除了硬性规定以外，还可以鼓励通过选修红色文化课程，革命博物馆等爱国主义教育基地的志愿讲解员等激励措施，引导学生自觉主动参加红色文化实践。

二是融入实践平台的一体化。首先，面向大中小学生群体建立健全红色文化实践教育基地，构建一体化的红色文化教育实践平台。一体化平台建设要注

---

① 习近平. 用新时代中国特色社会主义思想铸魂育人 贯彻党的教育方针落实立德树人根本任务［N］. 人民日报，2019-03-19（01）.

意层次性、实践性和包容性，相辅相成、循环共生。其次，大中小学联合开展宣传红色文化的实践教育活动。大中小学学生联合参与，对话交流，共建、共享一体化实践平台。比如，大中小学学生联合开展红色文化调查，一起重走长征路等。

（三）融入大中小学一体化德育网络

既要用好、用活红色文化资源，也要用好用活网络资源。网络新媒体具有虚拟性、互动性、个性化等优势，也是大中小学学段群体特别喜好的媒介。两者结合可以让粤北红色文化活起来，让它发声，利用网络媒介充分释放高效、精准、融合的教育能量。

一是融入网络建设的一体化。首先，开发和建设大中小学一体化的粤北红色文化网络平台，巩固红色文化的教育阵地。在一体化的网络建设中，要做好大中小学统筹规划，避免重复建设、交叉建设、低效建设。其次，创新粤北红色文化网络教育形式，满足大中小学多样化、个性化需求。比如，将红色文化的图书、音乐、视频搬上网络，让红色文化潮起来。通过直播、学习、互动等大中小学生更加喜好的方式和途径，让他们以合作学习、自我教育等形式，于潜移默化中受到熏陶。再次，开设大中小学一体化粤北红色文化网络课堂，使之大众化、通俗化。对声音、图片、视频等粤北红色资源进行数字化加工，使之更加生动、形象，激发学生的兴趣、乐趣，让他们在乐中学、学中乐，沉浸其中。

二是融入网络资源的一体化。首先，要统筹大中小学一体化的粤北红色文化在线网络资源的规划、设计。如，开发系列化、阶梯性的红色游戏、红色文旅产品、红色文化软件、红色VR、红色景点打卡，在内容上相互衔接，深度上依次递进，梯度上螺旋式上升，覆盖小中大整个学习阶段，随着学习阶段的提升，红色文化教育也随之延伸、深化，学生的思想道德价值观也将随之不断升华。其次，推进粤北红色文化网络资源的共享，形成大中小学共育、相互补台，形成教育合力，以最优势的力量、最优质的资源，提升一体化的实效。

思政课中"以人民为中心"实践逻辑

——以肇庆红色文化为视角①

植秀佳②

人民性是马克思主义最鲜明的特征,中国共产党自成立以来就以马克思主义为指导的,"为中国人民谋幸福,为中华民族谋复兴",是我们中国共产党人的初心和使命。中国共产党的实践逻辑,即从1921年建党至今走过百余年历史的初心使命、人民立场、价值追求,实践逻辑统一指向人民。2021年7月日,习近平总书记在庆祝中国共产党成立100周年大会上的讲话中强调:"打江山、守江山,守的是人民的心。"这是对"以人民为中心"的深刻阐释和对中国人民的深情告白。思政课是落实立德树人根本任务的关键课程,"以人民为中心"的价值导向贯穿思政课教学的全过程,要把这个实践逻辑讲清楚,思政课堂的素材尤为关键。高校思政课堂应贴近实际,把高校所在地的红色文化基因和思政课相结合将更显课堂生命力。肇庆红色文化资源丰富,将其融入高校思政课教学过程可以更好地诠释党的初心使命、人民立场和价值追求。

一、实践逻辑之初心使命——以叶挺独立团团部旧址纪念馆为例

高校思政课对初心使命的解读直接影响学生对思政课的初步印象。初心使命,说明我们为什么出发的问题。马克思主义从诞生时起,就把为全人类解放而斗争作为伟大使命;中国共产党从诞生时起,就把为中国人民谋幸福作为伟大使命。中国共产党的历史走过百余年,变化的是时代,不变的是共产党人的孜孜追求。习近平总书记指出:"江山就是人民,人民就是江山,打江山、守江

---

① 基金项目:2021年肇庆学院人文社会科学研究基金项目"新发展格局下'以人民为中心'的价值导向研究"(立项号:KY202108)。

② 作者简介:植秀佳,肇庆学院马克思主义学院讲师,哲学硕士。

山，守的是人民的心。中国共产党根基在人民、血脉在人民、力量在人民。"①把"人民"在高校思政课堂中集中展现，那就是"人民是历史的创造者"。人民是推动历史进步的绝大多数，过去的革命和建设依靠人民，今天的改革和发展依靠人民，人民就是江山。我们实现了第一个百年奋斗目标，尽管百年未有之大变局给国际国内形势带来诸多变化，但不变的是我们党"以人民为中心"的根本立场，不变的是我们党百年征程的初心使命。在肇庆红色历史文化基因中，叶挺独立团团部旧址纪念馆可以追寻人民军队的初心和使命，独立团是中国共产党人为人民利益而战最初的模样。

实现第一个百年奋斗目标是中国共产党对全体中国人民的承诺。人民就是江山，体现在党对人民的承诺上，实现全面建成小康社会的目标，是中国共产党对人民的庄严承诺，也是中国共产党对历史的庄严承诺。叶挺独立团团部旧址纪念馆承载着共产党人最初的向往，通过高校思政课堂回望历史，丰衣足食一直是中国人民朴素而美好的向往，勤劳勇敢的中国人民始终都在为过上美好的生活而奋斗。中国共产党人的实践逻辑一直把人民放在心中的最高位置，始终坚守着人民立场。在当下，中国共产党人"不忘初心、牢记使命"最生动、最直接的体现就是领导全国人民全面建设社会主义现代化国家。人民是历史的创造者，中国历史是由中国人民创造的，人民就是江山，人心是最大的政治，人民是最大的底气，党的实践逻辑是经得起人民检验的。

实现第一个百年奋斗目标是中国共产党对历史的庄严承诺。使中国人民翻身做主，是中国共产党自成立以来就承接的伟大历史使命，我们党经过28年的浴血奋战建立了新中国，中国共产党人的奋斗史，就是一部人民的奋斗史，是中国共产党人依靠人民、为了人民的奋斗史。思政课在对历史的把握上务必准确，思想表达应切合历史背景，时间是最好的见证者，历史是最好的裁判官，党的实践逻辑是经得起历史检验的。1925年11月在肇庆阅江楼成立的叶挺独立团是我们党直接创建和领导的第一支正规革命武装，独立团诠释了人民军队的初心和使命，是中国共产党人初心和使命的伟大注解。"无产阶级的运动是绝大多数人的，为绝大多数人谋利益的独立的运动"②，习近平总书记曾在多个场合引用马克思的这一句话，因为我们的人民必定是社会中的绝大多数，我们的人

---

① 习近平.在庆祝中国共产党成立100周年大会上的讲话［N］.人民日报，2021-07-02 (02).

② 马克思，恩格斯.马克思恩格斯选集：第一卷［M］.中共中央马克思恩格斯列宁斯大林著作编译局，编译.北京：人民出版社，2012：411.

民也必定是一个不可分割的整体。我们的人民始终是我们党做计划、谋发展所考虑的中心，中国的发展是真真切切的"以人民为中心"的发展。在自媒体时代，课堂教学形式越来越多样化，好的思政课往往结合地方特色展开，2022 年是叶挺独立团成立 97 周年，为缅怀叶挺独立团的历史功勋，弘扬伟大的"铁军精神"，肇庆学院马克思主义学院于 5 月份带领学生到叶挺独立团团部旧址纪念馆开展常规实践教学。作为全国爱国主义教育示范基地和国家国防教育基地，叶挺独立团团部旧址纪念馆为我们传承红色基因、领悟"铁军精神"的深刻内涵提供了重要载体，更为思政课阐释"以人民为中心"的实践逻辑提供了话语媒介。

二、实践逻辑之人民立场——以沙浦革命烈士纪念碑广场为例

高校思政课对人民立场的解读贯穿学生对思政课深入理解的全过程。人民立场，说明的是我们奋斗路上的原则性问题。国泰民安是中国人民的朴素愿景，消除贫困是马克思主义的重要理论线索。早在 170 多年前的《莱茵报》时期，马克思就努力探寻社会存在大范围贫困的主要根源，认为无产阶级反贫困的方向是从消除贫困到人的解放，再到社会的共同富裕，最终达到人的自由全面发展。肇庆地区的沙浦农民运动在对中国革命运动的推动上起了重要作用，打江山、守江山，守的是人民的心。守住人民的心靠的是中国共产党人坚定的人民立场，思政课堂的讲授应该使学生明白我们国家始终在从人民的利益出发谋划发展。习近平总书记强调，"消除贫困、改善民生、实现共同富裕，是社会主义的本质要求"①，带领人民脱贫致富是我们党的重要使命，党的实践逻辑诠释着坚定的人民立场。人民立场是思政课的灵魂，高校思政课堂不管采取何种形式开展，最终都要回归到人民立场上来。结合肇庆红色文化资源和红色历史基因，沙浦革命烈士纪念碑广场可作为当地高校思政课实践教学的平台和媒介。

1926 年，正值中国人民第一次国内革命战争时期，西江农民运动在中国共产党的直接领导下风起云涌，沙浦人民以各种形式进行顽强斗争。把肇庆红色文化历史素材融入思政课的教学环节，使思政课在学生心中稳稳扎根。以沙浦革命烈士纪念碑广场为例，沙浦革命自卫军就是根，思政课的丰富内容就是枝叶，根深才能叶茂，本固才会枝荣。英勇的沙浦革命自卫军曾联合附近各村的农民，数次主动攻打当地的地主阶级和反动武装，迫使地主阶级签订条约，取

---

① 中共中央党史和文献研究院. 习近平扶贫论述摘编［M］. 北京：中央文献出版社，2018：3.

消高利盘剥和放弃苛待压迫农民，取得政治和经济上的伟大胜利，同时大大发展了革命武装，这就是人民立场的直接体现。

　　坚持党的实践逻辑，这是高校思政课的主旋律。从历史的角度看思政课的地方特色，肇庆沙浦的农民运动很好地诠释了思政课的人民立场问题。虽然沙浦革命运动没有直接取得成功，但肇庆先烈的鲜血是不会白流的，烈士们遗留下的革命火种照亮了肇庆儿女的道路。思政课的课堂叙事结合当地红色历史素材可以很好地说明道路选择问题，压迫农民的官僚地主阶级被打倒，光荣的革命传统鼓舞着沙浦和附近各村的农民朝着社会主义大道胜利前进。肇庆沙浦革命烈士的丰功伟绩流芳百世，革命烈士的牺牲精神和人民立场宣示了我们党始终不变的实践逻辑，同时传递着深厚的人民情怀。始终把人民放在心中的最高位置，这是我们党与别的政党最大的不同，也是我们党优越于别的政党的集中体现。人民群众向往什么，我们党就努力实现什么；人民反对和痛恨什么，我们党就坚决纠正和防范什么，"以人民为中心"作为为人民服务的继承和发展，进一步凸显了人民的主体地位，也进一步阐明了我们党的实践逻辑。

　　当今世界，"没有哪个国家能够独自应对人类面临的各种挑战，也没有哪个国家能够退回到自我封闭的孤岛"①。人民立场不分地域，开启全面建设社会主义现代化国家，需要把人民立场牢牢坚持，思政课在这方面应该做更多的强调，因为思政课面对的对象是国家未来发展的生力军。在过去一百年的奋斗进程里，我们中国共产党人一直都把统一战线摆在十分重要的位置，巩固我们的统一战线，把一切可以团结的力量团结起来、把一切可以调动的力量调动起来，从而凝聚起我们中华民族的共同奋斗伟力。沙浦革命烈士纪念碑广场在肇庆市红色文化教育、革命传统教育以及爱国主义教育等方面发挥了阵地作用，肇庆高校的思政课应充分利用好当地的红色文化资源，充实到实际的思政课教学中，向学生们诠释好人民立场。

三、实践逻辑之价值追求——以中国人民解放军粤桂湘边纵队纪念馆为例

　　高校思政课对价值追求的阐释影响着学生在人生道路上的价值导向，价值追求，说明高校思政课的目标指向问题。我们党"以人民为中心"的实践逻辑始终坚持马克思主义基本原理，坚持实事求是，从中国具体实际出发，洞察时代大势并不断推进马克思主义中国化、时代化。高校思政课的课堂教学必须明

---

① 中共中央宣传部. 习近平新时代中国特色社会主义思想学习纲要 [M]. 北京：人民出版社，2019：209.

确马克思主义是中国共产党立党立国的根本指导思想，同时是中国共产党的灵魂和旗帜。思政课从价值导向上应引导学生认识马克思主义执政党的价值指向是人民，中国共产党的价值追求是人民，"以人民为中心"诠释着中国共产党人实践逻辑的价值追求。坐落在广宁县的中国人民解放军粤桂湘边纵队纪念馆是肇庆红色基因的重要体现，是人民军队对人民美好未来孜孜追求的历史见证。中国人民解放军粤桂湘边纵队是一支中国共产党领导的人民革命武装，也是解放战争时期华南战场七支游击纵队之一。思政课的价值导向影响着学生在课堂内外的精神追求，我们应在学生群体中强调，开启向第二个百年奋斗目标进军的新征程，必须坚持党的集中统一领导，紧密团结在以习近平同志为核心的党中央周围，为全面建设社会主义现代化国家凝聚人心、共聚民力。

习近平总书记号召全体中国共产党人，始终同人民想在一起、干在一起，为实现人民对美好生活的向往不懈努力。这充分体现了中国共产党的价值追求，这个追求明确指向人民。在肇庆地方红色文化资源中，粤桂湘边纵队的历史追求直接指向人民，诠释了中国人民解放军的价值追求。人民军队的价值追求引领奋斗目标，人民就是江山，人民是最大的底气，也是最坚实的基础，只有打牢人民幸福之基，才能奠定江山之根。思政课教学应明确时代发展的主线，对当前的经济社会发展，全国人民心中很重要的一个期待就是全面建设社会主义现代化国家，开启新征程必须坚持"以人民为中心"的实践逻辑。人民的实践坚持人民立场，人民的逻辑遵循人民标准，站在百年未有之大变局的时代潮头，高校思政课应充分结合本土红色文化资源，让学生深刻理解我们应该用实实在在的发展回应"以人民为中心"的实践逻辑。

坚持党的实践逻辑，要坚持党的集中统一领导，锚定发展方向。中国共产党用百余年的风雨历史叙述着"以人民为中心"，中国人民解放军粤桂湘边纵队用血与火的战斗书写着中国共产党人的实践逻辑，这是对人民立场的最好注释。高校思政课讲道理的过程需要厚实的素材为支撑，肇庆高校的思政课堂可以很好地应用本土的红色文化资源，中国人民解放军粤桂湘边纵队在整个解放战争中牵制和消耗了敌人的军力，支援了正面战场的决战，最后配合南下大军作战，解放边区全境，为中华人民共和国的建立作出了贡献，人民军队的价值追求指向人民的解放和国家的和平统一，这是肇庆红色文化资源与高校思政课教学相融合的典型例证。历史和人民选择了中国共产党，坚持党的集中统一领导是中国特色社会主义制度的显著优势，"正是因为始终坚持党的集中统一领导，我们才能实现伟大历史转折、开启改革开放新时期和中华民族伟大复兴新征程"①。上好思政课需要讲好党的历史，肇庆的红色文化资源为思政课提供了很好的历史素材，我们党的历史是一部与人民心连心、同呼吸、共命运的伟大历史。党的人民立场诠释着党的价值追求，党的价值追求诠释着党的初心使命。高校思政课的吸引力来自理论和实践的价值导向，肇庆地区红色文化资源是肇庆各大高校开展思政课教学的载体和媒介。高校思政课建设要走深走实，密切联系实际是思政课教学的生命线，融入地方红色文化资源是思政课教学的源头活水。把肇庆红色文化资源恰到好处地融入当地高校思政课的教学过程，可以更好地诠释"以人民为中心"的实践逻辑，让学生在思政课中筑牢共产主义信仰，成长为社会主义合格的建设者和可靠的接班人。

---

①　弘文．我国国家治理的关键和根本［J］．党史文苑，2020（8）：4-10.

肇庆地区红色文化在高职院校德育
教育中的有效路径

林雯琛①

我国高等职业教育经过十多年的高速发展，已经初步形成相对完整的和较独立的高等教育类型。我国职业教育本科层次试点正在加速进行中，截至2021年11月，教育部已经公布了32所职业本科高校。在高质量发展和新时代教育改革的大背景下，优化职业高校转型发展已经成为迫切的时代课题。高校在文化建设的过程中，应该始终坚持以马克思主义思想作为理论指导，以爱国主义教育、道德教育、思想政治教育为手段，营造良好的校风、学风和教风。马克思主义文化观作为马克思主义的重要组成部分，包括马克思主义世界观、人生观、价值观，根植于辩证唯物主义的实践基础之上。职业本科高校和传统应用型本科高校既相异，也有同一性，但就高校文化建设的思路而言，形成各具特色的马克思主义文化、实现高校学生个性和全面性协调发展的人才培养理念，同时根植于我国传统文化，对于高校文化建设同样具有研究价值。本文以职业高校的文化软实力建设为基础，培养核心竞争力，以高职院校为例，坚持以马克思主义为指导思想，着力于提升职业高校的文化养成。

一、高职院校德育教育现状分析

（一）地区高职院校发展参差不齐

目前，高职院校的办学质量和发展水平发展不平衡，其中一项表现为地区发展水平的不均衡。经济发达地区的职业高校，在规模建设和师资力量团队建设上都较有优势，经费投入、办学理念、特色建设乃至学校事业发展和师生全面发展都略胜一筹，然而，在学校建设和人的全面发展方面，其往往过分注重硬件建设和职业创造，忽略了思想政治教育、意识形态和文化涵养的培育。

① 作者简介：林雯琛，广东工商职业技术大学马克思主义学院教师。

（二）思政教育及文化自信不到位

高校思政教育是一个长期而深远的过程，以广东工商职业技术大学为例，其校训为"重知识，更重能力，尤重品德"，着力于将马克思主义学院打造为第一大学院，在关注学生思德教育建设、健全学生专业技能的同时，重视心理健康、全面发展是该校职业教育发展的一大特色。近几年来，无论是从国家宏观政策上看，还是从政府、行业、企业与职高院校合作效益上看，社会对职业教育的认同度和好感度不断攀升，部分本科毕业生回炉职业教育学习的案例也屡见不鲜，都说明了职业教育得到了大众的认可和肯定。然而，从各方面综合实力看，部分职业院校更重视学校的硬件发展，着力于提升职业效能和"中国创造"的层面，鲜少提及和注重文化修养、提升文化内涵等。文化自信属于意识形态范畴，正确理解与深化文化内涵教育，是职业高校迫在眉睫之改革。"教师之爱生，则为之计深远。"部分高职院校文化自信不足，体现为人员、专业、资源、技能方面的不足，如果一味地戴着有色眼镜看待职业院校的学生，认为其文化能力不足，专业能力和思想意识也一定不高，这本身就是一个误区，无形中在客观上也弱化了职业高校的文化自信。在深入落实人才培养方案、推进产教融合的同时，需要强化精细化管理和特色教育，重视校内文化发展，注重学生品德教育，是现代职业高校不容忽视的话题。要以人为本，产、教、文相结合，重能力更重品德，加强职业院校的自身文化建设，激活与唤醒我泱泱中华的文化内涵。

二、提升肇庆地区高职院校特色文化软实力的路径

（一）强化师资力量队伍，增强文化凝聚力

育人先育己，师资队伍的强大是高校前进、发展的主要推动力。教师作为一线人员，不但要站稳三尺讲台，更有义务关注学生的全面成长，包括专业能力和思想政治教育的健康成长，帮助学生树立正确的价值观、世界观和人生观，增强文化保障。思想政治课程一般为公共课程，学生的关注度和好感度一般低于专业课程，以至于对国家政策、制度建设、思想道德修养等方面不感兴趣。高职院校要强化师资力量队伍建设，努力提高教师自身荣誉感、归属感和责任感，发挥"榜样"的力量。教师对教育工作严谨、对学生尽职尽责，在丰富课程的实践性和综合性发展的同时，引发学生对于职业道德的重视。一支真正优秀的教师团队不仅是专业能力上的过硬要求，更是学生职业生涯规划的人生导师，只有形式化、口号化的教育改革注定是一场失败的革新。近年来，加快高

职院校师资力量团队建设，整体提升教学质量，已成为职业教育改革中的迫切任务。以广东工商职业技术大学为例，硕士研究生队伍达至80%，"产学研"基金项目、省市级课题若干，大力提升自身竞争力。职业院校强调"专业技能"与"文化实力"两者相融洽，增强文化底蕴教育首先要从教师自身做起，以德治校，育人为本。师之道以德为先，严谨、敬业的育人精神就是最好的榜样力量。思德强则校风好，校风是一校之魂，校风建设与思德建设一脉相承。要加强青年教师的培养，切实抓好在岗培训，培养优良的校风，提升学生的全面素质建设。

（二）职业院校将德育教育与当地文化相结合，是一种内涵发展

职业院校特色文化的内涵发展，必须从根本上转变发展思路，实现战略转移。本文认为，内涵发展应致力于特色发展和人才培养。

1. 突出特色，关键要做到人无我有，人有我精，人优我特，立足实际，面向需求。坚持明确学科定位，凝练特色，重点突破，在培育特色中形成和强化优势，提升核心竞争力。

2. 人才培养是内涵发展之根本。职业院校应着力于培养符合社会发展的实用型人才；学科建设和知识创新是人才培养的内涵发展之源泉，两者应有机结合并相互配合，坚持以学科建设和知识创新来引领，又快又好地以坚持社会发展为己任，相互促进，全面协调发展。

三、结合肇庆市特点，以马克思主义作为内涵，推行民本教育

（一）马克思主义意识形态的指导意义

在党的十九大报告中，习近平总书记将"必须坚持马克思主义""不断增强意识形态领域主导权和话语权"作为新时代坚持和发展中国特色社会主义的基本方略。从习近平总书记的针对同一问题所作的系列讲话中，足见我们党对意识形态主导权和话语权的高度重视。作为一种意识形态，马克思主义中国化的实质就是"把马克思主义基本原理在中国实现民族化、具体化、通俗化"。高校开展马克思主义传播，坚持正确的思想导向，对于高校文化建设有深刻的理论意义。当前，我国社会已经发生了深刻的变化，随着国情、党情、世情的变化，我们更应该深化对马克思主义的理解和认识。大学生是一个特殊群体，处于大学阶段的他们，思想和行为均会发生极大的转变，高校作为大学生的重要培养基地，科学、正确的三观引导将最终上升为人生信仰，这对于大学生的未来发展有着不可估量的作用。一般来说，文科理论性的知识点较单调乏味，而大学

生在马克思理论的阅读和学习方面都停留在只言片语的表面功夫之上，对理论的形成背景及其发展往往没有系统掌握。量变是质变的必要准备，高校要发展自身的文化软实力，开展有特色的文化教育，思政教育"三进"课堂，就必须坚持马克思主义意识形态的主导地位，切实提高广大大学生在马克思主义理论知识学习方面的广度和深度。

（二）高校开展特色思政课堂

树立马克思主义信仰，首先要让大学生对马克思主义理论学习产生积极性和兴趣，这就要对课堂教学方式进行强有力的深入改革。尤其在内容上，要与时俱进，突出时代性；要紧密结合我国国情，将理论和实际相结合；要在课堂上采用多样化的教学方式，运用多媒体教学、远程教育等方式给大家以生动、深刻的阐释。只有切实提高大学生对于学习、探讨马克思主义理论的兴趣，他们才会从内心深处接受、认同，进而形成马克思主义信仰。

（三）发挥高校党组织在马克思主义传播方面的影响力

高校应切实加强基层党建工作，充分发挥学校基层党组织的先锋模范作用。党组织与学生休戚与共，密切联系，党员教师的一举一动都影响和牵制着大学生的日常生活，因此，必须充分发挥学校党组织在理论和实践中的积极影响力，为马克思主义信仰在他们的心中打下坚实基础，并发挥建设性作用。学校党组织在日常生活中要坚持以学生服务为核心，切实维护学生利益，不仅要关心学生的物质需求，也要注重他们的精神文明建设；不仅要带领学生学习党的相关理论知识、了解和继承党的优良传统，也要使他们深入社会，切实体会党的领导下的伟大成就。此外，党组织要不断与时俱进，跟上发展潮流，时刻掌握价值取向，对思想和行为有偏差的学生要及时地进行指导和纠正，做到未雨绸缪。同时，高校应加大优秀人才引进力度，提高党组织的活力、创新力和凝聚力，吸引广大学生向组织靠拢，为确立马克思主义信仰提供坚实的组织基础。

（四）深入学习并开展社会主义核心价值观

党的十六届六中全会提出，建设社会主义核心价值体系具有重要的历史性和战略性。要坚持以马克思主义为指导思想，凝聚以爱国主义为核心的民族精神和改革创新为核心的时代精神，深化社会主义荣辱观。主要内容包括：通过实践不断趋近和实现理想精神的界限，以爱国主义为核心的民族精神、以改革创新为核心的时代精神和以社会主义荣辱观为核心的伦理道德精神。脱离价值体系的思想体系是空洞的，没有思想体系支撑的价值体系也是盲目的，无论是理想精神还是以爱国主义为核心的民族精神，从根本上说，都应该以谋求和实现人民的利益和福祉为宗旨。

我们党提出的建设社会主义核心价值体系是具有重大时代意义的，特别是在高校这个思想文化最活跃、知识信息最密集的地方，构建社会主义核心价值体系，加强高校思想政治教育显得尤为重要。

四、高校文化软实力主要在文化创新力的提升

（一）文化创新的历史发展

人类在相互交流中传播文化，在传承的基础上发展文化，这些都蕴含着巨大的文化创新力。改革开放以来，对于文化建设和文化创新，我们党的认识不断深化。邓小平同志提出的"物质文化与精神文明建设"的两手抓；江泽民同志提出的中国特色社会主义文化理论；胡锦涛同志在党的十七大报告中阐述了文化创新的内容"在时代的高起点上推动文化内容形式、体制机制、传播手段的创新"；习近平同志在党的十八大报告中号召增强全民族文化创造活力；十九届六中全会通过的《中共中央关于党的百年奋斗重大成就和历史经验的决议》，深刻总结了党的十八大以来我们党推进文化建设的战略部署和重大成就。综合几代领导人有关文化建设、文化创新的思想，文化创新关键是价值观念的转变，文化理念创新是文化体制改革的动力。

（二）职业高校文化创新力的内涵

高校实行文化创新的根本目的就是提高学校的整体竞争力，促进其长久发展。高校文化软实力的提升必须重视高校文化的先进性，高校文化不是独立的，是学校管理的重要组成部分。职业高校的文化力就是将学校凝聚起来的"强力胶"，这种凝聚效应应该贯穿整个管理体系，将学校文化的作用和影响渗透至学校战略的各个层面。职业高校有别于传统本科高校，新型职业本科高校更注重"产教研"结合，这就要求职业高校的文化力量应该是外向的、激励的，更能适应市场需求，这是一种强调持续学习和不断适应的文化。

（三）文化创新力对人才培养的影响

职业高校人才培养创新力，主要是指学校对人才培养目标、人才培养模式，包括专业建设、课程建设、师资队伍建设、教学管理和评估体系建设等一系列人才培养的相关要素进行变革与创新，使学校培养的大学生更能适应社会需求，保证学校持之有效的发展力。人才培养是个多元性问题，校本位文化的凝聚力和向心力对于人才培养有着不可估量的推动作用。

（四）高校文化创新力的"人本位"精神

"人本位"精神即以人为本，把"人"的发展作为高校文化力改革和发展的核心思想。高校人本位管理，一方面要关注学生的身心健全、健康问题，强调学生个人的综合能力和全面发展，也要注重其人文素质的培养；另一方面，高校要关注教职工的成长，教职工的价值需求、精神需求和物质需求都为教职工的成长和发展提供了必要的支持，这样才更有利于创新型和复合型人才队伍的建设。文化力建设是"人本位"凝聚力的关键要素，要将思想建设工作作为指导，建立完善的"人本位"体制，实现高校的可持续发展。

五、马克思主义在高校文化软实力中的指导地位

（一）思想政治教育在高校文化领域的作用

高校的思想政治教育是进行日常教育工作的基本保障，是高校培养社会主义接班人最根本的前提，但目前高校的思政教育工作参差不齐，在实践中一味重视能力教育而忽视大学生的心理素质教育和正确的思想指导。足够重视高校思想政治工作，积极调动广大高校学生学习思想政治的兴趣和热情，对于有效提升高校思想政治工作有着不可估量的作用。

作为一种人性化的管理理念，以人为本是一种思想、一种信念，是一个理性认识的问题，能够在高校思政教育中起到关键的观念支撑作用。只有消除落后的观念，强化科学的管理理念与教育理念，才能确保高校思政工作能够维持在一个良好的意识状态。高校思政工作的实践过程应该是一个循序渐进的长期的过程，需要高校工作者们牢固树立以人为本的管理理念，并重视采取有效的教育管理手段将其付诸实践，通过精细化管理手段，重视并培育、强化教师的人本观念，为提高学生的思想政治素质奠定基础。

在新时期的高校思想政治工作中，我们应该重视学生的全面发展，践行以人为本的管理理念，同时合理实施激励管理，真正体现以人为本的管理创新性，从而释放学生的积极性、主动性，激发学生的创造性，为高校思政教育工作开拓一个全新的局面。

（二）马克思主义指导思想的时代内涵

中国共产党为什么"能"？社会主义为什么"好"？归根到底是因为马克思主义"行"。马克思主义作为我党的根本指导思想，体现了新时期以爱国主义为核心的民族精神和以改革创新为核心的时代精神。思想道德教育在课堂教学中，突出体现为课堂文化对学生的正确价值导向，通过课堂教学中渗透的教育理念，

对学生道德人格和学生的良好品德起到了"润物细无声"的教育效果。马克思主义思想作为新时期思政教育的指导思想，具有划时代意义，人文精神、爱国主义精神任何时候都不会过时，在高校广泛开展以马克思主义为指导的思政教育，是增强新时期职业高校文化软实力的重要思想保证。高校素质教育是一个需要理论联系实际、多维度、多方向发展的复杂的教育过程。马克思主义思想赋予的时代精神、建党百年精神体系都对当代大学生思政教育具有划时代的意义。

"长岗坡精神"融入"四史"教育课的价值意蕴与实现路径

张德华　孙贵法　叶瑞庭①

2019 年 5 月 22 日，习近平总书记在江西考察工作时的会议上强调："伟大革命精神跨越时空、永不过时，是砥砺我们不忘初心、牢记使命的不竭精神动力。"② 作为伟大革命精神谱系的重要组成部分，"长岗坡精神"是 20 世纪 70 年代以来，罗定人民群众在当地党组织的领导和支持下一起奋战四年多，建造从罗定市罗平镇长岗坡到双莲村天堂顶之间的总长 5 200 米、宽 6 米、高 2.2 米的渡槽（当时世界排名第一的渡槽，总造价仅为 530 万元人民币）的过程中形成的宝贵精神财富。2018 年 10 月 30 日，广东省政协副秘书长黄庆勇在受邀出席长岗坡纪念馆揭牌仪式时强调，长岗坡"牢记宗旨、无私奉献的为民精神，敢为人先、攻坚克难的担当精神，求真务实、艰苦奋斗的实干精神"③ 令人动容。"长岗坡精神"不仅具有重大历史意义，更兼具深远的现实意义，值得传承与发扬。大学生"四史"教育课是高校实施思想政治教育的重要途径，是落实立德树人根本任务的落脚点。因此，将"长岗坡精神"融入"四史"教育课教学内容，并将其贯穿于思政教学全过程，对于响应党的号召，把红色基因传承好，把本地红色资源利用好，把红色江山代代传下去具有重大意义。本文以"四史"教育课为例，在深刻揭示"长岗坡精神"生成逻辑的基础上，探究"长岗坡精神"融入"四史"教育课教学中的价值意蕴与实现路径，以期教育引导广大青年学子坚定"四个自信"，进一步激发学生们的爱党爱国爱人民的巨大热情。

---

① 作者简介：张德华，广东理工学院马克思主义学院专任教师，法学硕士；孙贵法，广东理工学院马克思主义学院讲师，中国哲学硕士；叶瑞庭，广东理工学院马克思主义学院讲师，法学硕士。
② 习近平. 论中国共产党历史 [M]. 北京：中央文献出版社. 2021：253-254.
③ 黄庆勇. 长岗坡精神学习感怀 [N]. 人民政协网，2018-11-01 (01).

一、"长岗坡精神"的生成逻辑

"长岗坡精神"的产生发展并非一蹴而就，而是有其厚重的历史根源、实践经历与文化基因，历经40余载沧桑岁月始终初心未变，使命如一。推进"长岗坡精神"积极有效融入广东高校"四史"教育课教学，首先要研究"长岗坡精神"丰富而深切的生成逻辑。

（一）"长岗坡精神"在社会主义建设道路初步探索中孕育生发

中华人民共和国成立前的罗定流传着一首民谣："山上不长草，黄泥往下倒。若要保老命，举家往外逃。"这生动地描绘了罗定"十年九旱"的严酷自然地理环境。地处云开大山和云雾大山之间的罗定，有广东地区最大的盆地（罗定盆地），境内流淌着多条河流，也是西江流域重要的支流，流域内水资源丰沛；但是水资源在区域之间却存在严重分布不均的问题，河流高低落差大，水利基础设施严重缺乏，导致旱涝灾害不断，进而使得罗定人民生活水平低下。

中华人民共和国成立初期，罗定旱涝灾害依然严重威胁着广大人民群众，这是悬在罗定人民心头的一块大石，让罗定广大人民群众寝食难安，严重阻碍了罗定的稳定和发展。在社会主义建设前期，当地民众在党组织的带领和支持下自觉发动起来兴修水利。罗定人民创造性地采用"引蓄结合，长藤结瓜"的水利疏导模式，成功解决了罗定盆地周边大部分农田的用水问题，但是这种模式没能有效解决罗定盆地中部的干旱缺水问题。为了解决罗定中部地区的缺水问题，伟大勤劳的罗定人民建设长岗坡渡槽的设想便提上日程。

1976年11月，在罗定党组织的坚强领导下，长岗坡渡槽动工兴建。由于缺少资金，工程面临诸多困难，很多事情需要罗定人自谋出路。"没有道路自己修、没有工具自己造、没有水泥自己做、没有炸药自己制……"① 时任罗定县委副书记李均林后来回忆说。罗定儿女拿出了"为有牺牲多壮志，敢教日月换新天"的豪情壮志，在机械工具严重短缺的条件下，带着自家自制的土工具，甚至沿线群众还自带干粮，大家靠着肩挑人扛、钢轩铁锤、人力车等土办法，仅用了4年零2个月就建成了这条当时世界上最长的"人工天河"（总造价仅530万元）。在当时自然条件、社会经济条件双重不发达的背景下，当地党员干部协同广大人民群众攻坚克难，齐心协力用自己挥洒的汗水、心血、智慧和力量，打通了这条生命水道。在这个过程中生发出以"敢为人先、艰苦奋斗、善于担当、一心为民"的"长岗坡精神"。

---

① 梁伟发.中国长岗坡［M］.北京：人民出版社，2018：03.

（二）"长岗坡精神"在数十载接续奋斗中发展延续

长岗坡渡槽通水后的 40 余载，一批接续一批的罗定人坚定跟党走听党话，不断奋发图强、开拓创新。在"长岗坡精神"的引领下，罗定人民续写着建设社会主义事业的美好篇章，生活水平蒸蒸日上，为广东省的繁荣发展作出了不可磨灭的历史性贡献。例如，长岗坡渡槽通水以来，连接太平河、罗镜河河水的这条"人工天河"源源不断地把宝贵的水资源输送到金银河水库，使 8 万多亩农田得到灌溉而丰产，与此同时彻底解决了罗定市下辖 50 多万人口的日常生产生活用水。罗定人民的生产生活迎来了历史上天翻地覆的变化，先后 5 次夺得"全国粮食生产先进县"光荣称号，成为华南地区响当当的优质稻米产区，创造出我们熟知的"亚灿米""聚龙米""青洲米"等优质大米品牌。长期以来，全体罗定人在罗定盆地上辛勤耕作、挥洒汗水、奋斗拼搏，其"为民、担当、实干"的奋斗历程为"长岗坡精神"焕发了新光芒，诠释了胸怀天下、于家为国的爱国精神，彰显了牢记宗旨、无私奉献的为民精神，凝聚了敢为人先、攻坚克难的担当精神，发扬了求真务实、艰苦奋斗的实干精神。

（三）"长岗坡精神"在百年之未有之大变局中提炼升华

当前，世界格局正在时时刻刻发生剧烈而又趋势较为明显的变化。在中华民族伟大复兴战略全局和世界百年未有之大变局双重格局的背景下，新时代呼唤勇于担当、有所作为的青年起来为国家奋斗。新时代"长岗坡人"始终如一听党话、跟党走，真正做到了思想自觉与行动自觉相统一，紧紧抓住"乡村振兴战略""一带一路"倡议，持续推进新农业协调发展。罗定人努力打造华南稻米知名产区，打造著名侨乡，吸引外资进入投资，立足全镇乡村发展实际，科学把握乡村发展规律，坚持党建引领，推进红色乡村研学旅行，加快打造生态宜居美丽乡村，推动乡村全面振兴。这些行动举措，是对新时代"长岗坡精神"为民、担当、实干精神内核的生动诠释。这种精神激励着一代又一代中华儿女为祖国的繁荣昌盛前赴后继。他们不怕苦、不怕累、听指挥、讲团结、讲科学的做法是对"听党指挥跟党走"的现实写照。正是依靠党的坚强领导，中华儿女才能在近代的革命、建设、改革的历史进程中取得一个接着一个的伟大胜利。因此"长岗坡精神"是对共产党人优秀革命精神的一脉相承和接续发展，成为中华儿女爱党爱国爱家爱人民的精神力量。

二、"长岗坡精神"融入高校"四史"教育课教学的价值意蕴

"长岗坡精神"中蕴含的为民精神、担当精神、实干精神与高校"四史"

教育课宗旨具有高度的契合性，其内容也具有很好的融合性，为广东高校"四史"教育课教学注入了地域性元素，提供了鲜活的教育素材，对"四史"教育课达成"红色基因代代传承"目标要求具有深刻的价值意蕴。

（一）胸怀天下、于家为国的爱国精神有助于厚植大学生的家国情怀

爱国主义精神是罗定人爱党爱国爱人民的价值引领。在罗定党组织牵头和支持下，广大罗定人尤其是上上下下各级政府组织以及长岗坡渡槽沿线的人民群众以国家大局为首，以造福子孙后代为则，为长岗坡渡槽的建设贡献了自己的汗水乃至生命，用实际行动描绘了一幅爱党爱国爱人民的鲜活画面，诠释了"舍小家为大家，听党话跟党走"的人生追求。在中华民族伟大复兴征程中，爱国主义是中华民族精神的首要内容，是"四史"教育课的出发点，也是社会主义核心价值观的重要组成部分，在实现"四个全面"和"两个一百年"奋斗目标的实践过程中，爱国主义是新时代最深刻的基本要求之一。高校大学生是祖国今日的佼佼者，更是明日祖国的栋梁之材，这个群体对党和国家以及人民群众的忠诚和担当深刻影响到党和国家以及人民群众的前途命运。当前，一些敌对国家和黑恶势力为了达到损害中国的目的，利用自身舆论资源和政治话语权恶意抹黑、攻击、丑化中国共产党和中国的形象，动摇和离间人民群众特别是学生群体对中国特色社会主义道路的认同度、自信度与热爱度，淡化和削弱人民群众特别是学生群体的爱国主义情怀。习近平总书记强调："教育和帮助青少年树立正确的世界观、人生观、价值观，永远热爱我们伟大的祖国，永远热爱我们伟大的人民，永远热爱我们伟大的中华民族，坚定跟着党走中国道路。"①因此，将"长岗坡精神"中胸怀天下、于家为国的爱国主义元素融入"四史"教育课是新时代广东高校思政教育的切实选择。它能够为广东高校大学生学习和领悟"四史"教育课并加深对爱国主义的深层感悟提供事实素材，为增强学生的国家、集体荣誉感，中华民族归属感，党史认同感和"四个自信"打下坚实的基础，从而有效引导大学生确立爱党爱国爱人民的情怀，自觉将个人理想统一于党和国家发展大局之中，主动投身于中华民族伟大复兴的中国梦的宏图伟业中。

（二）牢记宗旨、无私奉献的为民精神有助于塑造大学生的奉献意识

为民精神是罗定人一心为公的心灵支撑。广大罗定人始终以实现摆脱贫困

---

① 中共中央文献研究室．十八大以来重要文献选编：上［M］．北京：中央文献出版社，2014：281.

和提高人民生活水平为己任，踊跃报名扎根渡槽工地、任劳任怨，日复一日、持之以恒投身于铺路、运土、运石、开山、架桥、修渡槽一线，在党和国家的建设、改革和发展的历史长河中勇担先锋、践行使命。中国特色社会主义进入新时代，奉献精神是考验和锻炼中国特色社会主义建设者和接班人的必备条件之一。青年"只有进行了激情奋斗的青春，只有进行了顽强拼搏的青春，只有为人民作出了奉献的青春，才会留下充实、温暖、持久、无悔的青春回忆"①。在长岗坡渡槽建设过程中，无数人民群众自带干粮、厨具、帐篷、衣物，自制修桥工具奋战在长岗坡渡槽工地上。当时，工地上涌现了上阵"父子兵""兄弟兵""姐妹兵""夫妻兵"，甚至也有"爷孙兵"，无数平凡勤劳朴素的罗定人民汇聚成了一道道无私奉献的奋斗场景，这正是罗定人自己用行动铸就的"丰碑"。反观当下，金钱化、市场化、权欲化渗透日甚，致使拜金主义、私利主义、庸俗主义思潮在广大大学生群体中窃据"一席之地"，使得部分大学生极端追求个人利益，大学生该有的社会担当和民族使命却在身上"销声匿迹"。为此，将"长岗坡精神"内涵中公而忘私、牢记宗旨的奉献精神融入"四史"教育课是新时代广东高校"四史"教育课的迫切需要，这有助于引导学生们树立正确的"三观"，将牢记"为人民服务"作为终其一生的人生追求；有助于筑牢大学生的初心意识和使命意识，使学生内化于心、外化于行自觉地把自己的个人行为与社会需要携手并行，同国家、社会、人民同呼吸共命运，在行动与奉献中诠释有价值的人生。

（三）敢为人先、攻坚克难的担当精神有助于增强大学生的进取意识

担当精神是罗定人开拓进取的内生动力。从中华人民共和国成立初期罗定先后采用"长藤结瓜、引蓄结合"的治水模式完成"六引工程"，到20世纪70年代末、80年代初完成举世瞩目的长岗坡渡槽彻底摆脱罗定"十年九旱"的历史，再到20世纪90年代初贯彻落实绿水青山计划，罗定先后取得了"全国造林绿化先进单位""全国绿化先进单位""全国造林绿化百佳县""全国绿化模范县"等光荣成绩。罗定先后5次取得"全国粮食生产先进县"称号，还获得了"全国基层农技推广体系改革与建设示范县""全国首个有机稻米整批出口至欧盟和日本的县（市）""广东省现代农业科技示范县"等荣誉。从2012起，罗定每年10月23日成功举办"罗定稻米节"，并且还培育了著名的罗定"聚龙米""亚灿米"等知名品牌，成为华南产米知名地区，享誉海内外。由以往的

---

① 中共中央文献研究室．十八大以来重要文献选编：上［M］．北京：中央文献出版社，2014：282.

"饿定"到今日的"粮定"，一代代罗定人在担当精神的引领下敢为人先、攻坚克难，取得了一次又一次的突破，创造了一次又一次的成绩。当前，伟大民族复兴进程到了关键时刻，国外风云变幻，国内也有实际困难，此时此刻唯有秉持敢为人先、攻坚克难的担当精神，加速产业升级、培养新的经济增长点，才能在国与国之间的竞争中始终保持增长优势，立于不败之地。青年人才是国与国竞争的核心竞争力之一，必须要塑造和强化自我进取意识，不断开拓奋进，顽强拼搏让自己融入国家繁荣富强的事业中。但当今网络调研发现，现在大学生群体中的"躺平"意识，在慢慢侵蚀着学生的心灵和思想，形势严峻，值得警惕。因此，将"长岗坡精神"中敢为人先、攻坚克难的担当元素融入"四史"教育课来提升新时代大学生的进取意识，有助于树立大学生的"突破"思维，激发其"天生我材必有用"的进取意识，促使其自觉将担当思维落实到具体生活实践之中，勇做自己人生的进取者。

（四）求真务实、艰苦奋斗的实干精神有助于坚定大学生的理想信念

实干精神是罗定人坚定治水理想的真实写照。正是源自"一名党员、一面旗帜"的革命理想和精神信仰，广大罗定人才能在党组织的领导下一次又一次取得水利建设事业的巨大成就。当时，在缺衣少穿，器材、资金和技术缺口较大的艰苦条件下，罗定人用求真务实、艰苦奋斗的行动描绘出一幅幅自我摆脱缺水、战胜贫困、获得幸福的壮丽画卷。"青年要把艰苦环境作为磨炼自己的机遇，把小事当作大事干，一步一个脚印往前走。"① 当前，中华民族伟大复兴进入了关键期，国内外形势发展日益加速，我们更要稳住阵脚，审时度势，戒骄戒躁，做好自己的本职工作。这要求大学生群体必须坚定理想、好好学习、刻苦钻研、奋勇拼搏，以便融入祖国的发展大局。当前社会刮起了一股与求真务实、艰苦奋斗的实干精神相对立的"躺平系""摆烂系""佛系"思潮，这在部分年轻人群体中颇有市场，并且随着互联网平台的传播变得愈演愈烈。他们大多数人采取一种"得过且过"的生活态度，对自己未来的发展持懈怠态度。因此，将"长岗坡精神"中求真务实、艰苦奋斗的实干精神元素融入"四史"教育课是筑牢新时代大学生理想信念教育的重要议题，有助于帮助大学生深刻感悟中国共产党领导下的社会主义建设的艰辛历程，坚定其对我们国家制度、理论、道路、文化的认同和自信；有助于引导大学生将个人理想和社会需要相结合，培养积极乐观的革命情怀和勇于战天斗地的拼搏精神，从而使之在共产主

---

① 中共中央文献研究室．十八大以来重要文献选编：中［M］．北京：中央文献出版社，2016：8.

义理想的指引下求真务实、艰苦奋斗，成为中华民族伟大复兴征程中的坚定信仰者、合格建设者和可靠接班人。

三、将"长岗坡精神"融入高校"四史"教育课教学的实现路径

推动"长岗坡精神"多角度、多渠道、多手段融入"四史"教育课，必须从课堂教学、实践教学、多媒体网络平台、校园文化四方面入手，立足本地区省、市、县（区）情党情，结合校情和学情，大胆细致地启用新办法、改革老办法、研究好办法，充分发挥"长岗坡精神"的教育价值和育人功能。

（一）立足价值引领，将"长岗坡精神"纳入课堂教学主渠道

"四史"教育课教学在大学生人才培养和教育的过程中具有基础性、导向性、启发性的重要作用，其内容主要包含政治素养和人文素养的教育。因此，要让课堂教学成为"长岗坡精神"教育的主渠道。其一，优化教学内容。要精准把握"长岗坡精神"与"四史"教育课章节内容的契合点，在案例分析上适时切入长岗坡渡槽事例，讲好长岗坡渡槽建设的艰辛历程。如，在"党的群众路线"内容中融入牢记宗旨、无怨无悔的奉献精神，通过讲述罗定全县人民上下齐心、不计得失、战天斗地的光荣事迹，引导大学生树立正确的群众观，让学生明白人民群众是历史的创造者、社会进步的推动者，要让学生把自己的理想事业与人民群众的幸福事业深深地融合在一起。在"历史和人民的选择"内容中融入求真务实、艰苦奋斗的实干精神，用历史事件梳理罗定人为实现战胜干旱、制服洪涝、摆脱饥饿而拼搏进取的奋斗历程。激励大学生千里之行始于足下，要兢兢业业、一步一个脚印做事情。在"为新中国而奋斗"内容中融入胸怀天下、于家为国的爱国精神，通过讲述罗定党员干部身先士卒带头冲锋长岗坡渡槽工地一线的感人故事，讲述 6 名罗定人民为长岗坡渡槽献出宝贵生命的事迹，讲述"一名党员、一面旗帜"的事例，生动阐述劳动群众在党的号召下激发爱国主义情怀自愿建设长岗坡渡槽枢纽工程，让同学们感悟爱国主义精神的具体事例，引导同学们时时刻刻做爱国者。在"党的十二大与全面改革"内容中融入敢为人先、攻坚克难的担当精神，通过讲解广大罗定人由以往的"饿定"到今日的"粮定"的变化，启迪学生们敢闯敢干、科学实践。其二，创新教学设计。要坚持"四史"教育课程章节内容主线与"长岗坡渡槽"内容专题讲授分阶段、分层次相融合，在课堂中增加交互式、沉浸式、启发式等多样化教学方法，促使学生在参与教学方案设计、课程案例分析研讨中深化对"长岗坡精神"的价值认可与思想认同。

（二）坚持知行合一，将"长岗坡精神"引入实践教学全过程

"长岗坡精神"源自并成长于广大罗定人爱党爱国爱人民、敢教日月换新天的社会主义实践；"长岗坡精神"的弘扬过程是一个由贫穷而共鸣、由共鸣而改变、由改变而成长的过程。因此，要坚持理论与具体实际相结合，通过实践检验真理，不断探究灵活新颖的"四史"教育课的实践教学形式。首先，在实地参观中探寻长岗坡渡槽红色历史时空的记忆。通过开设"体验式课堂"，组织学生实地参观长岗坡纪念馆、观摩长岗坡渡槽，追忆广大罗定人奉献自己，服务党和国家大局发展，将罗定中部地区从干旱缺水，粮食减产、少收、绝收、贫瘠匮乏之地转变成水量丰沛、粮食高产、富裕丰饶之处的辉煌历程，让学生身临其境感受长岗坡渡槽成功的不易与艰辛，切实提升同学的"四个自信"。通过组织"重温长岗坡渡槽之旅"活动，创设"用生命托起的天河""依靠群众、发动群众""大协作、大会战""鞭山赶石、万众一心"等特定情境，让大学生自身做一次建设长岗坡渡槽枢纽工程的罗定人，深化爱国主义情怀在学生心灵中的位置，引导个人理想与时代责任相结合。其次，在实地研学中汲取长岗坡渡槽人民群众的榜样力量。通过对长岗坡渡槽枢纽工程的参与者进行访谈，真切聆听长岗坡渡槽故事，教育引导大学生学习罗定人，从而厚植听党话、跟党走的爱党爱国爱人民的深厚感情，奔赴祖国最需要的地方挥洒自己的青春和汗水。最后，在社会实践中践行"长岗坡精神"。鼓励大学生积极参加暑期"三下乡""爱心支教""乡村振兴之旅""公益志愿者"等社会实践活动，巩固提升学生们的担当意识和奋斗精神，引导学生牢记"长岗坡精神"并将精神内化于心外化于行，将"为民、担当、实干"等精神落到实处。

（三）拓展传播载体，将"长岗坡精神"融入多媒体网络平台

多媒体网络平台成为新时代"四史"教育课教学的创新教学平台。其具有传播范围广、保留时间长、信息数据多、传播速度快等相关功能，相比传统"四史"教育课的授课方式，其具有很好的信息突破性、创新性、交互性等特点。因此，想要夺取和掌握思想政治教育制高点，"四史"教育课要融入多媒体网络平台。首先，挖掘和开拓"长岗坡精神"优质网络课程教育资源。通过参与或共建"长岗坡精神"红色历史资源研究知识库，定期在线更新相关视频、文章、图片等教育素材，实现各地的高校学习库、图书馆、博物馆、红色宣传教育基地、超星、雨课堂之间的信息资源共享；通过邀请长岗坡渡槽枢纽工程相关亲历者、研究专家录制一些口述历史、相关访谈，并依据学生想了解的一些历史知识，设计讨论环节，使不同地区的高校"四史"课堂能动态获取最新

的历史知识、问题交流、学习心得，深化其对"长岗坡精神"的记忆与学习。其次，拓广"长岗坡精神"多媒体网络平台。应设立"长岗坡精神"校园多媒体网络宣传栏目，通过设置新闻动态、党史研究等板块，动态推送长岗坡纪念馆相关资讯，宣传新时代"长岗坡渡槽""最美罗定人"的故事。此外，应在青年人常用的 App，如 B 站、微信、QQ、今日头条、抖音等社交软件中动态分享"长岗坡精神"的有关议题，引导学生自主学习、自主思考、自主探究，实现"长岗坡精神"入眼入心入行。最后，搭建"长岗坡精神"3D 立体虚拟仿真场景。应依托虚拟现实、全景影像等技术，建设虚拟长岗坡纪念馆，开发集长岗坡渡槽场景复现、人物融入扮演于一体的沉浸式体验软件，开发立体交互式学习方法，从而提高"四史"教育课教学的趣味性、生动性和开放性，提高大学生的学习效率。

（四）弘扬地方特色文化，将"长岗坡精神"导入校园文化

打造校园文化作为"长岗坡精神"教育的第二课堂。良好的校园文化对大学生的教育学习、健康成长发挥了潜移默化的熏陶和引导作用。因此，要拓展"四史"教育课教学空间，塑造新时代育德育人的校园文化氛围。一方面，要丰富拓展校园精神文化活动。习近平总书记强调："要更加注重以文化人以文育人，广泛开展文明校园创建，开展形式多样、健康向上、格调高雅的校园文化活动。"① 因而，应积极发动学校相关职能部门、学院以及院属学生社团、协会组织广泛开展"长岗坡精神"宣讲、知识竞赛、网络征文、漫画展示等主题活动，使大学生在互动参与中学习"长岗坡精神"理论知识、感悟红色精神力量、增强党史认同；应积极邀请老一辈长岗坡渡槽枢纽工程亲历者、新一代长岗坡渡槽沿线罗定人到校开展新时代长岗坡发展历程宣讲，发挥模范先进的示范引领作用，帮助大学生自觉树立"为民、担当、实干"的理念；应在校园开展有关"长岗坡精神"的影片展、木刻展、话剧展、绘画展、图书资料展等，使大学生充分吸取精神养分，实现精神洗礼。另一方面，要提升和完善校园文化物质基础设施。创新融入长岗坡元素，如在学校的文化长廊、食堂墙壁、篮球场、橱窗海报、校园广播、广场 LED 电子屏幕、学报校报等宣传平台设置"长岗坡精神"专题教育栏目，使大学生全天候、立体化、多角度、多渠道、多手段感受到"长岗坡精神"，充分发挥文化物质设施的育德育人功能，引导大学生健康成长、报效祖国。

---

① 习近平．习近平谈治国理政：第二卷［M］．北京：外文出版社，2017：378.

佛山红色文化融入高职院校
思政课教学探究

邹　倩①

高校思想政治理论课是开展思想政治教育的主渠道，对于学生树立正确的世界观、人生观和价值观具有重要意义。在当今社会快速发展的情况下，互联网的普及让世界无距离，各国不同的文化相互激荡，西方社会各种思潮也不断传入中国，现在的青年大学生正处于"拔节孕穗期"，在多元价值观面前容易被迷惑，从而影响扣好人生的第一粒扣子，这个时候就需要红色文化来引领大学生的成长与发展。高校肩负着立德树人的重要使命，如何在传承红色文化的过程中提高思政课文化育人的实效，也是思政课教师的一项重要任务。

一、红色文化的内涵和价值意蕴

（一）红色文化的内涵

红色文化是指中国共产党领导先进知识分子和人民群众在中国革命战争时期所形成的革命精神及其载体，并在社会主义建设以及改革开放以来的实践中不断被丰富发展而形成的可供今天开发利用以满足人们需要的各种物质及其精神载体的总和②。红色文化是社会主义先进文化的重要组成部分，是中国共产党在革命、改革和建设的伟大实践中创造的精神财富，里面所蕴含的精神文化体现为丰富的物质成果和精神成果，其中物质成果主要包括遗留下来的红色遗址、纪念建筑物、名人故居等，精神成果主要有井冈山精神、长征精神、延安精神等，还有老一辈革命家一直传承下来的家风等。红色文化是马克思主义基本原理和中国具体实际相结合的产物，是新时代高职院校思想政治理论课的宝贵资

---

①　作者简介：邹倩，广东职业技术学院马克思主义学院教师，法学硕士。
②　谢安国，纪安玲. 地方红色文化资源融入高校思政课路径探析［J］. 西安文理学院学报（社会科学版），2022（2）：88-91.

源，能够增强高职院校思想政治理论课的吸引力、感召力和凝聚力。

（二）红色文化融入思政课教学的价值意蕴

1. 红色文化融入思政课有利于引导学生树立正确的价值观

高职院校的主要任务是立德树人，佛山红色文化的融入能够帮助大学生坚定理想信念并且践行社会主义核心价值观。在思政课的实践教学中，可以通过历史图片、英雄事迹、红色故事、红色歌曲等让学生学习红色文化中蕴含的精神品质。在思政课中，通过红色文化的洗礼，学生的思想觉悟也将一天天提高，并逐渐形成正确的世界观、人生观与价值观，认同中华优秀传统文化，对中国特色社会主义事业更加认同，在实践中践行社会主义核心价值观，做一名合格的社会主义事业建设者和接班人，激励他们为实现中华民族伟大复兴的中国梦不懈奋斗。

2. 红色文化融入思政课有利于增强思政课教学的实效性

习近平总书记强调："思想政治理论课是落实立德树人根本任务的关键课程。""推动思想政治理论课改革创新，要不断增强思政课的思想性、理论性和亲和力、针对性。"① 高职院校的思政课教学有理论教学和实践教学两部分，其中大部分都是理论讲解，实践教学大多在第二课堂体现，佛山红色文化的融入可以丰富思政课的实践内容，红色文化本身就能够跟着时代的发展不断创新其内容。在课堂上，教师可以通过讲解佛山当地的红色故事，通过历史故事、历史图片、纪录片等方式向学生展示佛山红色文化，把传统的红色素材转变为学生喜闻乐见的资源，更能增进学生的使命感和对红色文化的认同感，同时，教师可以通过丰富第二课堂的形式，比如到佛山的红色博物馆、名人故居、历史遗址去参观，来丰富教学形式，让学生重新感受当年的历史事迹，这样能够给学生一种更直观的体验。或是采取 VR 技术将教材中提及的历史人物进行高度还原，使学生能够身临其境地感受当时的场景。在这个过程中，能够厚植学生的爱国主义情怀，红色文化作为优秀的教育资源，是中华优秀传统文化的重要组成部分，将佛山红色文化融入思政课的同时，能够让学生感受革命先辈的红色精神，更好地传承红色基因，又能增强学生对于思政课的认可度，增强思政课教学的实效性。

---

① 习近平. 用新时代中国特色社会主义思想铸魂育人 贯彻党的教育方针落实立德树人根本任务［N］. 人民日报，2019-03-19（01）.

二、佛山红色文化概况及其在思政课教学中的作用

（一）佛山红色文化基本概括

佛山是一座有着光荣传统的城市，中国共产党成立百年间，珠江地区的第一个党组织在佛山成立，涌现出了邓培、"三谭"、吴勤、陈铁军、罗登贤等忠烈英杰，还有刑场上的婚礼、西海大捷、小洞村革命摇篮、甘竹滩红潮发电站等红色故事流传民间，一代代的佛山儿女在中国共产党的领导下前仆后继、不懈奋斗，谱写了一首气壮山河的壮丽史诗。

红色文化资源可以分为革命先烈和革命英雄、革命人物故居、革命遗址、革命纪念馆、红色档案资料等。革命先烈包括东北抗日武装的主要组织者和创建者罗登贤，早期工人运动领袖和著名活动家邓培，"刑场上的婚礼"中的陈铁军，"革命三谭"的民主革命家谭平山、谭植棠和谭天度，革命烈士廖锦涛，中国工农红军高级指挥员黄甦，革命先驱邓禹，等等；革命人物故居包括南海区西樵镇区梦觉故居、高明区谭平山故居、禅城区南庄镇罗登贤故居、禅城区陈铁军故居、禅城区南庄镇廖锦涛故居、三水区邓培故居等；革命遗址包括中共南三花工委旧址、大沥革命历史展览厅、中共南海县委旧址、珠江纵队独立第三大队队部旧址等共计四百余处；革命纪念馆包括高明"三谭"革命事迹展览馆、禅城南庄罗登贤事迹展览馆、西海抗日烈士陵园、吴勤烈士陵园、中国人民解放军粤中纵队纪念馆、东江纵队抗日联络点等；红色档案资料包括各级档案馆目前馆藏的红色档案，包括从中国第二历史档案馆复制的革命前辈谭平山的档案、老战士的口述历史采集、冀南军区特等功功臣奖章等实物档案，1925年南海县第一区农民协会在九江开幕、1949年佛山人民欢庆解放等历史照片，革命烈士在狱中写给母亲的书信、社会热心人士捐赠的其他珍贵红色档案，等等。

（二）佛山红色文化在思政课教学中的作用

佛山红色文化在思政课教学中发挥着越来越重要的作用，起到了文化育人的作用，在一定程度上提高了教学实效性。但是，现如今佛山红色文化融入思政课教学仍然存在以下三个问题。

1. 佛山红色文化建设统筹规划力度不够

首先，部分高职院校并没有把红色文化纳入人才培养的方案中去，或者即使纳入进去也没有保证一定的教学时数，高职院校通常把专业课放在重中之重的位置，那么文化课就需要为之让路了，这就导致在制定人才培养方案的时候，

为了保证专业课课时而压缩文化课课时，特别是某些理工科实训和实验时间长的专业，红色文化的教学任务经常存在无法落实的现象；其次，佛山有众多的红色文化资源，但是佛山市教育局却没有对高校在教学中融入佛山红色文化作出统一部署和规划，导致有些高校认为红色文化可有可无，从而导致重视程度不够；再次，各高校在制定年度预算编制的时候并没有将红色文化融入教学的编制里去，导致思政课教师在授课时将红色文化融入教学通过实践开展活动的时候没有经费，打击了教师的积极性。

2. 佛山红色文化融入思政课内容形式单一，缺乏创新性

大部分思政课教师在上课的时候比较偏重理论性内容的讲解，而这些理论性的内容对学生来说是比较抽象和枯燥乏味的，因此学生容易对课堂失去兴趣，授课效果适得其反。虽然很多高校都对实践教学融入思政课堂有了明确的落实，但是实践教学的形式仍然比较单一，只是流于形式、走马观花，为了完成教学任务随便找一些红色电影、红色故事、红色歌曲等，也没有通过真正让学生现场去感知革命时代先辈们的人格力量，在实践活动后也不要求学生去重温和回顾，只是觉得给学生涉及了这些内容即可，无法引导学生真正去了解红色文化的价值，这样也违背了思政课的初衷，导致教学实效性较低。现如今，网络已经成为学生的主阵地，高职院校的学生学习压力没有那么大，因此他们会把大把时间放在网上，比如玩游戏、看直播、微信聊天等。佛山的红色文化网站更新不及时，同时页面比较老旧，缺乏创新性和吸引力，那么就不会那么容易吸引学生的关注，就会错失利用网络渠道进行红色文化教育的好时机。学生对于思政课实践教学方式的理解无非就是举行红色主题活动、观看红色影视作品、听讲座等，由此可见，通过网络手段将红色文化融入思政课还不够成熟，还没能够完全发挥其传播和感染学生的积极作用，就会导致课堂教学更加枯燥乏味，教学形式单一，教师激情不够，学生热情度不高，红色文化的育人作用无法真正体现出来。

3. 红色文化融入思政课堂的认知不够，缺乏深入系统的挖掘

经过社会宣传、家庭教育、学校熏陶，佛山红色文化作为中华民族宝贵的精神财富还是得到了继承和发展，大部分学生对于佛山红色文化还是有多多少少的了解的，说明近年来对于佛山红色文化融入思政课堂的努力还是取得了一定的实效。但是，他们的了解基本上都只是停留在表面，没有对其深层次的价值进行挖掘，这时便需要用佛山文化的亲和力以及用合适的方法将其融入思政课堂，拓宽学生的视野，增强对佛山文化的认同感。有些思政课老师认为，佛山红色文化和井冈山等红色文化相比差距比较大，影响力不够，所以在课堂教

学时宁愿舍弃佛山红色文化作为教学内容，而采用大家都比较熟悉的革命老区的红色文化，那么就达不到佛山红色文化引入思政课堂的真正效果，即使有部分思政课教师也意识到佛山红色文化资源的重要性，但是由于力度不够，在教学上起不到太大的影响作用，因此还需要大力加强教师对红色文化的挖掘和研究。

三、佛山红色文化融入高职院校思政课教学的实现路径

（一）整合红色文化资源，建立顶层统筹设计，创新教育平台

红色文化的主要形式有历史图片、影视资源、革命文物、革命遗址、红色基地等，每个地区的红色文化资源都不相同，因此要对佛山的红色文化资源进行分类整合，如果思政课教师能在课堂中把分类整合的红色资源分别运用到课堂教学案例中，那么会更加有助于提高教学实效性以及学生对于红色文化的认知和认同感。可以将佛山红色文化按照历史时期划分为新民主主义革命时期的红色文化资源、社会主义革命时期的红色文化资源，并结合具体的内容划分出教学主题，同时要让同学们对于不同历史时期的红色文化进行区别和联系，通过深入学习、积极探讨，对佛山红色文化有更深的了解。高校要对地方红色文化资源融入思政课进行整体安排部署，制定方案，建立专门的规章制度，确保地方红色文化资源融入思政课教学。高校要把是否将地方红色文化资源融入思政课教学作为考核思政课教师的工作要求。① 高职院校各部门之间，比如马克思主义学院、负责意识形态工作的部门，要相互配合，建立思政课和佛山红色文化资源相结合的保障制度。现在的学生基本上都是"00 后"，对于网络的渴望度程度最高，在思政课的教学过程中，可以充分利用当下流行的科学技术，让学生有身临其境的感觉，更好地学习和感悟佛山红色文化。充分运用 5G 和 VR 等科学技术，可以开展虚拟仿真教学，让学生通过网络平台、云游纪念馆、红色基地等，品悟革命精神。

（二）创新教学模式，充分发挥课堂的主渠道作用，显示红色文化育人效果

"在马言马"，让有信仰的人去讲信仰，对思政课教师来说，要不断提高自身的红色文化素养，把佛山红色文化的学习纳入日常学习和培训中去，通过开

---

① 冯奕佳. 红色文化资源在高校思政课教学中的价值和实现 [J]. 四川文理学院学报，2021 (4)：122–126.

设佛山红色文化的专家论坛、举办以红色文化为主题的教师趣味活动等，更进一步让教师得到全方位的熏陶和感染，不仅仅要通过参观红色基地、了解红色故事，而是要把红色文化当作一种研究去深入探究。高校思政课教师要通过挖掘佛山红色文化里的精神，不断积累可用于课堂的案例和素材，创新教学理念，运用多种方法讲好佛山红色文化，从而提高大学生的认知能力，通过理论教学和实践教学相结合的方式，开展多种形式的教学活动，结合佛山本地优势，将红色文化运用到社会调研、志愿服务等多种实践当中，形成"行走的思政课堂"，使佛山红色文化更能深入人心，发挥出佛山红色文化独特的育人功能，展示红色文化的育人效果。

对高职院校来说，思政课的实践教学形式可以分为课堂实践、课外实践以及校外实践三个层次。课堂实践是思政课教学的主要方式，在信息化社会，利用新媒体技术，可以把多种形式的佛山红色文化融入课堂教学中，增强教学实效性。思政课教师在课堂中除了运用讲授法的教学方法之外，还应增加探究法、讨论参与法等多种教学方法，组织学生开展红色歌曲、红色读书会、红色主题演讲等活动，让学生能亲身感受到自己在课堂中的参与度，从而更能起到潜移默化、震撼心灵的教学效果。

（三）加强校园红色文化建设，广泛利用校外红色资源，营造校内外实践氛围

思政课堂发挥着主渠道作用，那么课外实践就是思政课堂的第二主战场，加强院校文化建设有助于佛山红色文化更好地融入思政课堂。首先，学校层面要高度重视，统筹规划，各部门之间要互相配合，把红色文化建设作为校园文化建设的重要组成部分，从而营造出更好的校园文化氛围。其次，把佛山红色文化融入校园红色文化之中，更能突出思想政治教育里文化育人的效果。例如，可以定期举办一些红色文化活动、制作红色文化长廊、观看红色影视等，让学生在参与红色文化建设的过程中陶冶情操。运用佛山红色文化激励大学生需要因地制宜，把佛山本地的红色文化资源进行有效整合开发，使其成为当地的红色文化教育基地。融合思政小课堂和社会大课堂，引导学生走出课堂，身临其境地去感受红色文化深厚的底蕴和魅力，不断增强对红色文化的情感认同和理性认知。① 作为思政课教师，应该根据学生成长成才的需求，不断想办法去创造一些红色文化教学情境，用最低的成本获得最优的效果，才能够成功使得红色

① 杨洪林，张同胜，宫珂 . 新时代红色文化融入高职院校思政课教学实践研究［J］. 济南职业学院学报，2022（2）：59-62.

文化吸引学生的注意力，并且使他们积极投身课堂实践中，不断树立正确的世界观、人生观和价值观，才能更加适应思政课堂的教学。校外实践也是高校思政课堂的重要阵地。首先，在集团化办学下，坚持就地合作去选择一些有教学意义的红色实践基地，比如可以和政府以及当地的企业合作，深入区、镇、村等去寻找一些历史遗迹、历史纪念馆等红色文化资源，确认合作后可以长期分批次带领学生到相关基地进行课外实践。思政课教师要提前做好校外实践计划，提前沟通好路线、内容和学习时长，能够为学生提供一次有意义的红色文化之旅。

总之，新时代大学生的思想观念受到各种思潮的冲击，稍不注意就容易迷失在错误思潮里，作为佛山学子，学在佛山，更应该主动学习佛山红色文化，发挥佛山红色文化的精神引领作用。把佛山红色文化融入高职院校思政课堂中，通过探索"课堂、校园、网络、社会"这种"四位一体"的文化育人体系，实现佛山红色文化与思政课堂紧密结合，这是当前高职院校和思政课教师的责任与义务。

佛山红色文化资源融入高职思政课教学的新探①

苏小丹②

"红色文化资源是中国共产党领导广大人民群众在马克思主义理论指导下，在实现民族解放、国家富强和中华民族伟大复兴的历史征程中所创造并保存下来的一种物质与精神形态共存的特殊宝贵资源。"③ 素有国家历史文化名城之称的佛山，是粤港澳大湾区的重要节点城市，具有厚重的历史积淀和光荣革命传统，拥有丰富的红色文化资源，为赓续红色血脉和传承红色基因提供了重要的载体。

2019 年 9 月，习近平总书记在河南考察时指出："革命博物馆、纪念馆、党史馆、烈士陵园等是党和国家红色基因库。要讲好党的故事、革命的故事、根据地的故事、英雄和烈士的故事，加强革命传统教育、爱国主义教育、青少年思想道德教育，把红色基因传承好，确保红色江山永不变色。"④ 立足佛山本土，把红色文化资源融入高职思政课，让学生深入了解佛山红色文化，增强对佛山红色文化的自信与认同，自觉传承佛山革命精神，自觉做红色文化的传播者，既能促进佛山红色文化资源发展，又能充分发挥红色文化资源的育人功能。

一、佛山优质丰富的红色文化资源

回顾历史，一批批佛山仁人志士为了民族解放和人民幸福浴血奋战，献出了宝贵的生命，留下了丰富而宝贵的红色资源，包括革命先烈、革命遗址、革

① 基金项目：广东职业技术学院 2021 年度校级科研项目"高校网络文化建设长效机制研究"（立项号：XJKY2021061）。

② 作者简介：苏小丹，广东职业技术学院马克思主义学院思政课专任教师。

③ 胡杨，汪勇. 略论红色文化资源融入高校思想政治教育的路径 [J]. 学校党建与思想政治教育，2020（8）：77-78.

④ 习近平. 坚定信心埋头苦干奋勇争先 谱写新时代中原更加出彩的绚丽篇章 [N]. 人民日报，2019-09-19（01）.

命纪念馆、革命人物故居、陵园墓碑、红色档案等。革命先烈: "刑场上的婚礼"中的巾帼英雄陈铁军, 舍小家坚定走上革命道路的革命烈士廖锦涛, "革命三谭"民主革命家谭平山、谭植棠和谭天度, 东北抗日武装的主要组织者和创建者罗登贤, 早期工人运动领袖和著名活动家邓培, 等等。革命遗址: 中共南三花工委旧址、大沥革命历史展览厅、中共南海县委旧址、珠江纵队独立第三大队部队旧址等共计四百余处。革命纪念馆: 高明"三谭"革命事迹展览馆、中国人民解放军粤中纵队纪念馆、东江纵队抗日联络点、禅城南庄罗登贤事迹展览馆、高明区红色廉政文化教育基地等。其中, 高明区红色廉政文化教育基地设置有基本陈列展厅、史料馆、多功能厅、会议室等, 展出百余份 (件) 珍贵史料及革命文物, 不仅展示了高明红色文化资源, 也成为弘扬红色文化、传承红色基因、开展党风廉政建设宣传教育的平台。革命人物故居: 高明区谭平山故居、禅城区陈铁军故居、禅城区南庄镇罗登贤故居、禅城区南庄镇廖锦涛故居、南海区西樵镇区梦觉故居、三水区邓培故居等。陵园墓碑: 西海抗日烈士陵园、吴勤烈士陵园、合水革命烈士陵园等。红色档案: 各级档案馆目前馆藏的红色档案包括冀南军区特等功功臣奖章等实物档案, 1925 年南海县第一区农民协会在九江开幕、1949 年佛山人民欢庆解放等历史照片, 革命烈士在狱中写给母亲的书信、社会热心人士捐赠的其他珍贵红色档案, 等等①。

二、佛山红色文化资源融入高职思政课的重要意义

(一) 促进佛山红色文化的研究和发展, 推动佛山红色基因的传承与传播

佛山红色文化资源是优质的党史学习教育资源和鲜活教材, 蕴含着共产党人的革命理想和精神力量, 具有强大的思想政治教育功能。将佛山红色文化资源融入思政课教学, 有利于促进思政课教师对佛山红色文化进行梳理与研究, 在研究中深入挖掘其育人价值, 从而促进佛山红色文化的延续发展。与此同时, 在教学过程中能够进一步激发学生了解红色文化的兴趣, 提高学生走近"红色基因库"的主动性, 让历史文化潮起来, 红色文化活起来, 有助于推动佛山红色基因在新时代的传承与传播。

---

① 郑奕纯. 让红色档案在党史学习教育中"活"起来 [N]. 佛山日报, 2021-06-09 (A07).

（二）加强青年学生的党史学习教育，增强其认同感，厚植其爱党爱国情怀

目前，高职学生都是 2000 年后出生的，他们从小生活在物质条件较为富足的和平时代，对于物质匮乏的战乱年代几乎没有了解，对于中国共产党的发展历程以及中华民族从站起来到富起来再到强起来的奋斗史了解较为肤浅，对党和历史的认识不足，历史认同感较弱。再加上，当前网络自媒体的普及，境外不良势力极力通过网络企图以历史虚无主义方式来否定英雄人物和歪曲民族历史，在思想意识形态领域制造混乱，使青年学生的价值理念不断遭受冲击。将佛山红色文化资源融入思政课教学有利于加强青年学生的党史学习教育，增强"五个认同"、做到"五个明白"，厚植其爱党爱国情怀。历史认同，明白我们从哪里来，到哪里去；价值认同，明白我们为了谁，依靠谁；理论认同，明白我们用什么来指导实践，怎么来指导；政治认同，明白我们走什么路，跟谁走，怎样走；情感认同，明白我是谁，我与我们国家和民族是什么样的关系。

（三）丰富教学内容，拓展思政课内涵，提升教学的实效性

红色文化资源集物质与精神形态于一体，记载着中华民族的革命史、建设史与发展史，蕴含着丰富的民族精神和厚重的历史文化内涵。其包括物质层面、精神层面、制度层面、艺术层面等四个层面。物质层面是红色文化存在和红色精神彰显的物质载体；精神层面是红色文化的精神主体与灵魂；制度层面是红色文化的核心；艺术层面是红色文化的精髓。① 红色文化资源所蕴含的"精气神"能够为思政课程提供丰富而又科学的理论支撑与实践佐证，增强思政课的针对性与亲和力，让思政课的底色亮起来和红起来。在教学过程中，通过鲜活的事例或特定的实物，可以将红色的"根"与"魂"逐渐渗入学生的血液，入脑入心，在实际生活中真正做到内化于心、外化于行，切实增强学生学习的获得感，提升思政课教学的实效性。

三、佛山红色文化资源融入高职思政课教学的新探索

（一）多方联动形成合力，建设好红色文化资源库

做好红色血脉的赓续和红色基因的传承，其前提是要对红色资源进行科学合理的保护、开发和利用。佛山红色文化资源真正融入思政课，其前提则是要

---

① 姚萍，颜永杰．红色文化资源融入高职思政课教学路径探析［J］．杨凌职业技术学院学报，2021，20（2）：93-96

依据其性质与教学特质等方面的不同进行归纳整理，建设好与课程教学相适应的佛山红色文化资源库。这需要多方联动形成合力，共同努力，协同发力才能实现预期效果。一是佛山各级政府要高度重视对佛山红色文化资源进行开发、保护与整合，特别是一些革命老区的红色文化资源。例如，对红色场所进行修复，打造红色矩阵；发掘红色文化资源主题，找准其独特价值；建立红色资源统筹管理机制；创新传播方式，多模态传播红色文化等。二是各学校马克思主义学院应高度重视红色文化资源融入思政课教学的组织和管理工作，可根据实际情况形成红色文化资源专项研究小组与教学研究小组，立足高职院校学生的学情特点与不同专业，讨论协商融入的教学方案、具体形式、内容以及载体，积极推进佛山红色文化资源走进校园、走进课堂、走进教材。三是思政课教师应积极推进红色文化资源融入各门思政课的教学中，通过集体备课、同课异构、案例分享等形式提升授课能力。高职院校的思政课共有5门，为了避免内容上的重复和遗漏，教师在集体备课时应对佛山红色文化进行分类整理，理清其凸显的意蕴，在融入时要考虑内容之间的契合度问题，不可为了融入而融入，而是要根据各个章节所教授内容的不同，选择最合适的内容，实现有机融入。此外，思政课教师既要从整体上把握现有教材体系，理清教材框架，吃透教材实质，又要整体掌握佛山红色文化资源的表现形态、内在价值，在此基础上，发掘出红色文化资源与思政课课程之间的独特关联性和相互匹配性，进而找准各门课程不同内容板块的红色文化资源切入点，使红色文化资源与思政课教学内容相辅相成，形成独具特色的佛山红色文化教学素材。

（二）善用现代信息化技术，创建数字化资源，唱响红色主旋律

思政课的本质是讲道理，在思政课的教学实践中，为了更好地将佛山红色文化资源融入其中，教师要注重方式方法，善用现代信息化技术，通过学生喜闻乐见的形式把道理讲深、讲透、讲活。一是教师在讲授理论知识的过程中，选择与课堂主题相符合的红色歌曲、红色图片、红色视频等穿插于课件中，增强内容的吸引力，提升抬头率；二是可以尝试利用虚拟仿真技术，实现思政课与红色文化资源结合的形象化生动化，利用 VR 技术实现学生与历史人物的对话，对历史场景进行还原，身临其境体会红色故事[1]，增强教学内容的感染力与穿透力，激发学生的学习兴趣与求知欲；三是可以根据佛山红色文化资源的特点，研究开发 App 或制作二维码，录制红色微课，通过课内外场景录播、微信

① 卢勇. 基于虚拟仿真技术的高校思政课在线教学实践探索 [J]. 中国大学教学，2021（4）：79-84.

扫码、MG 动画和图文结合三种形式使课程呈现线上线下互动；四是要以思政课为依托，以互联网为载体，唱响红色主旋律，打造佛山红色文化专题网站，充分挖掘佛山所具备的红色文化资源优势，通过图文或音视频将重要事件、人物、理论观点、著作等呈现出来，为学生创建数字化资源学习平台，充分发挥互联网信息传输快、覆盖面广、资源共享等优势，扩大红色文化资源思政教育的覆盖面，使学生更好地感知和领悟红色精神，自觉地接受佛山红色文化的熏陶。

（三）加强红色文化教育基地建设，开展生动的现场教学活动

习近平总书记在谈到如何讲好思想政治理论课时指出："思政课不仅应该在课堂上讲，也应该在社会生活中来讲。""'大思政课'我们要善用之，一定要跟现实结合起来。上思政课不能拿着文件宣读，没有生命、干巴巴的。"① 这为思政课教师提供了很明确的指导思路，要在立足教学内容实际的基础上，结合学生的不同专业，匹配佛山红色文化资源，创设情景式体验教学，开展现场教学活动以增强课程的亲和力，提高学生的参与度，强化教学效果的渗透力。通过与佛山革命纪念馆、档案馆等相关部门以及学校周边社区开展合作，加强佛山红色文化教育基地建设，使其成为思政课与红色教育的固定课堂，例如高明区有以谭平山故居、红色廉政文化教育基地、粤中纵队纪念馆为核心，以文选楼、陈汝棠故居等 32 处革命遗址为基点的红色矩阵，禅城区南庄镇有龙津村廖锦涛故居等。2019 年 10 月，广东职业技术学院在廖锦涛故居举行了党员教育基地挂牌仪式，这是首所高校在廖锦涛故居设立党员教育基地。因此，思政课教师可借鉴此举措，在条件允许的前提下，到革命烈士故居进行现场教学，既可以让学生近距离重温革命先烈的精神，主动接受红色文化的洗礼，自觉传承红色基因，又可以打造"微小精"的精品思政课程，培育思政课教学品牌，不断推动思政课建设与发展。

（四）充分发挥学生的主体作用，激发学生创造力，探索育人新举措

为增强学生学习思政课的主动性和获得感，巩固思政课教学的效果，充分发挥学生的主体作用，激发学生的创造力，马克思主义学院可联合学校团委、学生工作部或佛山文化中心、高明区文化馆等相关部门开展具有佛山红色文化印记的活动，作为思政课的实践教学内容。让学生在做中学，在学中做，整合最优资源，打造原创作品（舞台剧、话剧、小品等）；让学生实现从"要我学"

① 杜尚泽. "'大思政课'我们要善用之"（微镜头·习近平总书记两会"下团组"·两会现场观察）[N]. 人民日报，2021-03-07（01）.

到"我要学",以及"我听你讲"到"你听我说"的转变,打通思政课育人的"最后一公里"。例如,以重大节日或主题活动为契机,结合思政课教学内容,由学生制作 PPT、主讲,思政课教师作为指导老师,举行"大学生讲思政课"公开课大赛,通过调动学生的主观能动性,创新方式方法,着力推动思政课内容走进学生头脑,引导学生在赛中学、学中练、练中懂,从"教"与"学"相长的角度重新认识思政课,认识世界和中国发展大势,明确时代责任和历史使命,在青春赛道上奋力跑出新时代青年的最好成绩。

又如,由广东职业技术学院学生出演的原创舞台剧——《信仰的力量》,是以佛山市高明区的中国近代卓有成就的民主革命家,在建党、建国史中都扮演了重要角色的谭平山、谭植棠、谭天度"革命三谭"的生平事迹为主线,通过"东洲立志""五四洗礼""人生抉择""信仰的力量"等四个篇章,客观还原了真实历史场景,从不同时期和多个角度反映了"革命三谭"的光辉业绩,折射了他们热爱人民、热爱祖国、热爱中国共产党,矢志革命、百折不挠的崇高精神境界和革命精神。据悉,《信仰的力量》舞台剧自 2019 年 7 月首演,反响热烈,深受各界的赞誉,且入选了 2020 年广东省高雅艺术进校园活动演出节目名单,由省教育厅指定到广东省商业职业技术学校进行演出。该剧的演员全部是广东职业技术学院学生,他们通过演绎角色,以"故事人"身份接受爱国主义教育,亲近高雅艺术,接受美育,也更能加深他们对"红色文化"的理解,激发他们的爱国热情,筑牢信仰之基、补足精神之钙、把稳思想之舵,用信仰的力量引领青年同学成长成才,成为广东职业技术学院打造鲜活思政课堂、积极探索红色文化育人的新举措。

02

第二章

红色文化在思想政治教育中的运用

十九届六中全会精神融入高校
思政课的三重逻辑①

王海龙②

习近平总书记 2021 年 11 月 11 日在党的十九届六中全会第二次全体会议上的讲话中指出:"要把学习宣传贯彻全会精神作为当前和今后一个时期的重大政治任务,广泛深入开展宣传宣讲和研究阐释,用全会精神统一思想、凝聚共识、坚定信心、增强斗志。"③ 党的十九届六中全会站在建党百年的关键历史节点,在第二个百年奋斗目标新征程开启的特殊历史时刻,回顾党的百年历史征程,总结重大历史经验,树立起一座不朽的丰碑,具有极其深远而重大的历史意义。习近平总书记在全会上的重要讲话,思想深邃、激荡人心;其蕴含着的丰厚理论底蕴、高瞻远瞩的战略视野和强烈的使命担当、历史担当,是新时代高校思想政治理论课教师在教学实践中需要持续挖掘的理论宝藏和关键内容。思政课教师要增强领会和践行全会精神的主动意识和能力,深刻领会全会精神的精神要义、具体观点和思想方法,在融会贯通的基础上将全会精神全面、系统、有机地融入思政课教学,不断拓展和充实思政课教学的内容,以立德树人为首要任务,守好青年学生学习和深入理解党的理论创新最新成就的主阵地。

一、时代逻辑:全会精神融入高校思政课的现实意义

六中全会精神有力指引着全党、全社会更好地把握历史大势和时代发展的宏图,将全会精神贯穿于思政课这一关键课程中,对落实立德树人根本任务具有重要的助推作用,对促进青年大学生成为担当民族复兴大任的时代新人、弘扬时代精神具有重要意义。

---

① 基金项目:本文是吉林省教育厅社会科学规划思政专项"新时代红色文化资源融入高校思政课路径研究"(课题批准号:JJKH20211350SZ)阶段性成果。
② 作者简介:王海龙,韶关学院马克思主义学院副教授,法学博士。
③ 习近平. 以史为鉴、开创未来 埋头苦干、勇毅前行 [J]. 求知,2022 (1):4-10.

（一）全会精神指引高校思政课教学的理论方向

"理论一经掌握群众，就会变成物质的力量。理论只要说服人，就能掌握群众。"① 六中全会精神的最新理论研究成果是指引新时代高校思政课教学的重要理论依据，促进其融入高校思政课教学是提升思政课教学内涵的重要抓手。高校思政课教学的根本价值指向就是将理论力量转化为现实的实践动力，最终转化为巨大的物质价值，通过马克思主义中国化的最新理论成果武装时代新人的头脑，引领时代新人自觉担当民族复兴的大任。通过对全会精神的深入学习与思考，我们可以探寻到百年大党成功的密码，可以清楚地了解我们党为什么能够带领国家、带领社会、带领全体中华儿女不断走向成功，更重要的是我们也可以弄明白在新的一百年，我们如何继续取得成功。只有对全会精神进行踏实、原原本本的学习，才可以深刻领会、学懂弄通全会精神的内涵和实质，进而真正把握住理论的脉搏和实践的方向。高校思想政治工作者，要自觉加强对全会精神的理论学习，在思想上和行动上都要自觉同党的最新理论和路线方针政策对标对表，确保思政课教学的理论方向不偏航、不走样。

（二）全会精神拓新高校思政课的科学内涵

党的十九届六中全会通过的《中共中央关于党的百年奋斗重大成就和历史经验的决议》（以下简称《决议》）系统总结了党的百年奋斗重大成就和历史经验，总结了党的百年历程的四个"伟大飞跃"，提出了党的百年奋斗在五个方面的历史意义，总结了党的百年奋斗的十条历史经验，这为高校思想政治理论课的教学实践提供了宝贵的精神财富和教学内容；要以咬定青山不放松的执着奋力实现既定目标，以行百里者半九十的清醒不懈推进中华民族伟大复兴。落实好全会要求，就要充分认识理想信念和初心使命是百年来激励中国共产党人不懈奋斗的根本动力，深刻把握理想信念和初心使命的时代要求，在坚定理想信念、牢记初心使命上持续努力，不断创造无愧于新时代的新业绩。理想信念是共产党人的精神支柱和政治灵魂，初心使命是党的性质宗旨、理想信念、奋斗目标的集中体现，两者是内在一致的。我们党从诞生之日起，就把马克思主义鲜明地写在自己的旗帜上，把实现共产主义确立为最高理想，把为中国人民谋幸福、为中华民族谋复兴作为自己的初心使命，并一以贯之体现在党的全部奋斗中。一百年来，我们党之所以历经沧桑而风华正茂、饱经磨难而生机勃勃，书写出中华民族几千年历史上最恢宏的史诗，靠的就是广大共产党人对理想信

---

① 马克思，恩格斯．马克思恩格斯选集：第一卷［M］．北京：人民出版社，1995：9.

念的坚定追求和对初心使命的执着坚守。

（三）全会精神赋予思政课担当民族复兴的新任务

全会全面总结了党的百年奋斗重大成就和历史经验，深刻揭示了"过去我们为什么能够成功、未来我们怎样才能继续成功"，对于推动全党进一步统一思想、统一意志、统一行动，更加坚定自觉地践行初心使命，在新时代更好地坚持和发展中国特色社会主义，具有重大现实意义和深远历史意义。十九届六中全会是党的百年征程中一次极具标志性的重要会议，对于全体人民，特别是青年大学生增强"四个意识"，坚定"四个自信"，做到"两个维护"，万众一心实现中华民族伟大复兴的宏伟目标，具有巨大的推动作用。高校思政课承担着培养时代新人的重任，思政课教师要充分利用思政课这一主渠道，坚持以全会精神为引领，不断培养综合素质高、创新能力强、家国情怀浓的优秀人才，培养勇担复兴大任的时代新人。

二、价值逻辑：全会精神融入高校思政课的价值意蕴

党的十八大以来，习近平总书记围绕"培养什么人、怎样培养人、为谁培养人"① 这一根本问题，对高校思政课的育人使命作出了一系列重要指示；也是新时代高等教育发展必须要回答的"时代之问"。习近平总书记在党的十九大报告中提出了"培养担当民族复兴大任的时代新人"② 的育人命题，进一步诠释了时代新人的内涵，也为高校思政课提出了更高的育人要求，这也是新时代思政课教师要遵循的"价值遵循"。

（一）政治导向：提升思想政治理论课的价值引领功能

高校思政课就是要培养具有坚定的政治立场、崇高的理想信念、高尚的道德情操的社会主义事业建设者和接班人，全会明确提出确立习近平同志党中央的核心、全党的核心地位，确立习近平新时代中国特色社会主义思想的指导地位，是时代的呼唤、历史的选择和人民的期待。全会精神深刻反映了中国共产党的坚强领导和深谋远虑，彰显了中国特色社会主义制度的优势，充分证明了集中力量办大事的独特优势，显示出无比强大的中国特色社会主义道路的优越性。因此，将全会精神融入高校思政课教学，有助于大学生树立正确的价值观，掌握辨别和应对多元文化思潮的思辨能力，朝着全面发展的社会主义事业建设

---

① 习近平. 把思想政治工作贯穿教育教学全过程 开创我国高等教育事业发展新局面 [N]. 人民日报, 2016-12-09 (01).

② 习近平. 习近平谈治国理政：第三卷 [M]. 北京：外文出版社, 2020：33.

者和接班人的方向努力奋斗。

（二）价值引领：增强思想政治理论课意识形态整合功能

思想政治理论课具有意识形态引领的功能，是对大学生进行马克思主义意识形态教育的坚强阵地，事关意识形态工作的全局工作。想要切实提升马克思主义主流意识形态教育的效果，就必须在教学内容和教学设计上增强意识形态教育的功能。党的十九届六中全会精神是马克思主义中国化最新理论成果的集中体现，将全会精神融入高校思政课教学是增强思政课时效性的必然要求。当今世界处于百年未有之大变局，随着我国改革开放工作向纵深发展，在意识形态领域也面临着各种各样的冲击和挑战，全会精神对于应对西方普世价值观、历史虚无主义等思潮的影响具有深刻的价值定力，对于引导青年大学生作出正确的价值判断和价值选择具有重要的引领作用。思政课教师在课堂教学实践中，要牢牢掌握意识形态领域的主导权和话语权，将全会精神有机融入思政课堂，实现教学内容和全会精神的融通构建。党的十九届六中全会通过的《中共中央关于党的百年奋斗重大成就和历史经验的决议》明确指出，党和人民事业的发展需要一代代中国共产党人接续奋斗，必须抓好后继有人这个根本大计。立德树人是党和国家给高校提出的时代课题，高校要立足构建高质量高校思政工作体系，为实现中华民族伟大复兴、建设社会主义现代化强国培养一批又一批的优秀人才。

（三）精神传承：坚定时代新人培养的政治底色

习近平指出："中国人民在长期奋斗中培育、继承、发展起来的伟大民族精神，为中国发展和人类文明进步提供了强大精神动力。"① 思想政治理论课的最终目的就是培养人，提升人的精神境界。全会通过的《中共中央关于党的百年奋斗重大成就和历史经验的决议》，蕴含着为党育人、为国育才的丰厚滋养，为高校师生传承红色基因、筑牢理想信念提供了生动的教材。思政课教师要创新教学形式与手段，不断深度挖掘全会精神所蕴含的巨大的育人价值，推动思政课教学与时代新人培养实践的紧密结合，激发广大青年大学生的政治热情，引导他们在立心铸魂中坚定政治信仰，打好政治底色。

三、实践逻辑：全会精神融入高校思政课的现实路径

高校思政课教师要坚持以全会精神为基础，讲好中国故事，传播好中国声

---

① 习近平. 在十三届全国人民代表大会第一次会议上的讲话［M］. 北京：人民出版社，2018：2.

音，切实加强对全会精神内涵的学习和理解，不断提高教师对全会精神的理解阐释能力，增强学生对全会精神的学习掌握能力。将全会精神融入高校思政课教学，要遵循学生的成长成才规律和思政课的教学规律，在教学研究的基础上，分别以理论教学、实践教学和网络教学的路径来实现。

（一）以科学研究为重要途径，强化教师对全会精神的理解阐释能力

关注学科热点问题。教师通过参加与全会精神相关的前沿会议来拓宽视野、增长见识、加强交流，掌握全会研究的最新理论成果，深化对相关内容的认识，增加教学内容的深度和厚度，达到更好的教学效果。提高科研能力，夯实教学必备的学科基础知识，关注与十九届六中全会相关的热点问题，使自己具备"专"与"新"相结合的学术理论功底，把理论研究成果转化为课堂授课内容，运用自己扎实的学科理论功底及时解决教学过程中产生的疑问，突显教学针对性，达到教学与科研相互助益的效果。

（二）以课堂教学为主要渠道，强化学生对全会精神的理论旨趣

课堂教学是高校思政课教学的主渠道、主阵地，对于培养时代新人具有至关重要的积极作用。十九届六中全会闭幕以来，全党全社会上下迅速掀起学习全会精神的热潮，不断推动全会精神走深走实、落地生根。高校思政课教师要善于将时代热点问题依托课堂教学，转化为青年大学生奋发有为、建功新时代的强大精神动力和生动实践。从新时代大学生的实际情况出发，巧妙设计各种形式的教学环节，让思政课堂真正火起来，旨在提高大学生对全会精神的关注度和兴奋度，引导学生自觉实践和传承全会精神的丰富内涵。思政课教师要想增强教学的实效性，就必须做到以理服人。它包括以真理服人、以实理服人、以人理服人和以情理服人。这里的"理"，是对教师自身理论素质的要求；而"服"，则说明学生的接受状况，一边是教师欲使学生"服"，一边是学生能否"服"。这就意味着以理服人不是教师的单向教学过程，而是师生双向交流的过程。所以，思政课教学效果不完全取决于教师自身的知识理论、动机与热情，还要有适当的教学方法和艺术。要做到这些，教师必须具备两方面的素质和能力：一是如何"找理"；二是如何"说理"。提到"以理服人"，人们最常引用的经典的论断莫过于马克思在《黑格尔法哲学批判》导言中论及的，"理论只要说服人，就能掌握群众；而理论只要彻底，就能说服人。所谓彻底，就是抓住事物的根本。而人的根本就是人本身"①。思政课教学想要增强教学的实效性，

---

① 马克思，恩格斯．马克思恩格斯文集：第一卷［M］．北京：人民出版社，2009：11.

必须要做到"以理服人"，这个"理"是对教师自身理论素质的基本要求，教师要真正做到以真理服人、实理服人、情理服人。最终要实现的目标是学生从内心真正的"服"，所以"以理服人"不是教育者单向度的教学实践活动，而是教育者和受教育者之间双向互动的教学实践活动。总而言之，思政课教师要通过课堂教学，将全会精神真正做到入学生脑、入学生心，让学生真正深刻理解全会精神的核心要义。

（三）以实践教学为有力抓手，强化学生对全会精神的现实体悟

在实践教学中融入全会精神。全会精神是一种系统理论化形态，具有抽象性的特点，要使其成为学生可感知，并指导学生实践的思想资源就需要抽象理论的转化，因此，实践是不可或缺的教学方式。正如马克思提出的，"人的思维是否具有客观的真理性，这不是一个理论的问题，而是一个实践的问题"①。因此，全会精神融入高校思政课的实践教学是不可或缺的教学方式。在实践教学中，学生通过主体性的实践活动，将全会精神的理论渗入自身的主观思想，变成内在的精神力量，从而能在实践中自觉弘扬全会精神。实践教学具有形式灵活多样的特点，根据教学实际，教师可以采用形式多样的主题教育。例如参观、观影、讨论、读书报告、拍摄微电影等适合青年学生的方式，使学生在实践中加深对全会精神的认识。思政课教师在实践教学中，要准确把握思政课实践教学的经验规律，遵循马克思主义"历史和逻辑相统一"的方法原则，采用"寓教于行"的方法，为学生创设沉浸式体验和参与的平台，引导学生通过亲身感受、现场互动，获得对全会精神以及中国特色社会主义理论体系的深刻感悟和理解。

（四）以网络教学为新兴载体，强化学生对全会精神的多维透视

习近平总书记指出："读者在哪里，受众在哪里，宣传报道的触角就要伸向哪里，宣传思想工作的着力点和落脚点就要放在哪里。"信息化时代，互联网载体呈现出高度融合性、互动性、实时性的特点，当代青年展现出"无人不网、无处不网、无时不网"的鲜明特征，使得网络育人的重要性更加凸显。对于思维最为活跃、思想可塑性最强的大学生，校园文化的浸染，高校应该更加重视开展网络教育教学活动，借助于新兴媒介来倡导主流价值，坚守网络思想阵地，对大学生进行正确的思想引导和价值观塑造。思政课教师可以利用思政课网络教学途径进行宣传和教育工作，通过生动鲜活的典型实例，让学生增强对理论

---

① 马克思，恩格斯．马克思恩格斯选集：第一卷［M］．北京：人民出版社，1995：55.

的深刻理解和认知。同时，网络教学可延伸全会精神培育的空间，使学生从不同层次、不同维度理解全会精神的内在意蕴，提升全会精神在高校思政课教学中的重要性。

实践的需要推动认识的产生和发展，也必将推动事业的不断前进。推进十九届六中全会精神融入高校思政课，并对"融入"的现实意义和实践模式进行深入的研讨与拓新，是新时代提升高校思政课改革创新发展的现实需要，也是从全会精神中汲取前进动力、引领青年大学生正确认识新时代中国特色社会主义道路的制度优势的必然要求，也必将为全会精神的传承和实践提供更多新思路、新思考和新渠道。

"四史"教育融入"思想道德与法治"课教学的基本路径①

梁　燕②

　　2020 年 12 月 18 日，中共中央宣传部、教育部印发的《新时代学校思想政治理论课改革创新实施方案》强调，大学阶段要重点引导学生系统掌握马克思主义基本原理和马克思主义中国化理论成果，了解党史、新中国史、改革开放史、社会主义发展史，认识世情、国情、党情。

　　2021 年 2 月 20 日，习近平总书记在党史学习教育动员大会上强调："要学习党史、新中国史、改革开放史、社会主义发展史，广大党员要以学习党的历史为重点，做到知史爱党、知史爱国，在学习领悟中坚定理想信念，在奋发有为中践行初心使命。"③

　　2021 年 5 月 12 日，教育部办公厅发布的《关于在思政课中加强以党史教育为重点的"四史"教育的通知》，要求充分发挥思政课在进行以党史学习教育为重点的"四史"教育中的主渠道作用，持续深化所有思政课必修课中与"四史"学习教育相关内容的有机融入，讲清讲透各门必修课中蕴含的"四史"道理、学理、哲理。

　　由此可见，从习近平总书记关于"四史"学习教育的重要讲话，到中共中央、教育部的发文强调，都对思政课进行"四史"学习教育提出了明确要求，指明了前进方向。将"四史"融入高校思政课教学体系中，既是贯彻落实"四史"学习教育的重要举措，助推"四史"学习教育走深走实，也是当前高校加强思政课建设的重要任务，为高校思政课的改革创新提供了理论来源和重要支撑。将"四史"学习教育融入高校思政课教学，具体要融入什么内容？如何融

---

①　基金项目：肇庆医学高等专科学校 2021 年度党史学习教育专项研究课题（项目编号：2021D05）。

②　作者简介：梁燕（1994—　），女，广西平南人，硕士，助教，研究方向为思想政治教育。

③　习近平. 在党史学习教育动员大会上的讲话［J］. 求知，2021（4）：4–11.

入？本文将以"思想道德与法治"课的教学为例进行探索研究。

中国共产党由小到大、由弱变强的百年奋斗史、中华人民共和国由一穷二白走向伟大复兴的70多年跨越史、改革开放使我们由落后走向繁荣富强的40多年探索史、社会主义由空想到科学的500多年发展史，"四史"内容虽各有侧重，但整体而言，是紧密相连的一部"大历史"，讲的就是中国共产党为人民谋幸福、为民族谋复兴、为世界谋大同的实践史。"四史"中蕴含了无数革命先辈、共和国建设者、改革开放"弄潮儿"、社会主义开拓者等人物的先进事迹、价值追求、优良品德和崇高精神，是树人育人化人最丰富、最有效、最关键的知识养分和精神食粮。而"思想道德与法治"课是对青年大学生进行系统的世界观、人生观、价值观、道德观和法制观法治教育，从而引导大学生牢固树立正确的人生观，追求崇高的理想信念，增强爱国主义情感，锤炼高尚的道德品质和提升法治素养。深入剖析"思想道德与法治"课教学内容与"四史"教育内容，不难看出：理想信念、人民至上、爱国主义、改革创新、思想道德等思政课的教学内容，在"四史"教育中都能找到鲜活的案例支撑。① 通过深入挖掘"四史"与"思想道德与法治"课教学内容的内在契合点，可极大地丰富课堂教学素材，增强教学内容说服力，增强教学感染力，提升教学实效性。

一、党史教育融入"思想道德与法治"课教学

我们党的一百年，是矢志践行初心使命的一百年，是筚路蓝缕奠基立业的一百年，是创造辉煌开辟未来的一百年。在百年奋进历程中，涌现出了无数可歌可泣的英雄人物和无私奉献的先进模范。

在"思想道德与法治"课教学中，第一章是"人生篇"，主要是教育引导学生树立正确的人生观，反对错误的人生观，从而创造有意的人生。教师在教育引导学生树立远大的人生追求时，可结合毛泽东同志在青年时期就志存高远，立下拯救民族于危难的远大志向以及周恩来同志"为中华之崛起而读书"的远大志向等典型事迹，正是在青年时期树立的正确的人生追求，指明了人生前进的方向，最终创造了辉煌壮丽的人生，以此来激励学生要树立正确的人生追求，自觉将自身追求与国家和民族事业相结合，在服务人民和奉献社会中收获成长和进步。

第二章是"理想篇"，主要是引导学生认识到理想信念对于个人、民族和国

---

① 崔淑芳．"四史"教育融入高校思想政治理论课教学探析［J］．内江师范学院学报，2021，36（9）：90-93.

家的重要意义，理想信念是精神之"钙"，没有理想信念，精神上就会"缺钙"，就会得"软骨病"。在对青年大学生进行理想信念教育时，如若教师仅从抽象的理论出发，从理论到理论，教学将会显得十分苍白，缺乏感染力，无法触动学生的心灵和引起学生的情感共鸣。要讲好、讲深、讲透理想信念问题，必然要结合共产党人为理想信念舍生忘死、百折不挠的英雄故事，讲述共产党人艰苦卓绝、惊天动地的革命壮举，歌颂共产党人感天动地的崇高精神和革命气节，给学生带来一堂鲜活生动的理想信念课。正如习近平总书记所指出："我们党的每一段革命历史，都是一部理想信念的生动教材。"① 最先走向绞刑架的李大钊，发出了"共产主义在中国必然得到光辉的胜利"的坚贞誓言。方志敏牺牲前留下了"敌人只能砍下我们的头颅，决不能动摇我们的信仰"的铮铮誓言。面对凶神恶煞的刽子手，陈延年给予了"革命者光明磊落，视死如归，只有站着死，决不跪下生"的有力反击。面对敌人的百般折磨，赵一曼宁死不屈，留下了"未惜头颅新故国，甘将热血沃中华。白山黑水除敌寇，笑看旌旗红似花"的抗日誓言。无论是在土地革命战争，还是在抗日战争，抑或在解放战争中，面对凶狠残暴的敌人，无数的革命烈士们抛头颅洒热血为的是什么？为的就是坚定执着的理想信念。一个个鲜活的、生动的革命先烈感人至深的故事，都是对学生进行深刻的理想信念教育的关键素材，从而引导学生筑牢理想信念之基，进一步树立起对建设社会主义伟大事业和实现共产主义伟大理想的崇高信仰，更好地投身社会主义伟大事业的建设中，以智慧和勇气走好新时代的长征路。

第三章是"精神篇"，主要是对学生进行爱国主义教育，让学生理解人无精神不立、国无精神不强，实现中华民族伟大复兴必须弘扬中国精神。中华民族在五千多年的发展历程中，形成了以爱国主义为核心的民族精神和以改革创新为核心的时代精神。如何才能更好地对学生进行爱国主义教育？如何才能更强烈地激发学生的爱国情？这些问题，可以在共产党领导下的艰苦卓绝的革命斗争中找到答案。在国家面临生死存亡之际，涌现出了无数前仆后继、舍生忘死、无私奉献、为国捐躯的革命英雄和感人故事，诸如抗联英雄八英杰冷云和她的姐妹们、英雄的回民支队司令员马本斋、杰出的军事家左权、誓死坚守阵地的抗日英雄佟麟阁、东北抗日名将杨靖宇、甘将热血沃中华的赵一曼、白山黑水驱倭寇的赵尚志、文武兼备一代英才彭雪枫，在国家面临亡国灭种威胁的危难关头，是他们前仆后继、浴血奋战、英勇抵抗，以血肉之躯筑起了捍卫民族

---

① 习近平. 党的伟大精神永远是党和国家的宝贵精神财富 [J]. 求是，2021（17）：4-20.

尊严的钢铁长城，用气吞山河的英雄气概谱写了惊天地、泣鬼神的壮丽史诗，铸就了伟大的井冈山精神、苏区精神、古田会议精神、长征精神、遵义会议精神、抗战精神、延安精神、大别山精神、吕梁精神、红岩精神、沂蒙精神、西柏坡精神等。教师要充分结合党史，讲授党的历史上奋不顾身、舍生忘死、救国救民的英雄人物，紧扣现实，正确引导，培养学生爱国、爱党、爱社会主义的情感，增强学生做中国人的志气、骨气、底气，引导学生积极投身实现中华民族伟大复兴的建设中。

第五章是"道德篇"，主要是对学生进行道德教育，培养学生高尚的道德品格，提升学生的道德境界。中国共产党自诞生之日起，就确立了人民立场与群众观点，注重以严明的纪律要求自己，以优良的作风赢得老百姓的拥护和爱戴，在革命、建设和改革中形成了优秀的革命道德。如何帮助学生更好地理解中国革命道德的丰富内容？这需要结合革命先烈为实现社会主义和共产主义而排除万难、不怕牺牲、斗争到底的生动事迹来阐明，需要结合共产党人为群众服务、为大众谋幸福、为人民利益献身的先进事迹来阐明，需要结合共产党人以革命利益为第一生命，以个人利益服从革命利益的先进事迹来阐明，需要结合共产党人破除等级观念和特权思想、保护妇女、儿童和老人的合法权益的感人事迹来阐明，需要结合共产党人淡泊名利、清正廉洁、谦虚谨慎、高风亮节的先进事迹来阐明，对学生进行道德认知教育、道德情感升华、道德行为引导。让学生深刻认识到，革命先辈们在艰苦卓绝的革命斗争中培育起来的革命道德和优良传统，是我们赢得革命胜利、克服艰难险阻的强大精神力量，革命道德在当代仍然具有强大生命力和时代价值，我们始终要高度重视继承和发扬革命道德传统。

二、新中国史融入"思想道德与法治"课教学

新中国史为我们展现了在中国共产党的带领下，在全体中国人民的团结奋斗下，一穷二白、满目疮痍的新生国家是如何一步步崛起，从积贫积弱向发展壮大转变的历程。新中国史的主题和主线就是中国共产党为了实现国家富强和人民幸福而进行社会主义革命、建设和改革，带领人民不懈探索和奋斗。① 围绕新中国史的一个关键词就是"奋斗史"，中华人民共和国成立后，用不到30年的时间，使中国人民在政治上成为当家做主的主人翁，在社会上成为自由平等

---

① 李安增，马付杨. 如何读懂新中国史［J］. 当代中国史研究，2021，28（4）：4-19，156.

的主体，真正掌握了国家、社会和自己的命运，开创了中华民族站起来的新纪元；在断绝国外专家援助的艰难条件下，独立研制出"两弹一星"，为国家安全保驾护航，使我国跻身核武器拥有国行列，成为在世界上具有重要影响力的大国。当时社会生产力水平十分落后的东方大国能够取得如此耀眼的成绩，是中国人民在中国共产党领导下艰苦奋斗的伟大成果。因此，新中国史融入"思想道德与法治"课教学的主要着眼点是第二章"发扬艰苦奋斗精神"和第三章的"中国精神"这两大模块。

中华人民共和国成立初期，百废待兴，国家贫困，技术落后，面对西方国家的政治孤立、军事威慑、经济打压和科技封锁，顽强的中国人民发挥吃苦耐劳、艰苦奋斗、忘我拼搏、迎难而上、开拓进取的优良传统，涌现出了诸如"宁肯少活二十年，拼命也要拿下大油田"的铁人王进喜、"全心全意为人服务"的雷锋、"五年归国路十年两弹成"的钱学森、"干惊天动地事，做隐姓埋名人"的邓稼先、新中国第一代全国劳动模范马恒昌、新中国卫生事业的先驱者马海德、党的好干部焦裕禄等，他们是时代的先锋，是民族的脊梁，是人民的公仆，无数个日夜兢兢业业、脚踏实地、扎根基层、奉献人民，在平凡岗位上创造出非凡的业绩，以独特的精神面貌书写了传奇，为建设中国作出了不可磨灭的贡献。勤劳勇敢的中华儿女铸就了雷锋精神、铁人精神、红旗渠精神、北大荒精神、焦裕禄精神、王杰精神、"两弹一星"精神、"两路"精神、老西藏精神、西迁精神等极具时代特色的时代精神，共同描绘了一幅极具中华民族秉性的伟大精神蓝图。不忘筚路蓝缕的来时路，方能走好脚下路，坚定未来路。通过深入挖掘功勋人物的先进事迹及其彰显的伟大精神，激励学生感悟英雄模范的高尚品质，从而深刻认识到艰苦奋斗是中国共产党人的政治本色和优良传统，艰苦奋斗的精神永不过时，无论在过去、现在和将来都有着不朽的价值和永恒的生命力。当今世界正处于百年未有之大变局，国际局势正在发生深刻复杂的变化，当今中国正处于实现中华民族伟大复兴的关键时期，正处于两个一百年奋斗目标的历史交汇点，前进道路不可能一帆风顺，作为新时代的大学生，更要主动承担历史重任，更要自觉弘扬艰苦奋斗、吃苦耐劳、自强不息的精神，以永不懈怠的精神状态和一往无前的奋斗姿态继续艰苦奋斗，成为无愧于时代的最美奋斗者。

三、改革开放史融入"思想道德与法治"课教学

1978 年，党的十一届三中全会作出了"对内实行改革、对外实行开放"的伟大决策，重新确立了马克思主义的思想路线，中华人民共和国由此正式进入

了改革开放和社会主义现代化建设的新时期。围绕改革开放史的一个鲜明主题就是"改革创新"。因而，改革开放史融入"思想道德与法治"课教学主要集中于第三章的"以改革创新为核心的时代精神"这一教学点。

在进行教学时，教师可以通过带领学生探究分析实行改革开放的国内外背景，从而引导学生认识到改革开放是因势而谋、应势而动、顺势而为之创举，认识到改革开放是坚持和发展中国特色社会主义的必由之路，认识到改革开放是我们党的一次伟大觉醒，是中国人民和中华民族发展史上的一次伟大革命①。改革开放前，在长期高度集中的计划经济体制下，生产力受束缚，人们的积极性受抑制，人民生活极端困难，僵化的计划经济体制不适合中国国情；在长期封闭半封闭状态下，我国经济实力、科技实力与国际先进水平的差距明显拉大，面临着巨大的国际竞争压力。邓小平同志指出："如果现在再不实行改革，我们的现代化事业和社会主义事业就会被葬送。"② 由此，中国大地上开启了轰轰烈烈的改革开放，中国人民的命运从此改写。在对学生进行改革开放史教育时，教师必然要让学生对改革开放的历史背景有清晰的了解，才能让学生认识到改革开放是决定当代中国命运的关键一招，认识到解放思想、开拓创新、锐意进取是我党的鲜明品格，认识到中国共产党是与时俱进、全心全意为人服务的伟大领导党。

教师可以通过引导学生对比分析改革开放前后的巨大差异，从而让学生认识到改革开放是正确之举，认识到改革开放是当代中国发展进步的活力之源，认识到改革开放对于中国和世界发展的重大意义。改革开放使中国从封闭型经济弱国转变为开放型全球经济大国，使中国人民实现从温饱不足到总体小康、奔向全面小康的历史性跨越，使中国从世界舞台边缘日益走近世界舞台中央。我们用几十年时间走完了发达国家几百年走过的工业化历程，实现了从生产力相对落后的状况到经济总量稳居世界第二的历史性突破，创造了中国式现代化新道路，创造了人类文明新形态，中华民族迎来了从站起来、富起来到强起来的伟大历史性飞跃。改革开放极大改变了中国的面貌、中华民族的面貌、中国人民的面貌、中国共产党的面貌。在教学中，要让学生看到，改革开放创造的奇迹不是天上掉下来的，而是来自中国共产党和中国人民的理论创新、实践创新、制度创新、文化创新及各方面创新。要让学生看到，创新是推动人类社会发展的第一动力，是提升综合国力的重要支撑，是赢得未来的必然要求。要让

①　王艺霖．学习改革开放史　坚定信仰信念信心［J］．新湘评论，2021（19）：22-25.
②　邓小平．邓小平文选：第二卷［M］．北京：人民出版社，1994：150.

学生看到，改革开放是党领导人民进行的一场伟大的社会革命，也是一场深刻的精神变革，不仅提高了生产力的发展水平，还塑造了改革创新的时代精神。在 2018 年举行的庆祝改革开放 40 周年大会上，习近平总书记指出："改革开放铸就的伟大改革开放精神，极大丰富了民族精神内涵，成为当代中国人民最鲜明的精神标识！"① 新时代大学生是改革创新的生力军，要引导学生深入了解改革开放的先锋模范作用、伟大成就及其蕴含的精神价值，大力弘扬以改革创新为核心的时代精神，传承改革创新精神，成为改革开放中自信包容的开放者、大胆探索的革新者、锐意创新的进取者。

四、社会主义发展史融入"思想道德与法治"课教学

社会主义有着 500 多年的发展历史，历经从无到有、从空想到科学、从理论到现实、从一国到多国、从初步探索到不断深化发展、从遭遇曲折到在 21 世纪的中国焕发出强大生机活力的伟大发展历程，波澜壮阔、跌宕起伏，既有高歌猛进，又有坎坷曲折。将社会主义发展史融入"思想道德与法治"课教学，可结合第二章"坚定信仰信念信心"、第四章"社会主义核心价值观"等主要内容，在纵向上，让学生领悟中国选择社会主义道路的历史必然性，在横向上，让学生理解社会主义较于资本主义的优越性。

在第二章"坚定信仰信念信心"教学中进行社会主义发展史教育，归根结底是让学生弄清楚中国共产党为什么"能"、马克思主义为什么"行"、中国特色社会主义为什么"好"这三个基本道理。教师要基于历史纵深视角，以人类社会历史发展的规律，让学生深刻认识到马克思主义的科学性、真理性、实践性、人民性、开放性，认识到马克思主义如何深刻改变了人类的历史发展进程，如何深刻地拯救了中国。正是在马克思主义的指导下，在黑暗中摸索的中国终找到了救国救民的正确道路，中国才能赢得国家独立、民族解放，才能实现国家富强、人民幸福。让学生全面、准确、科学地认识马克思主义的真理力量和实践力量，从而坚定马克思主义科学信仰。教师要运用辩证唯物主义的观点和方法，引导学生深刻认识到共产主义是最美好的社会形态，是人类社会发展的必然趋势，是现实运动和长远目标相统一的过程，要培养学生对共产主义的向往，树立共产主义必胜的信念。同时，教师要结合老一辈无产阶级革命家为实现共产主义而前仆后继、不懈奋斗的英雄模范事迹，让学生认识到革命先烈之

---

① 习近平. 在庆祝改革开放 40 周年大会上的讲话 [EB/OL]. (2018-12-18) [2022-07-04]. http://www.gov.cn/xinwen/2018-12/18/content_ 5350078.htm.

所以能排除万难、无私无畏、坚持斗争，是因为他们有着坚定的共产主义理想信念，从而引导学生向革命先辈学习，培养学生为共产主义而奋斗终生的坚定意志、高尚情操。教师要以历史事实阐明社会主义的先进性和优越性，证明社会主义是适合中国国情的；要用社会主义在中国取得的瞩目成就，尤其是党的十八大以来的各方面成就，来增强学生对社会主义的认同和热爱。让学生充分领悟到，中国特色社会主义创造了经济快速发展的奇迹、创造了社会长期稳定的奇迹、创造了人民生活水平显著提高的奇迹、创造了人类脱贫减贫奇迹，充分彰显了集中力量办大事、以人民为中心、防化风险、应对危机的独特优势。从而让学生更加坚定对中国特色社会主义的道路自信、理论自信、制度自信、文化自信，坚定实现中华民族伟大复兴的信心，始终把自己的追求与国家前途、民族未来、人民幸福和人类进步事业结合在一起，永远胸怀远大目标，勇于担当历史重任，脚踏实地为社会主义、共产主义事业而不懈奋斗，成为社会主义事业的合格建设者和可靠接班人。

第四章主要是关于"社会主义核心价值观"的教育。教师在教学过程中，要结合我国实际全面深入地阐述社会主义核心价值观的科学内涵，在国家、社会、公民三个层面的价值目标，让学生深入把握社会主义核心价值观的实践要求及重要意义，让学生认识到，社会主义核心价值观是全体人民共同的价值追求，是当代中国精神的集中体现，是当代中国发展进步的精神指引。要从纵向上将社会主义核心价值观与奴隶社会核心价值观、封建社会核心价值观、资本主义社会核心价值观作对比，让学生认识到社会主义核心价值观体现的是社会主义的意识形态要求，集中体现了社会主义的本质属性，体现了马克思主义所倡导的价值理念，具有超越以往一切社会核心价值观的先进性。要结合我国社会主义建设的成功经验，让学生认识到社会主义核心价值观坚持人民的历史主体地位，代表了最广大人民的根本利益，反映最广大人民的价值诉求，具有鲜明的人民性、正确性、真实性，具有广泛的感召力、强大的凝聚力和持久的引导力。同时要看到，随着社会思潮的多元化，我国社会价值观领域也面临着来自多方面的挑战，最为严峻的是面临西方的价值观渗透。现实中不乏别有用心之人利用社会主义核心价值观与西方所谓的"普世价值"某些字面上的重合，将二者混淆，企图否定社会主义核心价值观、否定社会主义。西方"普世价值"是我们民族的精神毒剂，必须高度警惕，决不能任由西方"普世价值"来转化我们的精神基因，消解我们的社会主义核心价值观。① 因而，教师要从横向上厘清社会主义核心价值观与西方"普世价值"的根本区别，结合西方国家现实中存在的种族歧视、劳资对立、金钱政治、贫富分化、社会撕裂、人权无保障等问题，将中国之治与西方之乱作对比，让学生认清西方"普世价值"的虚伪性及危害性，从而破除迷障，明辨是非，排除干扰，坚定价值自信，扣好人生的第一粒扣子，将社会主义核心价值观转化为人生的价值准则，成为社会主义核心价值观的坚定信仰者、积极传播者、模范践行者。

结　语

高校思政课是高校系统开展"四史"教育的主渠道和主阵地。因而，思政课教师要充分认识"四史"教育融入思政课教学的重大意义，科学把握"四史"教育与高校思政课的内在关联，积极探索研究"四史"教育融入思政课教学的有效路径，不断提升思政课教师的"四史"教育能力，牢记初心使命，坚定理想信念，真正履行"为党育人、为国育才"的光荣使命。

---

① 凌胜银，胡志彬，陈茂霞. 决不允许用西方"普世价值"消解社会主义核心价值观 [J]. 红旗文稿，2017（11）：9-12.

百年党史融入职业本科思想政治理论课的策略①

孙贵平②

2021 年 2 月 20 日，习近平总书记号召在全党开展党史学习教育，指出"全党同志要做到学史明理、学史增信、学史崇德、学史力行"③。思想政治理论课是落实立德树人根本任务的关键课程，百年党史是贯穿思想政治理论课的重要脉络，为思政课教学提供了宝贵资源。本科层次职业教育是伴随着我国产业转型升级和职业人才可持续性发展需要应运而生的，相对于普通本科，职业本科教育致力于培养高层次技术型复合人才，更加突出对学生的政治立场、职业素养和职业能力等方面的培养，将百年党史融入职业本科思想政治理论课教学对提升职业本科育人实效有重要意义。

一、百年党史融入职业本科思想政治理论课的必要性

（一）百年党史是思想政治理论课教学的重要内容

党史是思政课的重要内容。中国共产党自成立以来就是一部为中国人民谋幸福、为中华民族谋复兴的历史，党史是贯穿思想政治理论课的重要内容。职业本科高校开设六门思政课程。"中国近现代史纲要"课通过系统讲授中国共产党领导人民实现中华民族独立和中国人民解放的历史，不断实现国家富强和人民富裕、逐步实现中华民族伟大复兴的辉煌历史，揭示历史发展规律。"马克思

① 基金项目：广东省高等学校党建研究会 2021 年党建研究课题（项目编号：2021MB019）；广东工商职业技术大学 2021 年党建暨思政研究课题（项目编号：2021LX014）；广东省普通高校创新团队项目（人文社科），中华优秀文化融入高职本科思政教育研究创新团队（项目编号：2021WCXTD021）。

② 作者简介：孙贵平（1982—　），女，湖南临湘人，广东工商职业技术大学副教授，教育硕士。

③ 习近平. 在党史学习教育动员大会上的讲话［J］. 求是，2021（7）：4-17.

主义基本原理"课通过系统讲授中国共产党在中国革命、建设和改革中运用马克思主义基本原理,高举马克思主义旗帜,阐释了马克思主义基本原理的理论价值和实践意义。"毛泽东思想和中国特色社会主义理论体系概论"课通过系统讲授在中国共产党领导下,马克思主义基本原理同中国具体实际相结合逐步实现了马克思主义中国化,产生了毛泽东思想和中国特色社会主义理论伟大创新理论成果,在新的理论成果指导下,中国共产党在领导中国革命、建设和改革的伟大实践中取得了伟大胜利。"习近平新时代中国特色社会主义思想概论"通过系统讲授中国共产党在新时代创立的马克思主义中国化的最新理论成果,即习近平新时代中国特色社会主义思想的核心要义、精神实质、科学内涵、实践意义、世界意义,阐释了中国共产党带领人民实现中华民族伟大复兴的理论依据和现实依据。"思想道德与法治"通过系统讲授中国共产党人创新和丰富了的马克思主义世界观、人生观、价值观、道德观和法治观,帮助大学生提升思想道德素质和法治素养,成为自觉担当民族复兴大任的时代新人。"形势与政策"课通过系统讲授中国共产党在马克思主义中国化创新理论指导下,在新时期不断应对新问题、新机遇、新挑战的过程中取得的新经验和新成果。从课程的内容来看,各门思政课与党史学习教育高度契合,党史是思政课教学体系的重要内容,党的历史是丰富的营养剂,党的历史是生动的教科书。

党史是职业本科思政课的丰富资源。思想政治理论课是一系列"理性论"较强的课程,习近平总书记在 2021 年 3 月 6 日参加全国政协十三届四次会议的医药卫生界、教育界委员联组会时的讲话指出,"上思政课不能拿着文件宣读,没有生命、干巴巴的"。本科层次职业教育在人才培养方向上更加注重"职业性""技术性""应用性"等特性,要把职业本科高校的思政课讲活,就要用好百年党史这个丰富的思政资源。一是传统的文献史料,包括历代领导人的重要讲话、重要著作、党的历次代表大会、党的重要决议等文献史料,其为丰富思政课堂提供了最基本的资料;二是非传统文献史料,如影像视频、图画、诗词、歌曲、口号、物件等,都是非常鲜活的思政素材;三是党史资源中的实践场景,如纪念馆、博物馆、陈列馆、荣誉室、党建馆、革命旧址、伟人故居、主题成就展等丰富的实践场景。以上资源是职业本科思政课堂的延伸,恰如其分地用好传统、非传统文献史料、实践场景等党史资源,符合职业本科层次教育的特点。

(二) 百年党史融入思想政治理论课是引导学生政治认同的必然要求

"政治认同是人们在社会政治生活中产生的一种感情和意识上的归属感。政治认同关乎政权的凝聚力、向心力、组织力和战斗力。"① 青年学生是中国的未来、民族的希望，是中国特色社会主义事业的继承者，肩负着建设国家的重大责任。因此，职业本科高校必须培养青年学生坚定不移地拥护我国的政党制度、政治路线、意识形态，坚定中国特色社会主义理想信念、规范自身的政治行为。一是引导学生理清中国共产党百年奋斗的历史脉络，帮助学生深刻理解重大历史事件的重大意义，做到明理、增信、崇德、力行。中国共产党自创立以来，就是"为中国人民谋幸福，为中华民族谋复兴"的使命性政党。高校思想政治理论课作为立德树人的关键课程，要帮助学生以历史脉络为逻辑，梳理中国共产党的百年历史，对重大历史事件或历史节点要有深刻把握。例如，中国共产党的创建、大革命、南昌起义、井冈山的斗争、第五次反"围剿"、长征、遵义会议、抗日战争、整风运动、解放战争、开国大典、抗美援朝、三大改造、十一届三中全会、中共十八大、中共十九大等。只有读懂了这些重大历史事件，才了解中国的昨天，才能理解中国的今天，才能为了中国的明天而奋斗。二是引导学生读懂中国共产党百年奋斗中的深重苦难，帮助学生深刻理解苦难和牺牲的深层意义，做到坚定信念、敢于斗争、敢于胜利。中国共产党的百年奋斗是在披荆斩棘、攻坚克难中，历经了深重苦难，付出了巨大牺牲，才取得了今天的伟大成就。讲党史不能回避党的奋斗历史中的失败与教训。例如，第五次反"围剿"失败，使得中央红军付出了惨重代价被迫长征。湘江战役虽突破重围，却损失惨重。抗日战争中千万同胞惨遭杀戮。只有读懂了中国共产党历次苦难的历史背景、艰难程度、战胜过程、伟大意义，才能理解"为有牺牲多壮志，敢教日月换新天"的奋斗精神和大无畏气概。三是引导学生读懂中国共产党百年奋斗的伟大成就，帮助学生深刻理解党的百年奋斗取得的伟大成就来之不易，做到不忘初心，砥砺前行。实践证明，在百年奋斗中，中国共产党始终以民族复兴、人民幸福为己任，领导中国人民英勇奋斗、百折不挠、开拓创新，使中华民族迎来了从站起来、富起来到强起来的伟大飞跃。中国特色社会主义进入新时代，在以习近平为核心的党中央的坚强领导下，攻坚克难，统筹推进"五个全面"总体布局，协调推进"四个全面"战略布局，打赢脱贫攻坚战，全面建成小康社会取得历史性胜利，我们正向着社会主义现代化强国第二个百年目标奋进。只有读懂了百年奋斗的伟大成就，才能激发职业本科学生对党和国家的政治认同，才能锻造不怕困难、艰苦奋斗、开拓创新的精神，为中华民

---

① 杜春梅．党史学习与高校思政课增强大学生政治认同的逻辑关系 [J]．石家庄学院学报，2021（5）：132-137．

族的伟大复兴作贡献。

（三）　百年党史融入思想政治理论课是驳斥历史虚无主义的锐利武器

历史虚无主义，是指对历史传统的虚无及否定。"不加具体分析而盲目否定人类社会的历史发展过程，甚至否定历史文化，否定民族文化、民族传统、民族精神，否定一切的历史观点和思想倾向。"① 当今世界正处于百年未有之大变局，中国正昂首阔步走在社会主义现代化强国道路上，政治、经济、文化、社会、生态等都稳定有序发展，但同时面临更加复杂的国内外环境，境外敌对势力对我国的分化、西化现象形势严峻。历史虚无主义的表现形式也更加隐蔽和复杂，通过断章取义、恶意歪曲、编制伪造等来"重新评价""反思历史"②。职业本科学生思想活跃，好奇心、探求欲强，喜欢"反传统、反权威"。历史虚无主义正好迎合这一特点。一是否定历史。例如，将抗日战争胜利的功劳完全归于国民党，否定中国共产党领导的敌后战场。二是恶搞历史。例如，完全罔顾中国人民浴血奋战的残酷历史的"抗日神剧"，只是为了夺人眼球、娱乐大众。三是歪曲历史。如，"侵略有功论"认为"鸦片战争给中国送来了近代文明"。四是抹黑历史。历史虚无主义者们擅长恶意放大党在国家建设中的失误，刻意抹黑中国共产党领导人，进而抹黑中国共产党。青年学生正是"三观"形成的关键期，有一定的理论历史知识基础，但不够牢固，涉世经验不足，容易受到历史虚无主义观点的欺骗、煽动和迷惑，对专家通过历史考证编写的正史不感兴趣。这部分大学生在国家、政党、制度、文化、历史等方面的价值选择上容易产生消极情绪。习近平总书记多次对历史虚无主义思潮提出批评，历史是最好的教科书，也是最好的清醒剂，"历史不会因时代变迁而改变，事实也不会因巧舌抵赖而消失"③。只有了解历史、正视历史，才能驳斥历史虚无主义者，才能不断提高大学生的政治判断力。将党史融入思政课教学，可以培养学生的马克思主义历史辩证思维，让他们学会运用马克思主义历史辩证法评判历史，正确认识和对待历史，并自觉与歪曲、丑化我们党、国家和民族的历史的行为作斗争，旗帜鲜明地反对历史虚无主义。

---

① 吴照玉. 马克思、恩格斯如何批判和克服历史虚无主义［J］. 思想理论教育导刊，2015（5）：87-90.

② 葛玉良，张晓娜. 历史虚无主义对大学生思想政治教育的影响和对策［J］. 思想理论教育导刊，2014（6）：73-75.

③ 习近平. 在南京大屠杀死难者国家公祭仪式上的讲话［M］. 北京：人民出版社，2014：3.

二、百年党史融入职业本科思想政治理论课存在的问题

（一）百年党史融入思想政治理论课的重要性发挥不足

当前，百年党史作为最生动、最有说服力的教科书，作为高校开展思想政治理论课教学工作的宝贵资源已经得到广大学校和师生的认同。但如何发挥党史学习教育的重要作用，提升党史学习教育的吸引力、影响力和感染力，引导大学生知史爱党，知史爱国，成为能够担当民族复兴大任的时代新人仍是一个问题。职业教育更加注重培养学生的职业能力，在一定程度上弱化了思想政治理论课的重要性，党史学习教育也显得捉襟见肘。从学校方面来看，其主要侧重于阶段性的政策宣传，对于百年党史融入思想政治理论课教学的内容、方式、效果评价等方面的具体指导意见不够，部分党史学习教育工作浮于表面。从教师方面来看，思政教师对党史学习教育重要性的认知还不够，自身党史知识、党史资源储备不够，在教学中有零碎的党史案例，但未形成完整的百年党史体系，对学生的引导、教育不够。通过调查和访谈，比较突出的问题是部分思政教师理论讲解欠透彻，历史讲述欠生动，历史和理论割裂现象突出，以致无法有效引导学生深入了解和传承党的优良传统和作风。从学生方面来看，职业本科高校学生对党的历史了解程度不理想，通过调查和访谈，比较突出的问题是大多数职业本科学生对党的基本理论、基本路线一知半解，对中国共产党的发展脉络模糊不清，对中国特色社会主义事业理解有限，以致无法真正做到坚定信仰信念，为党的事业而奋斗。

（二）百年党史融入思想政治理论课缺乏大历史观

了解历史才能看得远，理解历史才能走得远。习近平总书记在党史学习教育动员大会上指出，"树立大历史观，从历史长河、时代大潮、全球风云中分析演变机理、探究历史规律，提出因应的战略策略，增强工作的系统性、预见性、创造性"，并强调"进一步把握历史发展规律和大势，始终掌握党和国家事业发展的历史主动"。① 然而就职业本科高校来说，百年党史融入思想政治理论课还比较缺乏大历史观，主要表现有，一是部分教师只注重碎片化的事件举例，如脱离世界讲中国，只在中国的范畴讲中国。中国的发展从来都不是孤立的，离不开与世界的互动往来，只了解中国历史，不了解世界历史、人类发展史，百年党史也会讲不透彻。二是部分教师只讲过去，或只讲当下，没有把历史与今

---

① 习近平．在党史学习教育动员大会上的讲话［J］．求是，2021（7）：4-17.

天和未来有机结合。党史学习教育更多停留在革命战争时期的红色精神教育阶段，缺乏现实性与时效性。三是不能把握历史发展规律和大势。没有讲清楚历史发展是有其自身规律，但人在其中却不是完全消极被动的。如果不讲清楚人的历史创造性，就不利于学生全面、系统了解党的历史和理解中华民族伟大复兴的中国特色社会主义总任务，不利于引导学生树立顺势而为、奋发有为的斗志。

（三）百年党史融入思想政治理论课方法和手段较单一

当前，各高校开展党史学习教育融入思政课的成效各有差异，从整体上讲，职业本科高校党史学习教育的教育手段和方法比较单一。主要表现在：在教学方法上，主要采取讲授法。教师在台上讲，学生在台下听，部分教师可以通过语言魅力、情感交流提升课堂效果，大部分教师的讲授内容"干巴巴"，互动和交流严重缺乏，缺少引导和启发，导致学生"抬头率"比较低，党史学习教育融入思政课无法入脑入心。在教学手段上，主要展示传统的PPT多媒体课件。在网络信息发达、科学技术发展的今天，微博、微信、快手、抖音等新媒体流行，却未在教学中得到灵活运用。随着学生的需求进一步多样化，他们早已不满足于单一的PPT课件展示教学，导致党史学习教育融入思政课堂效果不佳。在教学渠道上，主要为思想政治理论课课堂教学。社会实践既是高校思政课的重要环节，也是职业本科学生成长成才的重要途径。百年党史融入思政课教学仅限于课堂教学是远远不够的，要以思政课的社会实践为载体，充分发挥社会实践的育人作用。

三、百年党史融入职业本科思想政治理论课教学的策略

（一）强化党史学习教育作为思想政治理论课的重要内容

为提升职业本科学生的党史学习教育效果，须将党史融入思想政治理论课作为育人工作的重要内容。在学校方面，要高度重视立德树人工程，一是顶层设计，将百年党史融入思政课作为考核思政课教学设计与实施的重要指标；二是建立党史学习教育选修课程，将党史学习教育与革命传统教育、国情教育相结合；三是搭建党史学习教育的相关活动、比赛平台。在教师方面，要以树立正确的党史观作为基本教学目标，一是教师要树立帮助学生深刻把握百年党史伟大历史和成就、深刻把握党的创新理论的科学内涵、深刻把握百年党史中积累的宝贵经验的坚定信念。二是教师要重视丰富党史融入思政课教学的知识储备。教师的知识储备就是教学利器，教师自身的知识储备不足，则很难融会贯

通、拓展思维。教师要自觉加强对原著、讲话、报刊、档案等党史资料的研读，也要深入挖掘丰富的党史资源，如照片、油画、歌曲、视频、歌曲等，具备扎实的知识才能深耕课堂。三是教师要重视教学效果反馈。大部分教师只注重完成自己的教学任务，忽视教学目标是否实现，学生是否真正学懂、有所感悟，党史融入思政课教学浮于表面现象突出。因此，教师要重视对党史融入思政课教学效果的考核评价，如设置科学合理的考核机制，或开展教学效果调查等来评估教学效果。在学生方面，一是深刻认识党史学习教育在引领大学生树立正确的世界观、人生观、价值观上的重要意义；二是努力学习掌握党史基本知识和理论，在掌握基本理论的基础上坚定中国特色社会主义"四个自信"；三是学以致用，从百年党史中领悟坚持中国共产党执政地位的历史必然和现实意义，自愿投入社会主义现代化强国建设中。

（二）百年党史融入思想政治理论课教学要坚持大历史观

2019 年 3 月 18 日，习近平总书记在学校思想政治理论课教师座谈会上的讲话中指出："思政课教师的历史视野中，要有 5000 多年中华文明史，要有 500 多年世界社会主义史，要有中国人民近代以来 170 多年斗争史，中国共产党 100 年的奋斗史，要有中华人民共和国 70 年的发展史，要有改革开放 40 多年的实践史，要有新时代中国特色社会主义取得的历史性成就、发生的历史性变革，通过生动、深入、具体的纵横比较，把一些道理讲明白、讲清楚。"① 2021 年 2 月，在党史学习教育动员大会上的讲话中，他指出要通过党史学习教育，"引导全党胸怀中华民族伟大复兴战略全局和世界百年未有之大变局，树立大历史观"② 习近平大历史观，就是要以全程、全方位的全局视角看待历史和现实，从而总结历史规律，更好地把握今天、开创未来。就是要立足马克思主义科学原理，站在历史唯物主义的立场上，基于历史的总体性理解现实、把握当下，在波澜壮阔的历史画卷中明悟真理、提炼经验。在职业本科高校思政课教学中要坚持大历史观，就要从以下几方面入手。

一是要将中国和世界相结合。2019 年 5 月 15 日，习近平在《深化文明交流互鉴 共建亚洲命运共同体》的主旨演讲中指出："文明因多样而交流，因交流而互鉴，因互鉴而发展。……中华文明是在同其他文明不断交流互鉴中形成的开放体系，始终在兼收并蓄中历久弥新。"③ 大历史观强调只有将中国与世界结

---

① 习近平. 思政课是落实立德树人根本任务的关键课程 [J]. 求是，2020 (17)：4-17.
② 习近平. 在党史学习教育动员大会上的讲话 [J]. 求是，2021 (7)：4-17.
③ 习近平. 深化文明交流互鉴 共建亚洲命运共同体 [N]. 人民日报，2019-05-16 (2).

合、联动，胸怀祖国、放眼世界，研究中国的历史、中国共产党的历史才能更宏观更深刻。例如，"毛泽东思想和中国特色社会主义理论体系概论"课讲到中国社会主义建设道路的初步探索，就应该突出强调当时冷战格局下中国工业化道路的选择。既要理解中华人民共和国成立之初，中国优先发展重工业道路探索中苏联的援助因素，又要明白中国的工业化建设对社会主义阵营乃至整个世界格局的影响。今天中国的工业化已经处于世界领先地位，并对世界发展提出了中国方案。通过中国与世界的结合，进而引导职业本科学生更加清晰地理解中国与世界的关系，进而引导学生以更加饱满的热情来努力学习，以便将来更好地投入现代化建设中。

二是要将过去与当下相结合。2013 年 1 月 5 日，习近平总书记在新进中央委员会的委员、候补委员学习贯彻党的十八大精神研讨班开班式上强调："我们党领导人民进行社会主义建设，有改革开放前和改革开放后两个历史时期，这是两个相互联系又有重大区别的时期，但本质上都是我们党领导人民进行社会主义建设的实践探索。——两者绝不是彼此割裂的，更不是根本对立的。不能用改革开放后的历史时期否定改革开放前的历史时期，也不能用改革开放前的历史时期否定改革开放后的历史时期。"① 在这里，大历史观强调了历史发展的连贯性，历史的发展是不可割裂的。对于一个具体的历史事件和人物的研究评价，既要尊重特定的历史背景，也要放在整个中华民族的历史发展进程中去分析。在职业本科思政课教学中，尤其是与历史密切联系的"中国近现代史纲要""毛泽东思想和中国特色社会主义理论体系概论"等课程，特别要以大历史观为指导，注重历史的连续性和贯通性。在时间的纵向维度上，将过去、当下和将来有机结合起来。例如，如何看待改革开放前三十年和后三十年之间的关系，如何理解社会主义改造与改革，如何把握中华民族"梦碎""梦醒""逐梦"的历史脉络及中华民族从站起来、富起来到强起来的历史逻辑等。

三是要将历史逻辑与理论阐释相结合。在职业本科高校六门思政课中，"中国近代史纲要"更侧重于历史的梳理，"毛泽东思想和中国特色社会主义理论体系概论""习近平新时代中国特色社会主义思想概论"则侧重于理论的阐释。在日常教学中，部分老师进入了这样的误区——或沉醉于生动形象的历史故事，或沉溺于枯燥乏味的理论阐释，这都不符合习近平大历史观思想。习近平大历史观是在宏大历史背景、事件中进行精细梳理，目的在于研究历史规律，总结

---

① 雷铭 . 大历史观及其与高校思政课教学的融合［J］. 中学政治教学参考，2022（24）：50-53.

历史经验。这个过程特别需要将历史背景、事件、资料等与理论阐释充分结合。如讲述"中国近代史纲要",教师要在讲清楚近代以来中国人民为探索救国救民真理和实现中华民族伟大复兴而不畏牺牲、艰苦奋斗历程的基础上,引导学生掌握中国近现代社会发展的内在规律,懂得"四个选择"的历史必然性和伟大正确性。

（三）创新百年党史融入思想政治理论课的教学方法和手段

一是教学方法要得当。教无定法,贵在得法。思想政治理论课作为理论性较强的课程,主要教学方法有讲授法、讨论法、直观演示法、练习法、读书指导法、任务驱动法、参观教学法、现场教学法、自主学习法等。讲授法是教师通过简明、生动的口头语言向学生传授知识、发展学生智力的方法,也是思想政治理论课中最常用的方法。很多老师误解了教学方法的使用,认为每次课都要用上所有的教学方法才合格,实则不然。2022年4月25日,习近平总书记在中国人民大学考察时指出:"思政课的本质是讲道理,要注重方式方法,把道理讲深、讲透、讲活,老师要用心教,学生要用心悟,达到沟通心灵、启智润心、激扬斗志。"这番话道出了思政课是讲道理的本质。百年党史融入思政课教学,教师要善于结合革命背景、革命事件、革命故事、革命人物等开展案例式讲授,通过生动活泼的口头语言、丰富得体的肢体语言,与学生充分交流和互动,再根据课程内容实际需要灵活结合其他教学方法,把故事讲清楚,把道理讲明白。

二是教学手段要创新。实践证明,传统的讲授教学在党史学习教育教学中发挥了重要作用。百年党史融入思政课教学是一个长期的过程,如长期采用传统的PPT多媒体资源及单一的讲授,再生动的讲述,学生也会产生审美疲劳。为了激活党史学习教育的手段方法创新,就得借助网络新媒体、新载体。在信息化、网络化、科技化时代,职业本科高校要充分重视网络环境、数字技术在党史学习教育中的作用,发挥网络媒体积极的教育引导作用,较快建设党史学习教育网络平台。习近平总书记指出:"宣传思想阵地,我们不去占领,人家就会去占领。"① 可借助校园官网、微信公众号和易班等网络平台作为重要载体开展党史学习教育。也可以充分利用人工智能、VR虚拟技术新载体使党史学习教育融入思政课教育教学。

三是教学渠道要丰富。课堂理论教学是百年党史融入思想政治理论课教学的主要渠道。同时,要结合生动实践讲好思政课。实践性是马克思主义理论区

① 中共中央宣传部. 习近平总书记系列重要讲话读本 [M]. 北京:学习出版社,2016:196.

别于其他理论的最显著特征。"纸上得来终觉浅，绝知此事要躬行。"在教学中，结合课程内容创新课内外实践形式。首先，要发挥好实践基地的重要作用，营造浓厚的育人氛围。通过党建馆、纪念馆、革命老区、旧址等红色资源、红色基地，让学生直观感受中国共产党百年奋斗的困难与辉煌，增强对党和国家的认同。其次，通过党史经典阅读分享、红色影片赏析、讲好中国故事、征文、党史知识竞赛、红色基地宣讲员等实践方式，提高学生的参与度，丰富学生的党史知识积累，并内化为精神力量。最后，可以结合重大纪念日、节庆日开展主题实践活动，在活动中找准事件的历史背景、发展脉络，把握百年党史融入思政课的切入点。

红色文化资源融入高校思想政治
理论课的对策①

江文英②

随着中国经济的快速发展，中国的国际生存空间越来越受到西方的打压，全国必须高度一致，全国上下一盘棋，更加紧密地团结在以习近平同志为核心的党中央周围。特别是在意识形态领域，西方资本主义国家利用网络对中国进行意识形态的输出、围堵和遏制，企图西化、分化中国，我国必须高度警惕西方意识形态方面的围堵、进攻，加强意识形态方面的管辖与教育。

青年大学生正处于人生精力最旺盛、求知欲最强的时期，而他们的思想正处在"拔节孕穗"期，青年才是社会主义发展的未来力量和核心动力，因此要重视青年大学生的思想政治教育，实现立德树人目标。新时代青年要坚定对马克思主义的信仰、对中国特色社会主义的信念、对中华民族伟大复兴中国梦的信心，用马克思主义思想武装自己，坚定走中国特色社会主义道路，为实现中华民族伟大复兴梦贡献自己的青青与力量。

高校的思想政治理论课又是对青年大学生进行思想政治教育的关键课程，如何提高高校思想政治理论课对青年学生的吸引力和感染力，需要广大思政教师不断地在教学内容、教学方式、教学手段上创新，提高思想政治理论课对青年大学生的影响，强化意识形态领域工作，筑牢思想政治工作根基。将党史教育融入高校思想政治理论课，可以让高校思想政治理论课更具感召力。习近平总书记强调："要用好学校思政课这个渠道，推动党的历史更好进教材、进课堂、进头脑，发挥好党史立德树人的重要作用。要用好红色资源，加强革命传统教育、爱国主义教育、青少年思想道德教育，引导全社会更好知史爱党、知

① 基金项目：韶关学院第二十二批教育教学改革研究项目"结合新媒体平台，高校把党史教育融入思想政治理论课程教学改革研究"（立项号：SYJY20211128）；2021 年韶关学院党建课题"新媒体时代高校开展党史学习教育创新途径研究"（立项号 SZ2021DJ02）。

② 作者简介：江文英，韶关学院马克思主义学院专任教师，讲师。

史爱国。"① 因此，要高度重视将党史教育融入高校思想政治理论课。

一、党史融入高校思想政治理论课的重要性

党史即中国共产党党史，是中国共产党历史的简称，是中国共产党的百年奋斗史，是经历了新民主主义革命、社会主义革命与建设、改革开放、社会主义现代化建设、新时代中国特色社会主义的几个时期的历史。红色文化是在革命战争年代，由中国共产党人、先进分子和人民群众共同创造并极具中国特色的先进文化，蕴含着丰富的革命精神和厚重的历史文化内涵。红色文化也是革命文化，红色文化是中国共产党百年奋斗史的重要组成部分，学习党史要抓红色文化，把红色文化作为党史学习教育的重要载体，融入党史学习教育中。因此，党史本身具有思政育人的教育功能，与高校的思想政治理论课立德树人的目标高度切合，把党史融入高校思想政治理论是非常必要的，具有重要的意义。

第一，党史进高校思想政治理论课，有利于使严肃的理论有感人的史学支撑。特别是"马克思主义基本原理"与"毛泽东思想与中国特色社会主义理论体系概论"（以下称"概论"）两门思政课，都是非常抽象、严肃、枯燥难懂的，而党史就是中国共产党人把马克思主义基本原理与中国革命、建设实践相结合，创建的中国革命史、改革开放史、社会主义发展史。枯燥的理论，通过增添党史案例，能使理论通俗易懂，有利于从抽象到具体，从理论到实践，让理论变得更有趣，有事实依据，更具说服力，也有利于打破理论与实践两张皮，让理论变得有血有肉，而不至于那么骨感，易于为青年学生所接受。

第二，党史具有丰富的营养成分，能为青年大学生注入精神动力。百年党史本身就是一部可歌可泣、自强不息、越挫越勇的奋斗史，历久弥新。党史呈现出的红色革命文化、一系列的精神谱系，如井冈山精神、长征精神、延安精神、抗战精神、西柏坡精神……激励着一代又一代的革命人士英勇奋战，前仆后继，不怕牺牲，为国捐躯，中华民族迎来了独立，建立了中华人民共和国，并实现了从站起来、富起来到强起来的转变，正朝着实现第二个百年奋斗目标奋进。可见，精神的力量不可挡，中国共产党的精神谱系代代相传。把党的精神谱系融入高校思想政治理论课，可以让红色文化、党的精神谱系继续普照大地，让青年学生得到精神的滋养，得到前进的精神动力。

第三，党史融入高校思想政治理论课，有利于青年大学生坚定文化自信。文化是一个国家、一个民族的灵魂。文化兴则国运兴，文化强则民族强。没有

---

① 习近平. 习近平谈治国理政：第四卷［M］. 北京：外文出版社，2022：33.

高度的文化自信，没有文化的繁荣兴盛，就没有中华民族的伟大复兴。国无文化不强，革命文化是中国特色社会主义文化的重要组成部分，是中国特色社会主义文化自信的重要源头。建设社会主义文化强国离不开革命文化的精神支撑。打造文化自信，让我国的青年大学生在党史学习教育中，获得信仰之基、精神之力、力量之源，树立马克思主义信仰，坚定共产主义理想信念。另外，随着新媒体的快速发展，我国面临着西方腐朽文化的全面侵蚀。网络意识形态战争是一场无硝烟的战争，我们需要以本土文化作为强有力的后盾，不但需要优秀的传统文化，也需要革命文化武装青年大学生的头脑，来抵御外来文化的侵袭，增强文化自信。因此，需要广大高校思政工作者把党史传播下去，让我们的青年大学生树立文化自信，自觉抵挡西方腐朽文化的侵蚀，提高觉悟性与判断力。

二、韶关拥有丰富的红色文化资源

韶关自古以来就是一个兵家必争之地，易守难攻，与江西、湖南相接，是一个革命老区，拥有丰富的红色文化资源，这是韶关在爱国主义教育方面得天独厚的资源。1932年5月，在韶关南雄进行了一场被载入了辉煌的《中国工农红军史战略》的南雄水口战役；红军长征途经韶关21天，其间经历了血战铜鼓岭、奇袭城口两次战争，留下很多红军英勇善战的革命事迹，以及红军与老百姓结成鱼水之情的故事；抗日战争时期，广州沦陷后，中共广东省委、八路军驻穗办事处迁到韶关，广州的大、中学也迁入韶关、翁源等粤北地区。韶关成了广东省的临时省会城市，成为全省政治、军事、经济、文化的中心，很多文人墨客、先进刊物也落户韶关，因此留下了非常丰富的红色文化资源。以张文彬、廖承志、李大林等为代表的中国共产党人领导粤北人民谱写了光辉的历史篇章。韶关人民为革命的胜利作出了非常重要的贡献，在革命烽火年代，写下了辉煌的篇章。这为韶关留下了一处处光辉的红色足迹、一个个红色故事，汇聚成红色文化资源，如韶关市五里亭中共粤北省委旧址、仁化城口的红军长征粤北纪念馆、水口战役遗址、南雄市瑶坑村中共广东省委旧址、梅岭梅关、龙王潭、红七军革命烈士纪念园、始兴县沈所红围中共广东省委旧址、犁市当铺，粤北华南教育历史研学基地等，优质的红色文化资源可以成为我们进行党史学习教育的优质素材，走进高校思想政治理论课课堂，走进教室，走入青年大学生的头脑。

三、把党史融入高校思想政治理论课的探索

随着党史学习教育活动的深入开展，高校思想政治理论课堂也在不断进行改革，内容也在不断进行更新，党史将成为高校思想政治理论课堂最亮丽的风景。思政课教师需要不断深入学习，把党史故事、党史人物、党史文化、党史精神融入思政课堂，让党史知识深入青年大学生的头脑中。党史融入高校思想政治理论课，更有利于向青年大学生讲述马克思主义为什么"行"、中国特色社会主义为什么"好"、中国共产党为什么"能"，将党史学习教育内容有机融入高校思想政治理论课，能进一步增强思政课教学效果。党史内容丰富，形式多样，思政课教师可以各施各法，让党史成为一束光，照亮青年大学生的思想。以"概论"课为例，坐标韶关，笔者在党史学习教育融入高校思想政治课方面做了一些有益探索。

第一，"概论"是一门理论性非常强的课程，充分反映了党的理论创新与实践发展的最新成果。如果单纯讲理论，显得有点苍白无力，学生也很容易思想涣散，难以聚焦学习。因此，结合课程的内容，我们可以选择一些党史素材，特别是将当地的红色文化资源作为案例，分享给学生，让青年大学生更容易理解"概论"课的理论背景与实践效果。如讲毛泽东思想，就有非常多的党史资料作为参考。韶关的高校可以结合韶关的红色文化资源，介绍南雄水口战役、铜鼓岭阻击战、红军长征经过韶关 21 天与韶关当地老百姓结下的鱼水之情。因此，在讲述理论的同时，将党史案例融入教学，可以让学生更明白当时社会的现实及理论产生的背景，可以让学生更容易了解理论产生的根源。再如，讲邓小平同志改革开放理论的形成时，可以向学生介绍当时一河之隔的深圳与香港，因为收入差异非常大而出现的很多老百姓偷渡香港，引起党中央高度关注，党中央以问题为切入点、以问题为导向，解决老百姓的切身问题，让学生明白改革开放理论产生的原因、背景。在此还可以联系改革开放前韶关的经济实力：其在广州之后，是广东第二大经济城市。也让学生了解改革前韶关老百姓的生活状态，更懂得韶关在历史上为广东的革命、发展起到的重要作用。总而言之，在讲述理论时，增加党史案例、红色文化资源等，可以让青年大学生从党史中汲取智慧和力量，可以帮助他们树立正确的历史观，杜绝历史虚无主义。

第二，为了增添思政课程的趣味性，还可以在"概论"课堂中为学生播放党史视频，包括节选一些电影、电视剧、红歌等。"概论"课包括毛泽东思想、邓小平理论、"三个代表"重要思想、科学发展观、习近平新时代中国特色社会主义思想，是领导中国人民从站起来到富起来再到现在强起来的伟大理论，是贯穿中国共产党诞生百年以来的伟大理论，是马克思主义中国化的理论成果。我国现在已经拍摄了非常多的党史题材电影、电视剧，也有很多的红歌以及文学作品、美术作品，这些都可以在讲述相关理论的时候，节选播放给学生，让学生感受伟大的理论产生伟大的实践。如给学生介绍相关书籍：《走近毛泽东》《红船》《井冈星火》《百年小平》《邓小平南方谈话》，为学生插播红色革命歌曲，如《没有共产党就没有新中国》《红军不怕远征难》《洪湖水浪打浪》等，不胜枚举。为了更贴近地方特色，还可以挖掘当地的红色文化资源视频，如在韶关，可以选择反映朱德、陈毅在率领南昌起义部队驻扎在韶关犁铺头的犁市当铺——南昌起义部队韶关革命活动旧址，让学生更好地把握党史，防止党史虚无主义的出现。

第三，带领学生走出教室、走向红色景点，把高校思想政治课堂从传统的教室搬到红色景点，让学生从抽象的理论走向丰满的现实。每个城市都有不少红色景点或爱国主义教育基地，思政课教师可以带领青年大学生进行社会实践活动，参观考察红色景点或爱国主义教育基地，如博物馆、党史馆、校史馆等反映不同主题的红色景点。如在红色资源非常丰富的韶关，教师可以带领学生参观中共粤北省委旧址、中共广东省委、中共粤北省委机关旧址、红军长征粤北纪念馆、水口战役遗址等红色教育基地，让学生走进党史、穿越时空，回味当年老一辈革命家用鲜血换来如今和平生活的艰辛，让青年大学生更懂得中国今天的和平、稳定来之不易，要珍惜来之不易的生活，并化作一股动力，在百年未有之大变局中，居安思危，为实现中华民族伟大复兴的中国梦而努力学习、自强不息，为建设强国之路武装好自己。

第四，改变教学方式方法、教学手段，从传统的教学模式走向主体性教学，让学生以小组为单位分工合作，定主题、自行寻找党史材料、制作PPT，让他们走向讲台，每组同学派代表为全班同学讲一小节党课，他们会选择各种不同的素材，从不同的角度来反映中国共产党革命、改革开放、社会主义建设中的重要事件，来作为该课的实践拓展。可以让学生改变单纯听课的模式，变被动为主动，让他们自行查找、阅读党史资料，从纷繁复杂的党史材料中去寻找珍宝，并与同学们一起分享、探讨。在这个过程中，也可以培养学生对党史的兴趣，让学生感受党史的魅力，从而在平时的阅读中自觉选择党史方面的文章，提高学习党史的自觉性与主动性。在"概论"课中，教师还可以运用对分课堂①，在课堂上通过网络平台，向学生分享党史材料，让学生自行阅读，分小组讨论，由一位同学代表本组同学上台分享本组讨论的观点、心得、收获等，让青年大学生在讨论的过程中，激起思想的火花，提高分析问题、处理问题的能

---

① 对分课堂是一种课堂教学改革新模式，其特点是把一半课堂时间分配给教师进行讲授，另一半时间分配给学生，并以讨论的方式进行交互式学习。

力，提高思辨能力。

　　第五，在未来的教学中，教师还可以利用多媒体，以"元宇宙"为抓手，让党史学习教育融入高校思想政治理论课。党史融入高校思想政治理论课，还必须要与时俱进，结合青年大学生的特点、学习方式、阅读模式，综合运用 VR（虚拟现实）、AR（增强现实）等技术手段，让学生穿越时空，通过沉浸式体验虚拟历史场景，用听觉、视觉、触觉等感官来感受，让青年大学生产生强烈的参与感、代入感、现实感，实现从"旁观者"到"参与者"的身份转变，从虚拟的场景中切身感受更加鲜活、真实的党史场景，让他们仿佛置身于历史与现实的交互点上，用虚拟的场景帮助青年大学生充分了解党的百年奋斗历程的艰苦卓绝，提升他们对党的认同，做到知史爱党、知史爱国，让他们更好地传承党的革命精神和优良传统。

新时代大学生红色基因传承的现状及对策①

陈文林②

红色基因是中国共产党在从建党至今百年来艰苦奋斗、追求卓越、为人民谋福祉、为国家谋富强的艰辛探索中凝结而成的精神品格和价值追求，是中国共产党人永葆本色的生命密码和遗传因子。党的十八大以来，习近平总书记从国家和民族的战略高度多次强调要用好红色资源、传承好红色基因、让红色基因融入血脉，这为红色基因传承研究指明了方向、提供了重要遵循。对新时代大学生而言，如何把红色基因传承好，不仅关乎青年的成长与成才，也是高校思想政治教育工作的一项重要内容，对推进红色基因传承工作具有一定的借鉴和参考意义。

一、新时代大学生传承红色基因的重大意义

根植于中国共产党人红色血脉的红色基因，是贯穿于中国共产党百年奋斗历史中的一条鲜明的红色主线，成为中国共产党不断取得成功的精神密钥。开展大学生红色基因传承的调查与研究，具有重要的理论价值和鲜明的实践意义。

（一）有助于充实红色基因传承理论

通过对大学生传承红色基因的现状调查，可以让大学生深刻认识红色基因的"红"究竟红在哪，强大内核是什么，背后到底蕴含着怎样的精神密码。这不仅有助于大学生厘清红色基因的基本内涵和核心要义，还能拓展红色基因的丰富蕴涵，助力全面理解把握红色基因。对大学生传承红色基因的形式、方法、

---

① 基金项目：2022 年度教育部人文社会科学研究项目"伟大建党精神融入高校思政课教学的实现路径研究"（立项号：22JJDSZK076）、2021 年度韶关学院人文社会科学研究项目"新时代大学生红色基因传承研究"（立项号：SY2021SK04）。

② 作者简介：陈文林，韶关学院马克思主义学院讲师，华南师范大学博士在读。

影响因素等问题开展调查研究，不仅能助力深化红色基因传承对象研究，也有助于探究红色基因传承的形式、方法及路径，为充实红色基因传承理论提供重要的借鉴和参考。

（二）助力提升大学生对红色基因的认同

红色基因不仅是中国共产党人不断前进的精神支柱，也是鼓舞新时代大学生奋力向前的强大精神动力。在新时代背景下，大学生准确理解红色基因的基本内涵，有助于深化对红色基因的认知，深刻把握红色基因的核心要义和精神实质，提升大学生对红色基因的认同度，助推大学生树立正确的党史观和历史观，增强文化自信和历史自觉，夯实思想防线，自觉抵制各种错误思潮。对红色基因丰富内涵的全面把握，有助于大学生坚定理想信念，更好地树立共产主义远大理想，坚定中国特色社会主义信念，延续红色血脉，让红色基因在薪火相传中绽放时代光芒。

（三）助推红色基因传承工作

新时代大学生是党和国家未来发展的重要力量，也是中国特色社会主义事业的接班人和生力军，肩负着实现中华民族伟大复兴的时代使命。红色基因的深刻意蕴，能让大学生深刻领悟红色基因强大的精神力量，磨砺坚强意志。红色基因的时代内涵，可以让大学生在红色基因传承中汲取更多养分，在知行合一中践行使命担当，始终做到感党恩、听党话、跟党走。立足时代，不断从形式、载体、内容、方法、途径等方面探究新时代大学生如何传承好红色基因，可以为红色基因传承探索出一条有效通道，在落细、落小、落实中推进红色基因的传承工作，让红色基因绵延不绝，永不褪色。

二、粤北高校大学生红色基因传承的现状调查及分析

本次调查涉及粤北 3 所高校，涵盖人文、艺术、理工、医学等不同专业和大一至大四不同学段的学生，覆盖面广，具有较好的代表性，性别、专业、年级等比例也恰当合理。调查历时七个月，采取了随机抽样法、问卷调查法和个别访谈法，回收有效问卷 1 260 份和访谈记录 1 190 份，具有较高的可信度与有效度。综合分析调查数据和访谈记录，有助于我们全面了解粤北大学生红色基因传承的现状。

（一）红色基因的认知状况及分析

认识是实践的导向。大学生对红色基因的认知程度，直接影响了大学生对红色基因的情感态度，进而会牵连到大学生对红色基因传承的认识和行为。为

此，我们必须首先弄清当前大学生对红色基因的认知状况。

1. 对红色基因的总体认知

在"红色基因的自我认知程度"（见表1）的调查中，16.19%的大学生认为"非常高"，认为"比较高"的则高达64.05%，二者占比高达80.24%，充分表明大学生对红色基因的总体认同度非常高。这从"对中国共产党人的精神谱系的熟悉程度""是否熟悉国家推出的百条红色旅游精品线路"的问卷调查也得到了印证。调查显示，有16.19%的大学生认为对中国共产党人的精神谱系的熟悉程度"非常高"，55.87%的认为"比较高"，二者占比达到了72.06%。这充分表明大学生对红色基因的认同度较高，多数大学生对红色基因有较好的了解。

表1　红色基因的自我认知程度

选　项	人　数	占　比
非常高	204	16.19%
比较高	807	64.05%
比较低	238	18.89%
非常低	11	0.87%
本题有效填写人次		1 260

2. 红色基因认知偏差的原因分析

据调查，大学生对红色基因的自我认知程度调查中认为"比较低""非常低"的占比接近二成（见表1），而在"对中国共产党人的精神谱系的熟悉程度"调查中"比较低""非常低"的占比则高达25%。由此可见，大学生对红色基因还存在一定的认知偏差，需要我们予以重视。在"红色基因理解程度低的看法"（见表2）的调查中，认为是"媒体平台宣传不足"的比例是46.59%，认为是"家庭教育缺乏"占比将近一半，而超过六成则认为"与自己所学专业无关"。由此可见，媒体宣传、家庭教育、学校教育等在一定程度上影响了大学生对红色基因的认知，这与"红色基因理解程度高的看法"的调查数据高度吻合。另外，据调查发现，红色基因认同的影响因素之间的协同配合，也成为大学生红色基因传承的一个重要影响因素。

表2　红色基因理解程度低的看法

选　项	人　数	占　比
与自己所学专业无关	154	61.85%
学校教育不够	77	30.92%

选　项	人　数	占　比
媒体平台单调乏味	116	46.59%
政府机构重视不足	59	23.69%
家庭教育缺乏	123	49.4%
本题有效填写人次		249

(二) 红色基因传承的认识评价及分析

综上分析，我们既了解了大学生对红色基因的认知状况，也认识到大学生对红色基因认同的影响因素。在思想认识上，红色基因认同会直接影响到大学生对红色基因传承的态度、参与传承活动的积极性以及传承效果。

1. 对红色基因传承的必要性和意义的认识与评价

在"对红色基因传承的看法"（见表3）的调查中，64.92%的大学生认为"非常有必要，意义重大"，33.33%的大学生认为"有必要，意义较大"，二者占比高达98.25%。由此可见，绝大多数大学生对红色基因传承持肯定态度，这在"红色基因传承的意义的认识"的调查中认为有助于"坚定理想信念"高达九成的占比也得到了印证。这充分表明大学生对红色基因传承的必要性和意义有了明确的认识，为推进红色基因传承工作奠定了良好基础。

表3　对红色基因传承的看法

选　项	人　数	占　比
非常有必要，意义重大	818	64.92%
有必要，意义较大	420	33.33%
没必要，意义不大	15	1.19%
完全没必要，无任何意义	7	0.56%
本题有效填写人次		1 260

2. 对红色基因传承活动的认识与评价

调查显示，在"对红色基因传承活动的看法"（见表4）的调查中，认为"参加革命纪念活动，接受仪式教育"的占比最高，为71.35%；认为"举办红色专题讲座"的占比为69.52%；还有66.19%的则认为是"参观革命遗址，撰写心得体会"；而认为"参与志愿服务活动"的占比虽然最低，但也将近5成。由此可见，当下大学生传承红色基因的方式多样，活动也日益丰富多彩，也体现了大学生对传承红色基因的期待与要求。在大学生青睐的传承活动的访谈中，占比最高的是"观看红色影视作品"，占比为79.44%，而"唱红歌""阅读红色书籍，开展读书分享会"的占比分别为53.89%、56.75%。由此可见，大学生对红色基因传承活动的参与不足，活动方式上则倾向于自由环境和学习与趣味相结合。

表4　对红色基因传承活动的看法

选　项	人　数	占　比
开设专门课程，系统学习理论	781	61.98%
举办红色专题讲座	876	69.52%
参观革命遗址，撰写心得体会	834	66.19%
参加革命纪念活动，接受仪式教育	899	71.35%
参与志愿服务活动	614	48.73%
参加红色营地体验活动	801	63.57%
参加红色研学活动	718	56.98%
本题有效填写人次	1 260	

3. 红色基因传承的效果评价及分析

调查显示，在"红色基因传承总体状况评价"（见表5）的调查中，认为"非常好"的占27.46%，高达51.35%的学生认为"比较好"，二者占比近八成。由此可见，目前大学生传承红色基因的效果总体上还不错，得到了多数大学生的认可。但调查发现，还有21.19%的大学生认为当前红色基因传承的效果不好，这需要我们探究其原因。据调查，在"红色基因传承的影响因素的认识"（见表6）的调查中，大学生认为"社会思潮多元化"的高达73.1%，有62.7%的学生认为是"宣传不足，协同不够"，而占比最低的则认为是"配套政策措施缺乏"，为34.76%。从这些数据来看，我们既要看清大学生传承红色基因存在效果不佳的事实，更要认识到红色基因传承的影响因素。

表5　红色基因传承总体状况评价

选　项	人　数	占　比
非常好	346	27.46%
比较好	647	51.35%
比较差	255	20.24%
非常差	12	0.95%
本题有效填写人次	1 260	

表6 红色基因传承的影响因素的认识

选　项	人　数	占　比
社会思潮多元化	921	73.1%
宣传不足，协同不够	790	62.7%
缺乏系统性学习教育	531	42.14%
家庭教育缺失	537	42.62%
配套政策措施缺乏	438	34.76%
本题有效填写人次		1 260

三、推进新时代大学生红色基因传承的对策与思考

大学生红色基因传承虽然取得了积极成效，但现实中也存在红色基因认知偏差、传承活动参与不足、传承效果欠佳等问题。为此，积极营造红色基因传承的良好氛围、丰富传承教育和强化协同联动，是推进新时代大学生传承好红色基因的现实路径和有力举措。

（一）深化认识，积极营造红色基因传承的良好氛围

邓小平曾强调，"没有革命精神就没有革命行动"①。认识是行动的前提和导向。在思想认识上，红色基因认同是开展红色基因传承的重要前提和基础。为此，需要加大宣传力度，进一步深化新时代大学生对红色基因的全面把握，在积极营造红色基因传承的良好氛围中实现隐性熏陶和赓续传承。

1. 积极营造风清气正的社会环境

好的社会氛围会推动红色基因的传承，让红色基因传承事半功倍。要在努力提高政治站位的基础上，唱响主旋律，弘扬正能量，坚决抵制历史虚无主义，警惕和防范"低级红""高级黑"，依法依规严厉打击诋毁、贬损、侮辱英雄烈士的违法犯罪行为，培育和践行社会主义核心价值观，让崇尚英雄、学习英雄、争做英雄成为社会的普遍共识，高效有效打造红色基因宣传深入街头巷尾、小区院落和田间地头，把红色基因传承教育有机融入日常学习工作和生活，让红色基因在良好社会氛围的隐性熏陶中沁人心脾、融入血液。

2. 用心打造丰富多彩的校园红色文化

可以设立红色社团组织，广泛开展以红色基因为主题的征文、朗诵、演讲、辩论、唱红歌、读书会、情景剧、主题党团日等活动，评选红色文化知识达人，

---

① 邓小平. 邓小平文选：第二卷 [M]. 北京：人民出版社，1994：146.

树立先进典型，发挥优秀学生干部的模范带头作用，不断提高学生的积极性和主动性。在校园日常学习生活中，要为学生提供接触红色文化资源的便利条件，可在课室、走廊、楼宇等处布置红色海报、红色文化墙、红色标语，在图书馆开辟红色文献资料展览室和陈列室，在校园网络上推送红色影视和文艺作品，潜移默化地不断深化大学生对红色基因的认识，使新时代大学生自觉"向英雄学习、向前辈学习、向榜样学习"①，努力成为红色基因的传播者和传承人。

（二）丰富传承教育，夯实红色基因传承的重要根基

红色基因传承教育是提升大学生红色基因认同的主渠道，是推进大学生红色基因传承的有力举措。要推进形成学校教育、家庭教育和实践养成的"三位一体"红色基因传承教育体系，促进家庭、学校与社会联动，夯实红色基因传承教育的根基。

1. 夯实学校红色基因传承教育的主阵地

学校课堂教学，是对大学生开展红色基因传承教育的主阵地。在师资力量上，要加快红色基因传承教育专业队伍建设，不断提升教师的红色文化理论水平和思想道德素养，这是开展好红色基因传承教育的重要保障。在课程设置上，要科学制定红色基因传承教育的课程教学大纲和教学计划，开设红色基因必修课程和红色文化选修课程，丰富教学内容和形式，不断提升红色基因传承教育的吸引力，有针对性地帮助大学生学习、领会红色基因传承理论，让大学生全方位了解红色文化，全面准确地把握红色基因内涵，不断培养和壮大红色基因传承队伍。

2. 优化涵养红色基因的家庭教育

"家庭是人生的第一个课堂，父母是孩子的第一任老师。"② 良好的家教和家风对个人成长有着举足轻重的影响，对大学生树立正确的世界观、人生观、价值观发挥着不可或缺的作用。优化家庭成长环境，通过广泛深入宣传，努力提升父母对红色基因的认知与理解，深刻认识到家庭对大学生红色基因传承的重要性。积极倡导父母在家庭教育中讲好红色基因中的英雄人物及其高贵品格和传奇故事，帮助大学生坚定理想信念，教育引导大学生志存高远、明德笃行。在进行家庭红色基因教育的同时，父母要身体力行地弘扬优良革命传统，努力营造崇尚英雄、致敬英雄、学习英雄的良好家风和家庭环境，让大学生在父母

---

① 习近平. 坚持党的领导　传承红色基因　扎根中国大地 走出一条建设中国特色世界一流大学新路［N］. 人民日报，2022-04-26（01）.
② 习近平. 习近平谈治国理政：第二卷［M］. 北京：外文出版社，2017：354.

的言传身教中得到熏陶，努力提升大学生对红色基因的涵养和觉悟。

3. 加大红色基因的践行力度

"全部社会生活在本质上是实践的。"① 红色基因传承不仅要内化于心，更要外化于行，让大学生在形式多样的实践活动中深刻领会红色基因的丰富内涵，感悟红色基因强大的精神力量。基于相关课程的实践学分，明确要求大学生必须按期完成一定时长的公益性志愿服务活动，如无偿献血、义务劳动、学雷锋等活动。举办丰富多彩的社会实践活动，如暑期"三下乡"社会实践、敬老院奉献爱心、红色文创产品研发、红色旅游路线探险等。特别是开展革命英雄及其家属和优秀党员的探望或访谈活动，直接聆听和感受红色基因的独特魅力，使红色基因传承教育在实践笃行中实现知行合一。

（三）强化协同联动，构筑粤北红色基因传承的有力保障

红色基因传承工作是一项系统性工程，牵涉不同机构和部门，需要在各司其职、各尽其责中强化协同，凝聚强大合力。新时代大学生传承红色基因，涉及学校和思政课教学部门，也关联家庭和政府职能部门，需要在强化协同联动中构筑起大学生传承红色基因的有力保障。

1. 强化学校党组织的坚强领导

设立学校党委领导下的各级党组织领导机构，强化红色基因传承的坚强领导。统筹学校人事、财务、宣传、教务、学生处、团委以及各院系间的相互协作，制定大学生传承红色基因涉及的人才引进、监督考核、培训教育等具体制度和配套政策。加大物力、人力、财力等各种投入，建立健全政策扶持、财政拨款、监督考核等工作体制机制，为新时代大学生传承红色基因提供坚强保障，确保红色基因传承工作顺利开展，让红色基因传承规范化、常态化。

2. 充分发挥思政课教学部门的主力作用

"思想政治理论课是落实立德树人根本任务的关键课程"②。思政课教学部门肩负思想政治理论课的重任，是对大学生开展红色基因传承教育教学的主力。需要不断丰富思政课的教学内容和形式，改进思政课教学方法，将红色基因有机融入思政课教学的全过程，大力提升思政课的教学实效，充分发挥思政课立德树人的功能和作用。要对接指导其他院系开展课程思政，在专业课程教学中渗透开展粤北红色基因教育。要以党建带团建，开展党团共建活动，帮助学生组建红色社团，指导学生开展红色基因主题的"青年大学习""红色故事分享

---

① 马克思，恩格斯. 马克思恩格斯文集：第一卷 [M]. 北京：人民出版社，2009：501.
② 习近平. 习近平谈治国理政：第三卷 [M]. 北京：外文出版社，2020：329.

会""红色经典读书会"等活动。

3. 强化政府职能部门的协同联动

红色基因的传承教育抑或红色基因库的充实，都需要丰富的资源供给，这牵涉到文体旅广等诸多政府职能机构。文化部门要不断创作出优秀的高品位影视文艺作品，充实丰富博物馆、纪念馆和图书馆的红色文献和文物资料。文化和旅游部门要深挖地方红色文化资源，不断拓展红色旅游景点，丰富红色旅游景点的内涵。宣传部门要充分运用"互联网+"和全媒体新技术、新机制、新模式，"积极推进媒体融合纵深发展，增强传播力、扩大影响力、提升引导力"①，实现红色基因宣传教育多领域、全天候、全方位。各个职能部门在立足本职工作的基础上，要不断强化协同配合，形成多方联动的红色教育资源共享机制，凝聚红色基因传承的合力。

---

① 陈文林. 新时代红色精神传承教育［N］. 中国社会科学报，2020-03-10（08）.

党的十八大以来红色文化融入高校
思政课研究述评

杨少辉①

红色文化是中国共产党带领中国人民在革命、建设、改革过程中形成的极具中国特色的先进文化，具有丰富的革命精神和厚重的文化内涵。红色文化是中华文化独特鲜明的标识，是一种重要的育人资源。党的十八大以来，习近平总书记在不同场合多次强调"要用心用情用力保护好、管理好、运用好红色资源"，"增强表现力、传播力、影响力，生动传播红色文化"。近年来，越来越多的专家学者聚焦红色文化融入高校思想政治理论课研究，并取得了丰硕的研究成果。

一、红色文化融入高校思想政治理论课研究的特点

（一）聚焦地方红色文化融入高校思政课研究

近年来，越来越多的学者以地方红色文化融入高校思想政治理论课为视角进行研究，部分学者立足本土红色文化，对本土红色文化的特点、融入的必要性和重要性、融入的路径等问题进行了阐释和论述。例如，黄斐认为，广西红色文化内容丰富，故事性较强，如果能将广西红色文化与高校思想政治理论课程的内容进行有机衔接，无疑会使当前思想政治理论课教学走出困境，但并不是所有的广西红色文化内容都适合课堂讲授，因此，探索合适的方式方法、合适的融入侧重点、合适的融入路径就显得十分重要。② 谢伦晞认为，广州的红色文化是对当地大学生进行思政教育的活化石。通过开展广州红色文化教育，可以培养学生的思想品德、道德情操和社会责任感，帮助高校思政课体现其价值，

---

① 作者简介：杨少辉，广东东软学院马克思主义学院专任教师，硕士，助教。
② 黄斐. 广西红色文化融入高校思想政治理论课的路径研究 [J]. 现代交际，2020（9）：15-16.

在很大程度上提升传统高校思政课的教学效果。① 陈春丽在文章中对内蒙古的红色文化资源进行了概述，并指出了其特点。她认为，内蒙古自治区具有丰富的红色文化资源，将这些红色文化资源融入高校思想政治理论课教学中，对于引导大学生树立高尚的理想信念、传承艰苦奋斗的革命精神、铸牢中华民族共同体意识、丰富思想政治理论课教学形式和资源具有重要意义②。

（二）聚焦红色文化融入高校思政课路径选择研究

当前，有不少学者把红色文化融入高校思政课的路径研究作为研究的切入点。学者们根据红色文化融入高校思想政治理论课所面临的困境，提出了相应的对策。例如：付金辉认为，将红色文化融入高校思政课，可以采用以下具体路径。①做好学情分析，掌握学生认知情况；②加强教材分析，找准红色文化切入点；③创新教学方法，提高红色文化融入实效。③ 王妮、张艳认为，红色文化融入高校思想政治理论课教学是一项系统工程，这种融入建立在对红色文化挖掘整理的基础上，实现于课堂教学，增强于实践活动，需要从内容、方式、平台等方面进行综合架构。①系统整合思想政治理论课教学内容，有机融入红色文化的精髓；②常态化开展实践活动，实现思想政治理论课教学目标与红色文化传承的同向同行；③发挥学生主体性作用，促进红色文化传承主体力量的发挥。④

（三）聚焦红色文化融入高校思政课价值思考研究

红色文化融入高校思政课的价值思考也是学者关注的一个热点问题。例如：何沙沙、胡建认为，红色文化是高校思想政治教育强有力的组成部分，但仍有许多高校并未充分利用红色文化这一宝贵资源，其制约因素主要有：①教育主体意识的缺乏；②教育客体自身因素的限制；③教育环体的制约；④红色文化本身影响力弱小。⑤ 安邦、王会民认为，如何将红色文化有效地融进高校思想政

---

① 谢伦晞. 广州红色文化资源融入高校思想政治理论课教学的路径研究［J］. 甘肃教育研究，2022（3）：65-67.

② 陈春丽. 内蒙古红色文化融入高校思想政治理论课教学路径研究［J］. 内蒙古财经大学学报，2021，19（6）：60-62.

③ 付金辉. 红色文化融入高校思想政治理论课的路径探析［J］. 郑州轻工业大学学报（社会科学版），2022，23（3）：90-95，108.

④ 王妮，张艳. 红色文化融入高校思想政治理论课的逻辑理路与实践路径［J］. 兰州文理学院学报（社会科学版），2020，36（3）：30-34.

⑤ 何沙沙，胡建. 红色文化融入高校思想政治理论课的思考［J］. 西南科技大学学报（哲学社会科学版），2015，32（4）：95-98.

治理论课，发挥其育人功能，需要厘清并把握红色文化在价值、问题和实践上的"三重逻辑"。第一，价值逻辑，深度挖掘红色文化的资政育人功能，展现融入价值；第二，问题逻辑，厘清红色文化融入高校思政课的现实境况，体现融入必要；第三，实践逻辑，创新红色文化融入高校思政课的路径，提高融入实效。[1]

(四) 聚焦红色文化融入某门思政课程研究

红色文化融入某门思政课研究更具有针对性，缘于此，有不少学者根据"毛泽东思想和中国特色社会主义理论体系概论""马克思主义基本原理"等课程的不同特点来阐述红色文化融入高校思想政治理论课问题。例如：陈俊认为，课堂教学是开展"概论"课教学改革的主要阵地，可以通过多种途径将红色文化内容有效融入课堂教学，从而更好地促进学生对思政课的学习。具体而言，可以实施以下几种教学方法：第一，案例访谈式教学法；第二，讨论式教学法；第三，视频式教学法。[2] 朱清华认为，红色文化资源融入"基础课"教学具有重要的针对性意义；①红色文化资源的独特育人功能能够凸显"基础"课的教学目标；②红色文化资源的内在精神品质能够丰富"基础"课的教学内容；③红色文化资源的不同表现形式能够丰富"基础"课的教学方式。[3]

(五) 聚焦某个学校红色文化融入思政课研究

有部分学者以自己所在的学校为样本进行该方面的研究。例如：彭雪莲认为，贵州工程应用技术学院校园也是毕节红色文化的展示园，校园里林青烈士、周素园先生的塑像是很好的现场教学场地，在教学过程中，走出教室，把课堂搬到塑像旁，以故事讲述、诗歌朗诵等方式进行教学，同时在课程设计中加入校史陈列馆部分，在现场教学过程中让学生亲自担任讲解员，在此基础上拓展实践教学场地[4]。张智、王芝华在文章中指出，湘南学院在思想政治理论课教学改革中有效运用本土红色文化资源，不断拓展思想政治理论课教学载体，积极探索课程改革新路。一是有效运用实践教学载体；二是积极探索网络教学载体；

① 安邦，王会民. 红色文化融入高校思想政治理论课的"三重逻辑"[J]. 安阳工学院学报，2020，19 (3)：94-96.
② 陈俊. 红色文化融入"毛泽东思想和中国特色社会主义理论体系概论"课程教学的路径探索 [J]. 黑龙江教育 (高教研究与评估)，2021 (11)：1-2.
③ 朱清华. 红色文化资源融入高校思想政治理论课的若干思考：以思想道德修养与法律基础课为例 [J]. 河南教育学院学报 (哲学社会科学版)，2020，39 (2)：113-118.
④ 彭雪莲. 地方红色文化在高校思想政治理论课堂中的运用研究：以贵州工程应用技术学院为例 [J]. 贵州工程应用技术学院学报，2020，38 (1)：141-146.

三是积极探索专题研究载体。① 余维详在文章中指出，黄冈师范学院地处大别山革命老区，有着十分丰富的红色文化资源，为此，要紧紧抓住大别山红色文化资源这个思想政治教育的富矿做文章，根据大别山红色文化资源的特征设计实践教学活动，经过长期的探索实践，逐渐形成了思想政治理论课实践教学的基本思路，他提出了 5F 实践教学模式，即由观看影视作品、参观考察、社会调查、亲历实践、征文活动 5 种形式组合而成的实践教学模式②。

二、红色文化融入高校思政课研究的不足之处

（一）研究趋于同质化

近年来，关于"某种元素融入思政课"的研究成果数不胜数。比如，"社会主义核心价值观融入思政课研究""四史教育融入思政课研究""红色文化融入思政课研究"等。绝大多数学者致力于红色文化资源现状分析、价值功能、融入的重要性和必要性、融入实践教学、融入面临的困难、融入路径研究等。譬如，在研究内容方面，多是集中在对本地红色资源的统计与梳理，而后分析本地红色文化资源融入本土高校的现状，最后提出本地红色文化融入本土高校的路径。此外，还有学者先分析红色文化融入高校思政课的价值功能，而后提出红色文化融入思政课的建议。还有学者以某门课程或自己所在学校为例进行红色文化融入思政课研究。在研究方法方面，大多数学者以文献研究法、定性分析方法为主，从概念到概念，从理论到理论，总的来讲，该方面的研究日趋同质化，缺乏反思性研究。

（二）研究内容有待充实

红色文化既是一个泛化概念，又是一个动态概念。不少学者把红色文化同红色基因、革命文化、民族精神等概念混用。当前，学界并没有完全统一"红色文化"的概念，为"红色文化"下一个精准的定义，而是模糊化处理。模糊化处理"红色文化"的概念为研究者提供了更广阔的研究空间。众所周知，"红色文化"有着丰富的内涵，随着时代的发展，其外延也在不断拓展，这就为研究红色文化融入思政课提供了更多契机和可能。以往学者大多把研究内容聚焦在革命时期所形成的红色文化上，而较少关注新时期和新时代所

---

① 张智，王芝华. 地方红色文化在高校思想政治理论课教学中的运用：以湘南学院思政课程改革为例 [J]. 中南林业科技大学学报（社会科学版），2014，8 (6)：309-312.

② 余维详. 红色文化融入高校思想政治理论课 "5F" 实践教学模式研究：以黄冈师范学院为例 [J]. 黄冈职业技术学院学报，2021，23 (2)：64-67.

形成的红色文化。鉴于此，有必要充实这方面的研究内容，从而更好地为红色文化融入思政课提供更多思政素材。除此之外，较少有学者关注"是否所有红色文化都适合融入高校思政课，哪些红色文化不能融入高校思政课"这个问题。此外，在红色文化融入思政课的效果方面、在不同历史时期形成的红色文化融入高校思政课的纵向比较方面、红色文化融入不同思政课程的比较方面鲜有学者涉及。

（三）研究方法有待优化

研究方法事关研究目的的达成。在红色文化融入高校思想政治理论课方面的研究，除了常用的文献研究法、定性分析法以外，还可以运用调查研究法、定量分析法等。毛泽东曾经讲过，调查就像"十月怀胎"，解决问题就像"一朝分娩"。"调查就是解决问题。"① 红色文化资源的分布状况、大学生对红色文化的偏好程度等都离不开调查研究，可见调查研究法是我们解决问题的一大法宝。今天，我们生活在互联网高度发达的时代，大数据、云计算、人工智能等技术高速发展，特别是社交软件的普及与应用，为科研工作者在科学研究中进行定量分析提供了一些便利，用好定量分析法有助于科研工作者得出令人信服的结论。研究红色文化融入高校思想政治理论课的目的之一是让大学生学有所信、学有所得、学有所行。那么，不同年级的学生、不同专业的学生、不同地区的学生对红色文化的接受程度和偏好程度是否有差别，差别在哪里？这个时候就需要用到比较分析法，只有通过比较来抓住矛盾的特殊性才能保证红色文化融入高校思政课的效果。

三、红色文化融入高校思想政治理论课研究的未来展望

（一）在精准育人思维下展开研究

党的十八大以来，习近平总书记在不同场合多次强调精准扶贫、精准脱贫、精准发力、精准施策等，这表明精准思维已经成为习近平新时代中国特色社会主义思想的重要组成部分。在精准育人思维下研究红色文化融入高校思想政治理论课有利于提高思政课的实效性和针对性。精准育人思维是包括精准识别客体需求、精准定位客体、精准供给等在内的系统思维。在精准育人思维的影响下，研究者会更加重视大学生的主体地位，会根据他们的需求去整合红色文化资源，以更好地实现精准供给，从而更好地把红色文化资源转化为思政育人资

---

① 毛泽东. 毛泽东选集 [M]. 北京：人民出版社，2008：110–111.

源，让红色文化资源活起来。当前，在红色文化融入高校思想政治理论课方面的研究多是大水漫灌式的，而缺少精准滴灌式的研究。在精准育人思维下研究红色文化融入高校思政课问题有助于红色文化资源的精准挖掘、精准整合，有助于满足不同学科背景、不同学校层级、不同年级学生的需求，有助于提升红色文化资源的育人实效。所以，在精准育人思维下研究红色文化融入高校思政课是一个崭新的视角，未来也许会成为一个热点问题。

（二）在"大历史观"视野下进行研究

习近平总书记指出："树立大历史观，从历史长河、时代大潮、全球风云中分析演变机理、探究历史规律，提出因应的战略策略，增强工作的系统性、预见性、创造性。"①"大历史观"为研究红色文化融入高校思想政治理论课提供了崭新的视野。红色文化是历史的清晰表征，红色文化融入高校思想政治理论课的研究有助于帮助大学生去除思想上的迷雾，有助于大学生思入历史、当下和未来的深处，从而增强文化自信和文化自觉，自觉承担起实现中华民族伟大复兴的历史使命。红色文化是中华民族文化的重要组成部分，红色文化融入高校思政课要在 5000 多年的中华民族文化视野下，要在 500 多年波澜壮阔的社会主义发展史、100 多年中国共产党党史、70 多年中华人民共和国国史、40 多年改革开放史的宏大视野下进行研究。

（三）重视自媒体+红色文化融入高校思政课研究

大学生是自媒体平台高速发展的有力推手，也是自媒体平台上最为活跃的群体。自媒体是把双刃剑，在为大学生自身成长带来机遇的同时，也带来了挑战。今天，大学生获取信息的渠道越来越多、获取的信息量越来越大，他们既是信息的接收者，又是信息的传播者。这就为红色文化融入思政课研究提供了一种新的载体，传统的红色文化融入思政课一般局限于课堂上教师的演绎与传授，自媒体的出现和普遍应用突破了思政课的时空范围。在自媒体上展示、宣扬、传播红色文化有助于激发学生学习思政课的积极性和主动性，从而增强红色文化融入高校思政课的效果。

结　语

红色文化融入高校思政课是一个常研常新的课题。不同的研究者有不同的

---

① 习近平. 习近平在党史学习教育动员大会上强调 学党史、悟思想、办实事、开新局，以优异成绩迎接建党一百周年 [N]. 人民日报，2021-02-21（01）.

研究视角和研究方法，但是，研究的目的是一致的，那就是提升高校思政课的实效性。随着社会的发展、时代的进步，越来越多的学者会突破传统的研究视角和研究方法，把红色文化融入高校思政课和"精准育人思维""大历史观""自媒体""大思政课"等结合起来进行研究，从而让红色文化融入高校思政课研究充满时代气息。

红色文化资源融入高校思政课程教学
需要处理的几对关系

梁思贤①

思想政治理论课历来是高校的重点必修课程。思想政治理论课是落实立德树人根本任务的关键课程。大思政课理念的提出，指引着高校思政课程未来前进的方向，为新时代学校思政课建设的创新发展提供了指导纲领和根本遵循。如何讲好我们的大思政课、理论大课、实践大课和时代大课，红色文化资源为我们高校开展思政课程教学提供了抓手。对于红色文化资源融入高校思政课程的重要意义、如何融入的理论诠释、具体融入的途径方式，学者已展开研究，然而还存在一些问题和困境，诸如融入的方式缺乏亲和力、学生难以产生心理认同感。这些问题的解决需要我们着眼于红色文化资源和高校思政课程产生的关系，要正确处理两者存在的关系。

一、正确认识大思政课与高校思政课程的关系

大思政课理念对高校思政课程提出了崭新和更高的要求。"'大思政课'我们要善用之，一定要跟现实结合起来。"② 在 2021 全国两会上，习近平总书记看望参加全国政协会议的医药卫生界教育界委员时，提出大思政课的说法。善用大思政课，是指我们要从发生在当下中国的现实进行思想政治教育，反之，则是另一番景象，"上思政课拿着文件宣读，没有生命、干巴巴"。大思政课的特点在于大，既是理论大课，也是实践大课和时代大课，这要求新时代思政课建设要坚持因事而化、因时而进、因势而新。大思政课的"大"有三层内涵，一是责任担当大，思政课要培养大爱大德大情怀的时代新人；二是内容格局大，

---

① 作者简介：梁思贤，韶关学院专任教师，法学硕士。
② 杜尚泽."'大思政课'我们要善用之"（微镜头·习近平总书记两会"下团组"·两会现场观察）［N］.人民日报，2021-03-07（01）.

旨在讲清楚中国共产党为什么"能"、马克思主义为什么"行"、中国特色社会主义为什么"好";三是课程体系大,包括大中小学思政课体系和课程思政体系、大思政课程体系。① 这些丰富内涵赋予了新时代思政课教师光荣的使命。

高校思政课程肩负着立德树人的根本使命。高校思政课程是关键课程,相较于其他课程有着双重性质。"思政课既有传道、授业、解惑的教育使命,同时也肩负维护国家意识形态安全、培养社会主义建设者和接班人的政治使命。"②这对思政课教学提出了更高要求。

对于大思政课建设的最新理念,在高校思政课程教学之中,应当明确两点:其一,高校思政课程是实现大思政课目标的重要依托,高校思政教师需要转化教学理念,从当前的社会现实出发,把高校思政小课堂拓展到思政大讲堂当中;其二,大思政课正是坚定的理想信念、浓重的家国情怀的现实记录,是中国共产党领导的政治制度,是为实现中华民族伟大复兴的领路人所取得的成就。这恰恰与高校思政课程目标相辅相成,高校思政课程教学必须以现实这一大思政课为素材,把道理讲好、讲深、讲透。

二、正确把握红色文化资源和思政课程教材的关系

红色文化资源是红色文化的重要载体。何为红色文化,学界有不同的认识。红色文化是中国共产党领导中国人民在追求民族解放、国家富强和人民幸福征程中所积累的文化资源,表现为物质形态、信息形态、精神形态的历史文化。③概括而言,红色文化的创造主体是中国共产党和广大的人民群众;内容涵盖了革命文化、优秀共产党人文化和社会主义建设时期以来的先进文化和创新文化。从形态类型来看,红色文化资源可分为物质化形态和精神化形态,前者包括红色遗址、红色史料、红色书籍等,后者则是反映中国共产党和革命军队的优良作风和革命精神,诸如中国共产党人精神谱系的伟大精神——延安精神。

红色文化资源最大的作用是政治教育作用。红色文化资源诞生以来就一直作为思想政治教育的重要资源,成为理想信念教育、爱国主义教育、人生观与

---

① 张智,刘水静,李东坡,等. 讲好大思政课的道、学、术 [N]. 光明日报,2021-05-28 (11).
② 冯秀军. 善用"大思政课"的三个维度 [J]. 思想理论教育导刊,2021 (8):103-109.
③ 王佩连. 论大学生红色文化认同的心理生成路径 [J]. 中国高校社会科学,2021 (1):100-106,159.

价值观教育的重要内容①。红色文化既是中国特色社会主义文化的组成部分，也是中华优秀传统文化不可分割的一部分。红色文化资源的作用表明，它是高校开展思想政治教育的优质教学素材，庞大丰富的红色文化资源宝库，有待我们深耕挖掘，嵌入思政课程体系。因红色文化资源往往存在于特定的区域，利用本地区的红色文化资源整合课程资源，"这样的教学因贴近学生所处的地缘文化环境，更易于为学生所接受"②，能缩小学生与教材宏大叙事的距离感，增进学生了解本地区红色历史文化的意愿。例如，在讲述北伐战争时，可讲述韶关人民是如何为北伐战争付出和提供支持的。

尽管红色文化资源的价值显著，但终究思政课程教材才是教学之本。国家统编教材是国家进行思想政治教育的大纲，作为知识教育的载体，是"理论大课"的依据和根本③。这涉及高校教材和红色文化资源的主次关系，要紧紧依据教材进行教学设计。高校教师在思政课程教学中，不可颠倒两者的主次关系，完全运用红色文化资源替代教材的做法不可取。我们要重视思政课程教材，是因为教材有着统一的课程标准，教材编制的过程是规范化的；教材还承载着教学目标，我们的教学要紧紧围绕教学目标来开展，若脱离了课程目标，我们就无法发挥思政教育的作用与价值。

在高校思政课程具体教学中，可采取如下做法：在课程设置中选取红色文化素材丰富课程内容，当讲授"中国近现代史纲要"这门课程时，我们便可以开设本地区红色文化专题，也可以在现有教材体系中加入本地区红色故事，还可以探索更多样的教学方法，如邀请专业讲解员为学生做主题讲座，聆听红色故事，品红色精神。

三、正确领悟理论性学习和实践性教学的关系

思政课的本质是讲道理。从词语含义来看，道理分为"道"和"理"，"道"主要是指规律，"理"是指马克思主义理论。思政课就是要把立德树人蕴含的道理讲清楚，注重理论性学习。习近平总书记指出，"办好思政课，就是要

① 张泰城. 红色资源是优质教育资源 [J]. 井冈山大学学报（社会科学版），2010, 31 (1)：14-18, 36.
② 李懋君. 以红色文化教育为抓手提升高校思想政治理论课的实效性 [J]. 遵义师范学院学报，2017, 19 (5)：123-125.
③ 向云发，杜仕菊. 善用"大思政课"的基本问题论要 [J]. 思想理论教育，2022 (3)：71-76.

开展马克思主义理论教育，用新时代中国特色社会主义思想铸魂育人"①。马克思主义是将唯物主义贯彻到底的科学理论，是关于自然人、人类社会和人类思维发展一般规律的理论体系②。理论可以规范人们对世界的理解和对世界的改造，规范人们的思维逻辑和思维方法，塑造和引导人们的价值观念和价值追求。高校思政课程教学要高举马克思主义理论的大旗，传播理论知识。

实践这片沃土孕育和滋养了丰富的理论。在实践中，我们可以追溯理论产生的依据和需求。马克思指出："全部社会生活在本质上是实践的。凡是把理论引向神秘主义的神秘东西，都能在人的实践中以及对这个实践的理解中得到合理的解决。"③ 实践是检验真理的唯一标准，我们学习要从实践中来，也要回到实践中去。红色文化资源融入高校思政课程同样需要实践这一桥梁，实现理论性学习和实践性教学的相辅相长。

一直以来，我们对待理论和实践的辩证关系强化的是实践意识，导致理论对实践的依赖，而忽略了理论之于实践的更新，弱化了理论意识。理论源自实践，但这不纯粹是指实践经验的概括和总结，而是对实践活动、实践经验和实践成果的批判性反思、规范性矫正和理论性引导。所以，理论高于实践，理论有着一种内在驱动力带领实践前进。实践在不断前进，这背后表明人类对现实不满，总是在追求更理想的现实。所以，我们在高校思政课程教学中要用红色理论去观察现实，用红色理论去规范自己要解决的问题，以及解决问题的方式与途径。

高校思政课要更好地坚持理论性与实践性相统一的原则。如何才能让马克思主义武装我们的头脑，我们应当做到一手抓理论，一手抓实践。思政课程的目标在于让受教育者形成正确的世界观、人生观和价值观，这主要是有关内心世界的意识形成。思政课程对于世界观、人生观和价值观的描述，确有必要打通内外两个世界，并从外在世界延伸到人的更加幽远的内心世界。在高校思政课程激活红色文化资源当中，要实现教材体系和教学体系的相互转化。教材体系是观点的集中呈现，而教师在教学过程中要展示的是如何从依据得出结论。倘若只是从结论到结论，学生陷入困惑，也无法从思维层面体验到思政课程的逻辑自洽。用课堂理论讲授说理的方式方法，以理论的彻底性把思政课的道理

---

① 习近平. 思政课是落实立德树人根本任务的关键课程［EB/OL］.（2020-08-31）［2022-09-16］. http://jhsjk. people. cnlavticle/31843368.

② 向云发，杜仕菊. 善用"大思政课"的基本问题论要［J］. 思想理论教育，2022（3）：71-76.

③ 马克思，恩格斯. 马克思恩格斯文集：第一卷［M］. 北京：人民出版社，2009：516.

讲好，做到以理服人。同时，用社会实践方式方法，让鲜活的社会实践育人资源赋予思政课讲道理的鲜活时代感，用鲜活的事实把道理讲活。

要把红色文化资源融入高校思政课程教学，就必须持之以恒地贯彻理论与实践相结合的做法。不能因为强调理论学习而忽视实践教学，也不能用实践教学代替理论学习。要利用当时的红色场馆、红色景点、红色人物，让青年学生在现实生活中感悟孕育理论的灵感与素材。我们强调"有字之书"和"无字之书"的辩证关系，这也是大思政课中学校和社会协同发力的有力体现。社会上开设了不少的红色纪念性场馆，不妨与这些机构取得联系，走进红色场馆去感悟历史史料、时空记忆。以韶关地区为例，由于地理位置的特殊性，韶关是红军长征途经广东的主要地区，众多老一辈无产阶级革命家曾率红军转战韶关，留下了许多光辉的战斗足迹。这造就了韶关拥有丰富的红色文化资源，在红军长征粤北纪念馆，回顾烽火岁月；驻足中共广东省委机关旧址，思索有关省委机关旧址的认定标准……高校在思政课程教学中，要在理论和实践中来回巡视，把课堂延伸到广阔的大地课堂中去。要定位红色文化资源的特点，采取实践性教学的方式，完成理论性内容的教授。

四、正确对待历史文化和未来发展的关系

历史是最好的教科书，也是最好的营养剂。从红色文化资源的定义可看出，红色文化资源是在实现中华民族伟大复兴的中国梦的历史进程中创造出来的，在时间向度上，红色文化资源属于历史文化。历史的价值不言而喻，学史明智，可以让我们形成高度的文化自觉和文化自信。

生逢盛世，肩负重任。红色文化资源有利于大学生坚持马克思主义主流意识形态，在高校思想政治教育中具有其他教育内容无法替代的作用，从历史中坚定理想信念，有助于引导广大青年学生明确自身的历史使命与时代责任，自觉成长为堪当民族复兴重任的时代新人。百年奋斗，我们党正是在挫折与磨难中成长、在攻坚克难中壮大的，越到关键时刻越能激发出我党的历史主动精神。我们在激活红色文化资源的同时，更重要的是发挥我们的主观能动性，我们要坚定不移地在中国特色社会主义道路上前行。

党的十九大宣告进入新时代这一全新历史方位，我们朝着实现中华民族伟大复兴的伟大目标前进。我们的前行道路从来不是一帆风顺的，当前正处于世界百年未有之大变局时期，国内外充斥不安全、不稳定的因素。我们要置身于中华民族伟大复兴的战略全局之中看待，无论我们走得多远，都不能忘了来时的路。我们要是想走得更远，更不能忘记来时的路。必须抵制历史虚无主义的

错误观点，利用红色文化资源帮助青年学生树立正确的历史唯物主义。

从历史中更好地把握未来。历史是一个民族、一个国家形成、发展及盛衰兴亡的真实记录。我们要从宝贵的红色文化资源中获得警示，汲取前人的教训，在前行的道路上保持清醒和定力。历史一头连接着过去，一头对接着未来，当下就是参照点。过去、现在、未来是相通的，红色文化资源经过岁月的洗礼保存至今，是珍贵的教育资源瑰宝。

高校思政课程教学在讲述红色文化中，要把握青年学子思维高度活跃和开放的特点，把历史和未来串联在个体身上。青年学生在身心发展上处在蓬勃发展期，他们对未来无比憧憬，充满信心，已经过去的历史，他们不渴望了解，也不愿意深思，然而，这是危险的倾向。历史的意义在于汲取经验，规避错误。人类的历史总是在不断地重复上演，原因在于人的认识局限性。人只能看到自己看到的，只能听到自己听到的，只能相信自己相信的，只能活在信息茧房里。这就意味着闭塞、孤独、错误、歧途、迷茫、自以为是，最后走向精神的囚牢。

因此，高校思政课程教学要善用科学的思维方法，一是历史思维，要在历史记忆中实现国家认同和弘扬文化自信；二是比较思维，要在历史对比中诠释中国特色社会主义道路的独特优势。

结　语

红色文化资源融入高校思政课程教学的研究由来已久，但在新的时代背景下，我们再次探讨了两者融合需要处理的四对关系，包括大思政课和高校思政课程、红色文化资源和思政课程教材、理论性学习和实践性教学、历史文化和未来发展之间的关系。只有深刻领悟这四者的关系，才能为红色文化资源融入高校思政课程教学铺平道路。

红色文化融入高校思想政治教育的实践路径探索

赖金茂①

高校大学生是中国特色社会主义事业的接班人和建设者，是国家和民族的希望和未来，其政治思想状况直接关系到党和国家的前途和命运。而红色文化承载着中国共产党光辉的奋斗历程，蕴含着中国共产党人的精神气质，是一种先进的文化形态，能够为高校思想政治教育实践注入新的活力，提供新的思路。2004 年 10 月，中共中央、国务院在《关于进一步加强和改进大学生思想政治教育的意见》中指出："坚持继承优良传统与改进创新相结合。在继承党的思想政治工作优良传统的基础上，积极探索新形势下大学生思想政治教育的新途径、新办法，努力体现时代性，把握规律性，富于创造性，增强实效性。"

一、红色文化的内涵阐释

只有厘清"红色文化"与"文化"的关系，明晰"红色文化"的结构，整体把握"红色文化"的内涵，才能更好地发挥红色文化在高校思想政治教育中的铸魂育人功能。

（一）从字面看红色文化的内涵

"红色文化"由"红色"和"文化"组成。在物理学上，"红色"是电磁波的可见光谱中低频末端的颜色，拥有最低的频率和最长的波长，强大的衍射能力使得红色穿越障碍物的能力最强。在现实生活中，"红色"代表喜庆、吉祥、斗争和激情，在被赋予某种政治意义后，就成为爱国、革命和进步的象征。"文化"是人类在社会历史发展过程中所创造的物质财富和精神财富的总和。"文化"的核心是意识形态，是凝结在物质之中，同时又游离于物质之外，能够被传承的一种意识形态。"红色文化"则是由中国共产党人、先进分子和人民群众

---

① 作者简介：赖金茂，广东理工学院马克思主义学院讲师，哲学硕士。

共同创造的一种特殊文化形态，蕴含着丰富的革命精神和厚重的历史文化内涵。"红色文化"反映了中国共产党执政合法性的来源和中国特色社会主义事业发展的历史逻辑，它有别于其他文化的根本特征就在于"红色"。习近平总书记指出："上海石库门、南湖红船，诞生了中国共产党，14 年抗战、历史性决战，才有了新中国。共和国是红色的，不能淡化这个颜色。"① 事实上，中国共产党光辉的奋斗历程体现着深厚的"红色"情节，革命军队被称为"红军"，革命旗帜被称为"红旗"，苏维埃政权被称为"红色政权"，革命根据地瑞金被称为"红都"，革命歌曲被称为"红歌"。总之，"红色文化"就是一种"以颜色标示其本质内涵的文化种类"的统称。② 由此可见，"红色文化"是将中国历史文化中的红色寓意与中国社会历史实践的思想有机融合，是中国共产党在实践中不断选择、融化和整合中外优秀文化思想基础上形成的一种特殊文化形态。

（二）从结构看红色文化内涵

英国人类学家马林诺夫斯基在其代表作《文化论》中提出了著名的"文化三因子"学说，揭示了文化从底层到表层的结构，即"文化是由物质底层、社会组织和语言三个因子组成的"③。根据马林诺夫斯基的"文化三结构"理论，可以将"红色文化"划分为物质红色文化、制度红色文化以及精神或者心理的红色文化。物质红色文化主要是指红色文化形成和发展过程中承载革命理论、革命传统和革命精神的物质载体，包括革命根据地、革命纪念地、革命人物故居、革命遗址旧址、革命文艺作品等。但"物质文化绝不是物质，而是能够以物质为载体传承下来的文化……物质文化以物传，非物质文化以人传"④。物质红色文化主要以物质为载体，以红色精神为核心，通过革命文物、遗址、旧址等物质实体呈现出来。制度红色文化主要是指在中国共产党长期的奋斗历程中形成的具有指导意义的革命理论、纲领、路线、方针和政策，以及其他优良的革命传统和制度规范，包括"三大纪律、八项注意"的优良行为准则，理论联系实际、密切联系群众、批评与自我批评的优良作风，民主集中制和全心全意为人民服务的优良传统等。制度红色文化是红色文化在制度层面的体现和侧重，它强调了规则在社会结构中的调整和规范作用，制度安排和政策设计所依据的理念往往代表着文化深层次的制度理性。精神或心理的红色文化主要是指彰显

---

① 杜尚泽. 两会现场观察："共和国是红色的"［N］. 人民日报，2019-03-05（01）.

② 刘润为. 红色文化论［J］. 文艺理论与批评，2013（4）：7-13.

③ ［英］马林诺夫斯基. 文化论［M］. 费孝通，等译. 北京：中国民间文艺出版社，1987：7.

④ 陈先达. 马克思主义和中国传统文化［M］. 北京：人民出版社，2015：71.

中国共产党人魅力和特质的理想信念、价值取向、道德情操以及精神气质，包括英雄故事、革命小说、红色诗词、红色戏曲以及红船精神、长征精神、延安精神等。精神或心理的红色文化坚持以红色为底色，蕴含着中国共产党人崇高的理想信念和高尚的道德品质，对后继者具有强大的思想凝聚力和精神号召力。在红色文化三层结构中，物质红色文化处于最外层，是可触及和可感知的具体物质实体；精神或心理的红色文化处于核心层，是红色文化的灵魂和精神；制度红色文化处于中间层，连接着最外层物质红色文化和最内层精神或心理的红色文化。

综上所述，红色文化是指中国共产党在领导中国人民实现民族独立、国家富强和人民幸福的历史进程中铸就的、以马克思主义为指导的并且蕴含中国共产党人精神气质的一种先进文化。

二、红色文化融入思想政治教育的实践路径

将红色文化融入高校思想政治教育，关键是要在高校大学生中开展红色历史和文化教育的同时，积极推进红色文化话语转换、数字传播以及微媒体传播平台建设，进而促进学生对蕴含在红色文化中的革命精神和高尚品质的内化和吸收，增强学生对红色文化的历史记忆和情感认同。

（一）强化红色历史教育，积极抵制历史虚无主义

历史虚无主义在本质上是一种反动的政治思潮，属于历史唯心主义。历史虚无主义强调个体叙事，用个体历史的细节研究来演绎整体历史。列宁曾经指出："在社会现象方面，没有哪种方法比胡乱抽出一些个别事实和玩弄实例更普遍、更站不住脚的了。挑选任何例子是毫不费劲的，这没有任何意义，或者有纯粹消极的意义，因为问题完全在于，每一个别情况都有其具体的历史环境。如果从事实的整体上、从它们的联系中去掌握事实，那么，事实不仅是'顽强的东西'，而且是绝对确凿的证据。如果不是从整体上，不是从联系中去掌握事实，如果事实是零碎的和随意挑出来的，那么，它们就只能是一种儿戏，或者连儿戏都不如。"① 历史虚无主义抱有明确的政治意图，目的在于歪曲党的光辉历史，否定党的执政合法性，削弱党的权威性，破坏民族大团结，造成人民信仰的崩塌和错乱。习近平总书记指出："历史虚无主义的要害，是从根本上否定

---

① 列宁. 列宁全集：第二十八卷［M］. 北京：人民出版社，1990：364.

马克思主义指导地位和中国走向社会主义的历史必然性，否定中国共产党的领导。"①

抵制历史虚无主义的最好办法就是开展高校学生的红色历史教育，要在唯物史观的指导下，引导高校学生在读懂历史事实和细节的同时，读懂隐藏在历史事实和细节背后的本质，找到历史发展的逻辑规律，以有力的证据和观点批判和反击历史虚无主义。习近平总书记特别强调历史教育的重要性，"要把学习贯彻党的创新理论作为思想武装的重中之重，同学习马克思主义基本原理贯通起来，同学习党史、新中国史、改革开放史、社会主义发展史结合起来"②。要对高校学生进行系统的红色历史教育，彻底揭露历史虚无主义以"学术研究"为名，对不同时期的历史事件进行重评，以此否定中国共产党执政历史必然性和合法性的目的；彻底揭露历史虚无主义以"恶搞调侃"的方式，对那些革命烈士或英雄人物进行质疑丑化和戏谑调侃，以此抹黑英雄形象和消解英雄记忆的目的；彻底揭露历史虚无主义以"艺术创新"为幌子，对红色经典作品进行网络恶搞和情节再造，以此达到庸俗化和低俗化红色经典作品、消解革命崇高性的目的。习近平总书记指出："对我们共产党人来说，中国革命历史是最好的营养剂。多重温我们党领导人民进行革命的伟大历史，心中就会增添很多正能量。"③ 历史是最好的教科书和营养剂，只有用真实的史料和证据回答历史虚无主义的虚伪面目和真正本质，才能有效引导高校学生反击和抵制历史虚无主义，弘扬主流意识形态和社会主义核心价值观。

（二）推进红色文化话语转换，增强学生文化情感认同

"红色文化认同"是指社会群体对红色文化价值的认可和承认，并将其内化为一种思想观念、价值追求和行为约束的实践过程。红色文化的核心实质是一种意识形态，具有强烈的政治属性和意识形态属性，为现存的政治体系提供合法性辩护和论证是红色文化的一项重要功能。"红色文化认同"能够对社会成员的政治认知、政治意向和政治选择进行方向性的引导，形成对现存政治制度、政治体系和政治架构的情感倾向和价值导向，并转化为主流意识形态或核心价值观的重要组成部分。"为了使社会成立，尤其是为了使社会欣欣向荣，就必须

---

① 中共中央党史研究室. 历史是最好的教科书：学习习近平同志关于党的历史的重要论述[N]. 人民日报，2013-07-22（08）.
② 习近平. 在"不忘初心、牢记使命"主题教育总结大会上的讲话[N]. 人民日报，2020-01-09（02）.
③ 习近平. 党面临的"赶考"远未结束：再访西柏坡侧记[N]. 人民日报，2013-07-14（01）.

用某种主要的思想把全体公民的精神经常集中起来，并保持其整体性。"① 然而，在经济全球化、文化多样化和价值多元化的时代背景下，红色文化正在遭受前所未有的质疑、冲击、否定甚至是颠覆，表现为红色文化的内涵被暗中抽空，红色文化的记忆被逐渐淡化，红色传统和权威被逐渐消解，其结果就是红色文化正遭受严重的认同危机。

当前，造成红色文化认同危机的一个重要原因就在于红色文化空壳化。红色文化空壳化是指"传统红色文化的核心价值与新时代的价值观念脱节，表达内容难以承载人们的现实需要，被暗中抽空了具体内涵"②。由于红色文化承载着过去的价值观念，又未能及时得到转化和创新，从而导致了红色文化认同危机。此外，红色文化原有的革命话语未能实现转化和创新，在新时代背景下难以用鲜活事例和感人事迹触动高校学生灵魂深处最敏感的神经，从而降低了学生对红色文化的情感认同。对此，要积极推进红色文化话语的时代转换与创新工作。一方面，要紧密结合当下中国改革与建设的实际，使得红色文化话语表达能够承载时代和现实的需求，使其符合高校学生的思想状况和行为特点，提升红色文化教育和传播的针对性和实效性。特别是要挖掘校内外鲜活的红色案例和典型的红色事件，以红色话语和通俗语言引导学生关注红色文化、了解红色文化、认同红色文化，增强红色文化的吸引力和感染力，提升学生对红色文化的情感认同。另一方面，要积极开展红色文化认同实践体验，增强学生的红色文化历史记忆。要将学生置身于真实的历史场景、历史人物、历史事件和历史遗存中，通过真实的内心感受和情感体验，唤醒学生对红色文化的历史记忆，强化学生对红色文化的情感认同。要开展形式多样的校内外红色文化实践体验活动，尤其要重视红色文化现场教学，通过现场瞻仰、现场讲解、现场宣誓、现场献花、现场扫墓等不同环节，强化学生对红色文化的现场感触和体验，增强学生对红色文化的历史记忆，使其自觉抵制西方多元文化思潮和价值观念的渗透，维护主流意识形态和社会主义核心价值观，坚定对红色文化的情感认同。

（三）推进红色文化资源传播数字化，提升红色文化资源利用率

数字化就是利用信息系统、各类传感器、机器视觉等信息通信技术，将物理世界中许多复杂多变的数据、信息、知识转变为可以度量的数字、数据，再以这些数字、数据建立起适当的数字化模型，把它们转变为一系列二进制代码，

---

① ［法］托克维尔．论美国的民主：下［M］．董果良，译．北京：商务印书馆，1991：524.
② 刘波亚．红色文化认同的政治逻辑［J］．甘肃社会科学，2016（4）：168-172.

引入计算机内部，形成可识别、可存储、可计算的数字、数据，再以这些数字、数据建立起相关的数据模型，进行统一处理、分析、应用的过程。数字化是信息技术发展的高级阶段，随着新一代数字技术的快速发展，特别是物联网、云计算、人工智能等各类数字技术不断涌现，成本不断降低，使得数字技术在红色文化资源收集、研究、采集和传播中得到了广泛应用。对此，加快红色文化资源数字化采集和传播，是提升红色文化资源利用效率，发挥红色文化资源教育功能，引导高校学生了解和认识红色文化，实现立德树人的重要途径。

中共中央办公厅、国务院办公厅在《关于实施革命文物保护利用工程（2018—2022年）的意见》中明确提出要"融通多媒体资源""建立革命文物大数据库""让革命文物活起来"。红色文化资源内容丰富、类型多样，既有革命遗址、旧址、纪念馆、博物馆等物质形态的红色文化资源，也有革命精神、革命传统、革命品质等非物质形态的红色文化资源。只有强化对红色文化资源进行数字化建设，才能有效推进红色文化资源传播效率和利用效率。在"互联网+"的大背景下，通过数字化技术对红色文化资源进行采集、存储、处理、展示和传播等，不仅可以有效地解决红色文化资源碎片化和资源消失问题，实现对红色文化资源的抢救性保护，同时可以对红色文化资源进行全景式、立体式和延伸式的宣传和展示，实现对红色文化资源的广泛传播和利用。红色文化资源数字化可以超越时间的久远性和空间的遥远性，拉近红色文化与高校学生之间的距离，将蕴含在红色文化中的革命历史、革命传统、革命精神等生动鲜活地传递给高校学生，对高校学生来说，这是了解和认识红色文化，提升红色文化记忆和认同的重要途径。红色文化馆藏机构、研究团队在利用数字技术修复、再现红色文物，建立红色文化资源数据库的过程中，要将丰富的数字视觉元素融入红色文化传播过程中，实现数字传播载体与传统传播载体优势互补。要创设数字化多媒体终端，构建红色文化虚拟展示空间，打造方便高校学生实景体验的红色文化互动场景，提升高校学生对红色文化的理解、记忆和认同。

（四）打造红色文化微媒体传播平台，提升红色文化育人实效

随着移动互联网技术的飞速发展，越来越多的高校学生选择移动互联网作为信息获取和传播的重要工具和渠道，微平台、微媒体、微内容已经成为高校学生喜爱的传播方式和传播手段。平台传播作为集文字、图片、音频和视频等多种信息和内容于一体的综合立体化传播方式，可以通过现代科技和现代艺术相融合的专业技术制作手段，让人物、故事、事件和场景等内容集中呈现出来，把深奥晦涩的理论转化为生动形象的故事，再现典型人物和事件情节，增强红

色文化的体验感和感染力。在红色文化的传播中，要根据不同的传播内容和传播对象，选择不同的传播组合方式，多手段、多渠道地开展红色文化传播，提升红色文化传播的针对性。要善于利用重大节日、重大事件、重大活动等关键节点设置相应的传播议题，选择恰当的传播技术手段，及时推送红色故事、红色视频、红色漫画和红色电影等，形成红色文化传播的舆论热点，增强高校学生对红色文化教育的仪式感和对红色文化教育的认同感。

提升红色文化育人实效，关键要打造两类形式不同且功能互补的红色文化微媒体传播平台。一是要创建移动网络媒体红色文化教学课堂。移动互联网作为新兴媒体已经成为高校学生学习和生活的新载体和新空间，潜移默化地影响着高校学生的思维模式、行为方式和价值观念。创建红色移动网络媒体教学课堂是拓展高校思想政治教育空间，实现红色文化融入高校学生思想政治教育的重要途径。要利用大数据、云计算等技术手段，精心挑选红色文化内容，以恰当的方式将其融入移动网络媒体红色文化教学课堂中，使其成为对高校学生进行红色传统和红色精神教育的重要课堂，成为传承红色基因，培养民族精神，陶冶道德情操的重要场所。二是要创建红色文化传播微媒体阅读平台。微媒体在文化传播和信息交流过程中呈现出显著的即时性、互动性、融合性等特征。微媒体极大地满足了高校学生在现代快节奏生活中以最短的时间、最快的速度获取和传播最多信息的需要，成为当前高校学生喜爱的信息交流工具，获得了高校学生的充分认可和广泛接受。具体来说，就是要用现代信息技术对红色文化进行"编码"和"包装"，借助微话剧、微电影、微小说、微故事等形式生动、直观地将红色文化呈现在高校学生面前，引导高校学生了解红色文化所蕴含的时代价值，增强高校学生对红色文化的情感认同。

红色文化教育背景下学校党建与
教学整合模式建构

范卉敏①

习近平总书记强调:"要把红色资源利用好,把红色传统发扬好,把红色基因传承好。"② 这为各大院校党建工作的开展提供了正确方向。在当前红色文化教育背景下,学校党建与教学工作的全面整合,对党建发展具有至关重要的意义和作用,这既可以从红色文化中汲取养分和精华,还能继承弘扬积极进取的精神,进一步加快了学校党建事业建设。在学校人才培养过程中,要重视红色文化教学,增强当代大学生的理想信念,提高他们的文化自信,在优良的红色传统传承中,不断提高学校立德树人整体质量,实现党建与教学工作的同步发展。

一、红色文化教育和学校党建工作间的关系

红色文化中蕴藏着历史悠久的文化背景与深刻内涵,具有重要的革命精神及历史意义,继承和弘扬了传统革命精神的宝贵精华。学校开展红色文化教育,能陶冶当代大学生的道德情操,净化其心灵,有助于他们健康全面发展。学校党建是广大师生的价值建设过程,是校园文化形成的过程,也是师生学习工作精神、态度、方法等各个方面的特征表现,更是师生在认知、行为、情感、意识上的综合表现。高效的党建工作能确保院校人才培养质量符合社会与企业需求,而将红色文化教育和学校党建工作进行整合,则能较大程度地推动学校教育革新发展,创建和谐教育环境。

红色文化教育有利于培养价值观、健全人格、规范言行、陶冶情操,它对

---

① 作者简介:范卉敏(1975—),女,吉林长春人,副教授。研究方向:大学生思想政治教育理论建设与实践研究。

② 习近平.贯彻全军政治工作会议精神 扎实推进依法治军从严治军 [N]. 人民日报,2014-12-16 (01).

学校党建工作具有重要的导向性作用，能够为党建提供多元化载体，是提高党建工作质量的关键保障。契合学校特征的红色文化教育能确保学生积极参加形式多样的学习活动，凝聚他们对学校的情感归属与情感认同。完善的红色文化体制能保证各项要求细则得到有效落实，更好地约束学生的日常言行，促进各类精品教育资源的合理分配，切实满足学生对知识的深层次需求。特色鲜明的红色文化教育也是继承和革新学校党建工作的重要载体，可帮助学生制定合理可行的学习目标，端正他们的学习态度，使其从过去的"要我学"转变成"我要学"。并且，红色文化教育在继承优良传统的基础上，还需架构提高学生文化素养及道德品质的有效途径，包括相对应的思维与自主学习驱动力等，如果从这一层面看，红色文化教育既是学校党建工作的基本内涵，也是校园文化建设不可或缺的一部分。由此可见，红色文化教育与学校党建之间是相互影响、彼此依存，融则共赢、分则互损的有机统一体。

二、红色文化教育背景下学校党建与教学整合的重点

（一）与时俱进，继承与革新并存

在当代社会，学校党建应按照传统党建的基本工作规律，同时结合人才培养宗旨与学生成长发展之道，在不断改革中努力创新，在持续创新中深化发展，真正做到与时俱进，顺势而为。红色文化是中华优秀传统文化不可或缺的组成部分，具有鲜明的文化特色，既蕴含着悠久的历史感，也带有深刻的时代性。因此，学校党建应继续加大培训力度，重视创新力的培养和提高，紧随时代发展潮流，并基于本校党建工作的具体情况，适当优化工作制度与运行模式，以确保党建工作的可行性及有效性。

（二）寓教于乐，拓展教学的形式

内涵丰富的、深厚的红色文化教育资源为日常教学提供了大量的有效载体，对其与党建工作的整合具有重要作用。在实际教学活动当中，清晰地体现了红色文化教育资源的独特优势，能更好地发挥其教育的针对性。学校在实施红色文化教育时，可利用多元化教学方法和途径，积极创新教学活动载体，比如可为学生讲述感人的红色故事、组织红色主题交流会、举行校园红色文化节等，进一步拓展红色文化教育内容，提高教学效果，让学生主动继承和弘扬红色精神，为实现理论学习、能力提升与正确价值观树立的相互融合而努力奋斗，在情感上增强他们的体验感，从而坚定学生们的理想信念，达到红色文化教育目标。

三、红色文化教育背景下学校党建与教学整合模式构建

（一）教学与党建工作全面对接

首先，构建党建与教学工作的联动机制。在校内党委的引领下，建立一个面向党建和教学工作的互动协调组织，充分促进红色文化教育和党建主管部门的沟通与合作，在教学导向方面努力将红色文化教育的中心与主旨思想逐渐向党建靠拢，同时将党建中存在的问题及时反馈给红色文化教育。在互动协调组织中，要明确有关部门的详细职责，创造一个完整便捷的综合服务平台。此外，互动协调组织还要保证对上级能够准确及时反馈广大学生思想动态和真实的学习生活状况，对下级可以精准地传递正确的党建与教学工作方针、详细要求以及发展目标，以此来确保教学与党建工作时刻处在可管控的状态。

其次，构建详细的工作计划。计划是学校党建与教学工作长期稳定发展的指导纲要，应全面思考党建与红色文化教育工作的实际需求，探寻可行的切入点。制订工作计划要体现出广泛性以及连续性，就是计划要同时结合红色文化教育以及党建工作长远目标，校内全体学生和教师、后勤人员等都是计划所要面向的群体。不管是基于党建的具体要求还是红色文化教育的根本目标，都应按照合理的步骤，有针对性地依次开展，确保党建与教学的连续性。

（二）党建工作努力向教学倾斜

从现实情况分析，学校党建的引导方向将直接影响意识形态，在宏观层面上，红色文化教育明显不同，而在微观层面上，学校党建和红色文化教育也依然存在一定的差异。红色文化教育的核心与目标定位，都应尽量向党建倾斜，在倾斜的过程中切忌完全照搬，要善于变通，努力做到与时俱进。因此，首先要紧跟时代步伐。不管是学校党建还是红色文化教育工作，都面临随着时代热点而变化的问题，对学校来说，党建与红色文化教育都是对当代大学生实施思想教育的重要工作。当代大学生群体思想开放，有着显著的时代特征，他们对社会热点比较关注，并且与社会状态有着密切联系。从党建和教学这两项工作创新的角度分析，只有紧随社会发展脚步，才能切实满足学校党建所倡导的创新发展思想和要求。其次要提高工作人员的思想境界和理论水平。学校红色文化教育的引领思想既含有文化素养，还要具备出色的理论水平，能充分保证落到实处，而这些其实都能从党建工作实践中得到相应的启发。最后则要贴近红色文化教育现实。红色文化教育的根本目标是帮助当代大学生树立并坚定他们的理想信念，激发爱国情怀，继承红色精神，这在明确学校党建的核心思想和

发展战略目标时，就应将其总结出来。对红色文化教育而言，真正意义上的理论是引领学校建设科学完善、特色鲜明的红色文化教育思想，以此来更好地指导实践工作的开展。也就是说，红色文化教育的指导方向应向学校党建看齐，以理论指导教育实践，进而再从实践中总结经验，达到预期的具体成效。站在学生的角度，红色文化教育应积极利用真实案例，减少传统枯燥的说教，多组织丰富的实践活动，避免过去形式主义的口号，让广大学生踊跃加入到红色文化教育教学活动中来，不断增强他们的集体荣誉感和爱国情怀。

（三）利用党建成果提高教学质量

学校党建要获得理想成绩可借助红色文化教育对其加以提炼与升华，为日后红色文化教育改革与创新提供科学思路和指导。具体可从以下两方面入手，首先转变学校党建发展观念。从学校党建达到的具体效果上看，党建一直遵循用理论引领实践革新，用实践革新来进一步拓展学校党建的基本内涵，二者协同建设，充分确保学校党建始终都能与时俱进。对红色文化教育来说，学校党建也要积极学习这种实践革新模式，结合立德树人这一根本要务的现实情况，以满足学生全面发展需求为核心，善于挖掘、敢于开拓，以此来促进红色文化教学理论、体制、实践方法的创新性发展。其次建设务实的学校党建作风。务实的作风是保障学校在立德树人上取得满意成绩的前提，红色文化教育是对学校广大师生进行引导和教育的一项工作，如果想要找到更加有效的突破口，就需加大党建务实作风的建设力度。学校红色文化教育人员应秉着务实的工作态度和风格，全面了解师生现阶段的需求，深度分析红色文化教育教学的发展动态，探索发展中隐匿的长效机制，以便让红色文化教育从最初就与客观情况相吻合。与此同时，需要对那些与红色文化教育实际发展形势不符的情况展开研究，对其中存在的问题，要以务实的作风进行调整。

结　语

红色文化是融合中国特色社会主义伟大事业及各族人民之魂，它源于历史革命实践，当代大学生群体有义务全面了解我国革命历史，努力学习红色文化知识，汲取其中的养分和精华。而学校则应依据立德树人的宗旨，采取切实可行的策略和路径积极将红色文化教育融入日常党建工作中，充分实现二者的整合，以便更好地引领广大学生为了理想而努力奋斗，让红色文化精神世代相传、历久弥新。

第三章 03

优秀传统文化融入思想
政治教育教学

中华优秀传统文化与高校思想政治教育的融合发展

王伟娜①

中华民族上下五千年，有丰厚的文化底蕴和文化内涵，从远古时代到新时代，在保持和继承优秀传统文化的基础上，文化在内容、形式、表达方式、传播手段等方面随着时代的变迁和发展被赋予了新的内涵和形式。中国是一个历史悠久的文明古国，从我们的先辈开始，中华文化就被渗透到各领域，呈现出"百花齐放"的盛景。高校作为社会的一个文化承载者和文化单元，是中国传统文化的继承者，是红色革命文化的发扬者，是中国特色社会主义先进文化的发展和创新者，是世界一切优秀的外来文化的吸收、融合、汇通者。中华优秀传统文化是我们建设现代化强国、建设一流高等学府的主流文化。在传播中华优秀的传统文化过程中，高校思想政治教育应该发挥其应有的推动作用。②

一、高校思想政治教育对中华优秀传统文化的继承和创新

中华传统文化源远流长，特色鲜明。2019 年，习近平总书记在俄罗斯出访时就作了一个非常形象的比喻："文化就像一条延绵不断的河流，源头来自远古，又由许多支流、干流汇合而成。"朱熹的《观书有感》中有"问渠哪得清如许，为有源头活水来"，本义是喻指学习要不断接受新鲜事物，才能常学常新。我们的传统文化也一样，要在继承中学会融合创新，才能使中华这条文明之湖不断有活水注入，新鲜活力，奔腾不息。所谓传统文化，就是各民族在历史发展过程中形成的思想文化、观念形态的总体表现。传统文化是历史的见证者、是文化的引领者，是文化创新的源头活水，是先辈留给我们后来人的宝贵

---

① 作者简介：王伟娜，广东理工学院马克思主义学院专任教师，法学硕士。研究方向：马克思主义理论与当代社会发展。

② 铁铮，杨金融."双一流"建设背景下的新时代大学文化建设［J］. 思想教育研究，2019（10）：110-112.

财富。从古代的夏、商、西周、东周到万国朝拜的盛唐时代，再到清朝末年，不同的王朝有不同的制度、规范、礼仪、习惯、风俗、人情、风貌。大到国家的规章制度，小到平民老百姓的饮食起居无不彰显着中国传统文化的魅力。"先秦以来，我国的古典教育就对礼乐教化最为重视"①，先秦时期的孔孟文化至今影响深远，其儒家文化，人道、仁道、和谐、中庸之道辐射甚广，对中国乃至世界产生了积极的影响。传统文化中的诗、书、礼、义、乐、射，中国诗词、歌赋、戏曲、音乐等都是传统文化的精华，其不仅是国家的非物质精神财富，也是高校文化建设和思想政治教育的继承之源和创新之根。

2016 年 12 月 7 日，在全国高校思想政治工作会议上，习近平在讲话中指出："我国有独特的历史、独特的文化、独特的国情，决定了我国必须走自己的高等教育发展道路，扎实办好中国特色社会主义高校。"办好中国特色社会主义高校，文化建设是核心要义，高校的立身之本就在于立德树人，高校的主要任务就是教书育人，在这个核心任务下包括文化继承和融合发展、科学研究、社会服务等功能。办中国特色社会主义高校，离不开高校自身的文化建设和创新，离不开高校思想政治教育的改革创新，离不开高校的科学研究和社会服务和文化辐射功能。2017 年，习近平在党的十九大报告中指出："深入挖掘中华优秀传统文化蕴含的思想观念、人文精神、道德规范，结合时代要求继承创新，让中华文化展现出永久魅力和时代风采。"在建设"双一流"高校的今天，"文化育人是大学第一要义"。② 马克思认为："文明是实践的事情，是社会的素质。"③对于传统文化的继承和创新主要应该表现在对优秀传统文化的深入挖掘和研究以及在此基础上的创新。

中华优秀传统文化是中国特色社会主义先进文化的源头活水，是中国特色社会主义的发展动力，是各大高校思想政治教育的核心内容。作为高校，为新时代培养创新型人才的应有之义就是对优秀传统文化的用心继承。时代在发展，部分学生学习趋向功利性，加之外来文化的冲击，对新时代大学生产生了消极的影响。高校思想政治教育在人才的培养机制、管理、创新等方面都应该继承中华优秀传统文化。在思想政治课内容的设置方面、思政文化的营造方面、新时代思想政治课程理念的改革方面都应时时继承传统文化中的精华，使优秀传统文化的精神、品质不失色，而是越用越新，越用越鲜活，用新时代高校思想

---

① 王敏．大众文化视角下的优秀传统文化传播与现代美育发展研究［J］．人文天下，2019（22）：72-76.

② 施卫华．大学文化育人功能及实现路径研究［J］．思想教育研究，2016（5）：117-120.

③ 马克思，恩格斯．马克思恩格斯文集：第一卷［M］．北京：人民出版社，2009：9.

政治的教育影响力使优秀传统文化熠熠生辉。

　　高校思想政治课程教育对人才的培养不仅是对知识、技能、道德、经验的掌握，而且应该在现有基础上进行研究，挖掘其深刻的思想内涵和当代价值。在西方的教育中，教师鼓励学生大胆质疑和挑战权威，在中国传统的师生观看来这样做似乎有些危险。我们把视线再转回到先秦鲁国，《两小儿辩日》这一课看似只是在讲道理，其实也在告诉现在的高校学生和老师应持有的治学和学习态度。高校应该给学生深入探究的时间、空间和物质力量支持。尤其是在优秀传统文化与思想政治教育的融合发展方面找出其蕴含的思想价值，为人类的文化宝库再添一笔重要的财富。

二、广泛传播红色革命文化

　　红色革命文化是我们优秀传统文化的重要组成部分，是马克思主义指导思想与中国革命具体实践相结合的优秀产物，是延安革命圣地的本色文化，是毛泽东思想的源头文化，是延安精神的要素之一。红色文化是中华民族特有的文化，是中华文化的宝藏。红色革命文化是极具中国特色的先进文化的代表，"是以马克思主义思想为指导，以中国革命实践为背景，是中国共产党、先进的知识分子及广大人民群众经过长期社会实践共同努力所创造的"①。是集百家之长，在继承中国优秀传统文化的基础上创造出的符合革命实际需要、符合延安风土人情、符合广大人民需要的理想信念和精神追求。习近平强调："要把红色资源利用好、把红色传统文化发扬好、把红色基因传承好。"② 红色革命文化是中国历史上一笔宝贵的文化遗产和文化财富。

　　从 1848 年鸦片战争开始，从清政府逐渐衰亡到新文化运动和五四运动的杰出代表宣扬的"自由""民主"的精神，再到俄国十月革命给中国送来了马克思主义，中国革命有了前进的方向，中国共产党有了马克思主义信仰。在中国革命实践与马克思主义基本原理的结合中，红色革命文化不断发展和创新，形成了中国特有的文化特征，是革命圣地延安的文化引领者。因此，把红色革命文化与高校思想政治教育融合发展，有助于培养新时代大学生的爱国主义情感、学习先烈的优良品质和作风、陶冶个人的情操、广泛传播红色优秀文化等。

　　高校是一个拥有多种文化元素的文化单元，需要各色文化进行充实、发展

---

① 郝万喜. 延安红色文化与大学生思想政治教育的契合性探析［J］. 陕西教育（高教），2019（7）：40-41.

② 习近平. 贯彻全军政治工作会议精神 扎实推进依法治军从严治军［N］. 人民日报，2014-12-16（01）.

和润色。在继承中华传统文化的同时应该注重融合红色革命文化，红色文化区别于其他优秀文化的显著特征是具有铭记历史、纪念先烈、弘扬爱国传统的深刻意义。近年来，红色文化的传播在各大高校思想政治教育教学中也得到了重视。主要表现在以下两个方面，首先在大学生思想政治课外实践的设置方面可以以红色纪念馆为重要文化载体，通过组织学生参观红色纪念馆，了解先辈们的英雄事迹，领悟为革命献身的伟大精神，以实物文化载体激励学生的爱国热情，反思自身，有利于高等教育的健康发展。其次在高校思想政治教育课程中融入红色革命文化教育的内容，让学生开阔眼界，了解历史，了解中国共产党的百年奋斗史，以有为、无畏的精神品质，迅速成长为党的事业的接班人。

在中国人民解放军建军 90 周年之际，习近平总书记强调，"在新的起点上把革命先辈开创的伟大事业不断推向前进"，要"坚定道路自信、理论自信、制度自信、文化自信"。① 高校担负着优秀文化的继承、弘扬、创新发展的使命，当代大学生更是新时代建立现代化强国的新生力量，是实现中华民族伟大复兴的核心力量。为了更好地发展中国特色社会主义事业，把中国特色社会主义文化融入思想政治教育活动中，应积极融入具有红色革命文化象征的教育内容，传播先烈的优秀精神品质，继承先烈的优良作风和光荣传统，弘扬先烈的革命精神，用革命先烈的事迹激励自己前行，让红色革命文化成为当代高校思想政治教育继承、学习和发展的特色文化，让红色成为大学生前进道路的生命色。

三、推进中国特色社会主义文化与思想政治教育的创新发展

"一个国家的进步和发展必须依托于其独特的思想精神资源"②，源自中华民族五千多年文明历史所孕育的中华优秀传统文化，熔铸于党领导人民在革命、建设、改革中创造的革命文化和社会主义先进文化，根植于中国特色社会主义伟大实践。党的十九大报告中对中国特色社会主义文化的阐述，体现了中华民族的文化自觉和文化自信。中国特色社会主义文化具有历史悠远的根基、具有丰富的文化内容和形式、具有深厚的文化底蕴，是新时代之中国学子应潜心学习、发展和创新的优秀时代文化，是新时代高校思想政治教育应融合发展的先进文化。

---

① 习近平. 铭记光辉历史 传承红色基因 为把人民军队建设成为世界一流军队而不懈奋斗 [N]. 人民日报，2017-07-22（01）.

② 计小敏. 中国特色社会主义文化的显著优势 [N]. 常州日报，2019-12-18（A02）.

"自信"一词是褒义词,"原是心理学概念"①,是对一个人的表述,认为其满意自己的各个方面,从而外在地表现出极佳的精神风貌和气质。文化是一种思想、理念、精神,也可以是一种形式。新时代大学的文化自信表现在学校历史、学科建设、人才培养、教师队伍建设、国际交流、社会影响力、社会服务等方方面面。2016 年 7 月 1 日,习近平在庆祝中国共产党成立九十五周年大会上的讲话中强调:"文化自信,是更基础、更广泛、更深度的自信。"高校应坚定文化自信,首先,应充分理解本民族优秀文化的科学内涵,了解民族文化的内容和形式,在继承优秀文化的基础上,深入理解文化的思想内涵;其次,在面对新时代、新阶段西方文化的入侵和冲击时,应保持清醒的头脑和坚强的意志,保护、弘扬本民族的文化,从内心深处认同民族文化的优秀特质。

高校对大学生的培养就是要造就各领域杰出的人才,如政治、科技、文化、农业、生态、社会等各领域。国家之所以可以不断进步和发展就是因为不断地在创新,形成新的成果,造福人类,满足人民对美好生活的需求。新时代高校思想政治教育首先应培养学生的创新型思维。马克思的实践观认为,意识对思维具有反作用,首先,只有培养创造性的思维习惯,才能在实践中指导具体的创新性的活动;其次是把中国特色社会主义文化融入思想政治教育教学改革创新中。目前,高校思想政治教育还是处于被动的状态,文化特色有一定的缺失。对中国特色社会主义文化的创新意识相对薄弱,学术创新能力不强。高校应鼓励教师和学生进行中华特色文化科研创新,给予教师和学生足够空间的自主权,让其发挥自身的潜质和创新能力,以提高高校思想政治教育教学的文化内涵。

四、以博大的胸怀吸收外来文化

中国从古至今都有学习外来文化的优秀传统,如 19 世纪以来,国内大量出版西方书籍、洋务运动中的"师夷长技以制夷",以及当今对外来文化的吸收借鉴。中国是开放的大国,具有兼容并蓄、海纳百川的优秀品质,对外来文化的态度一直是吸收、借鉴其优秀的文化,摒弃、批判其糟粕的部分。高校在思想政治教育教学中,要在中华传统文化为主体的基础上,合理学习和借鉴一切优秀文化的精华,丰富高校思想政治教育的学科体系。

2016 年 5 月,习近平在哲学社会科学工作座谈会上的讲话中强调:"要按照立足中国、借鉴国外,挖掘历史、把握当下,关怀人类、面向未来的思路,着

---

① 石文卓. 文化自信:基本内涵、依据来源与提升路径 [J]. 思想教育研究,2017 (5):43-47.

力构建中国哲学社会科学。"自古以来，国家和国家、文明和文明的交流、交锋、交融就从未中断，马克思主义与中国具体实际的科学结合，形成了中国化的马克思主义，这是西方文明同东方文明传播与交流的产物，是结合了西方和中国共有的优秀文化的产物。作为中国共产党的指导思想、中国意识形态的引领者，马克思主义在中国的革命、建设和改革中发挥了积极的作用。对于他国文化的传播，高校在思想政治教育教学中应该起到模范带头的作用，以科学的态度进行选择和甄别。对于外来文化，首先，应有博大的胸襟、兼容并蓄的态度，欢迎来自各国优秀文化的交流和碰撞；其次，高校对于吸收和借鉴的文化要进行选择和鉴别，利用知识、技能和经验对优秀文化进行吸收和借鉴，摒弃和批判劣质文化的侵蚀，时刻保持清醒的头脑，将本民族传统文化作为精神支柱；再次，让外来优秀文化充实我们高校的思想政治教育内容体系，合理利用他国文化，让外来文化为我所用，为我添彩，不断充实本民族优秀文化的内涵，提升高校思想政治教育的世界魅力。

综上所述，建设中国特色社会主义文化强国，实现中华民族最伟大的中国梦，当代高校任重道远，必须把思想政治教育与中华优秀传统文化融合创新作为高等教育和文化建设的核心发展要义。创新是发展特色文化的动力之源，高校在思想政治教育中要坚持对中华优秀传统文化的继承、弘扬红色革命文化、发展和创新中国特色社会主义文化、充分吸收和借鉴外来优秀文化，让传统文化与思想政治教育融合发展，这是新时代高校思想政治教育的使命和责任。

中国传统耕读文化融入高校思政
教育的价值与路径

黄素玉①

传统耕读文化以农耕经济为基础,伴随着儒家文化的发展与科举制度的成熟而逐渐成形,其对中国社会、中国文化、中国精神、中国力量的塑造作用不可小觑。肩负着为党育人、为国育才重任的高校思政教育,有必要从中汲取养分,将之融入思政教育改革,力求能够发挥"一加一大于二"的教育实效,做到"培根、铸魂、启智、润心"。

一、中国传统耕读文化融入高校思政教育的双重意义

中国传统耕读文化是中华民族在中华大地上从事劳动生产实践,并在认识和改造世界的过程中所创造出来的有关耕读的物质文化与精神文化之总和②。"耕读"一词包含甚广,虽以"耕读"为主要形式,但并非狭隘的耕作与读书。从传统耕读文化的"耕读"二字的内涵来看,其包含着个体的耕读与家庭的耕读两层含义,前者"耕"与"读"的主体均为个人;后者更接近于家庭内部的职能分工,家庭兼营农事与读书,两者分别由家庭内部的不同个体承担。家庭的耕读能有效整合资源,实现家庭利益的最大化,因而广受人民推崇。有宋一代,随着生产力提高与生产技术的进步,文化产业的繁荣发展与文化知识的普及,耕读群体的主体从士人变为了广大农民③。"耕读"成了士人借以修身问道的理想生活方式,士人从事物质生产的耕作活动中也开始广泛增添了"读书"的取向。退以耕作养家,进以读书入仕,"耕读"既可连接个体、家庭与宗族,亦可作为国家政权在乡土社会的延伸,"耕读传家"成了实现"修身、齐家、治

① 黄素玉,广东理工学院马克思主义学院专任教师,历史学硕士。
② 秦玮苋.乡村学校传承耕读文化的困境与对策研究:以桂林市灵川县 X 乡村小学为例 [D].桂林:广西师范大学,2020.
③ 程民生.论"耕读文化"在宋代的确立 [J].社会科学战线,2020(6):93-102.

国、平天下"人生理想的重要路径。

近代以来，传统耕读文化之经济基础崩塌、文化土壤变质，经由科举连接乡土与庙堂之纽带断裂①，乡土文化的生长机制及乡村人才培育机制被破坏殆尽，传统耕读文化一度衰落②。"耕读"在中国近代随社会变迁而逐渐发展出了新形态，世人有了更多的谋生选择，"耕读"传统中"耕"的重要性不复以往，"读"的部分在现代社会更是可引申为个人谋生手段与生存发展所需的一切学习行为。

中华人民共和国成立以来，传统耕读文化虽深陷沉寂，但生产与劳动结合的耕读教育则随着乡村教育的恢复与发展而逐渐与党和国家开展的教育改革融合，成为培养生产人才的重要方式之一。近年来，随着乡村振兴战略的提出，各地在大力实施乡村文化振兴的过程中，传统耕读文化的部分内容也因农耕文明重新获得重视而备受瞩目，而高校在开展劳动教育与实践教育的过程中，促进学生"德智体美劳全面发展"，成了高等教育又一重要目标与任务。在此过程中，无论是乡村文化振兴抑或高校劳动教育、实践教育的开展，都内在地包含了传统耕读文化的内容。就乡村振兴而言，传承中国传统耕读文化，推动其进行创造性转化与创新性发展，是实现乡村文化振兴的重要方面。而在高校的劳动教育与实践教育中，除了使学生在实践层面切实参与劳动实践，培养正确的劳动观，与对劳动的热情与积极性之外，仍需在思想层面加深学生对于劳动及其重要意义的认识，以进一步发挥思政教育的影响及作用，使学生自觉地参与到乡村振兴及中国特色社会主义事业的建设当中去。由此，将中国传统耕读文化融入高校思政教育，既是助推中国传统耕读文化创造性转化与创新性发展的重要路径，也是推动高校思想政治教育改革的重要方式。

二、中国传统耕读文化融入高校思政教育的重要价值

在推动实现农耕文明创造性转化与创新性发展、高校思政教育改革以及乡村振兴的时代大背景之下，中国传统耕读文化融入高校思政教育对于中华优秀传统文化的赓续传承、大学生的全面发展、高校思政教育改革的促进，以及脱贫攻坚与乡村振兴的有效衔接等诸多方面，均有着不可忽视的潜在价值与必要性。

---

① 罗志田. 权势转移：近代中国的思想与社会 [M]. 北京：北京师范大学出版社，2014.
② 袁同凯，冯朝亮. 从耕读教育变迁看乡村教育的"位育"之道 [J]. 原生态民族文化学刊，2022（3）：123-134，156.

（一）传承优秀传统文化，增强文化自信与自觉

传统耕读文化是中华优秀传统文化的重要组成部分，传承传统耕读文化即传承中华优秀传统文化，将传统耕读文化融入高校思政教育，这既可以为传统耕读文化开拓更为广阔的生存发展空间，也可进一步推动实现农耕文明的创造性转化与创新性发展，促进传统耕读文化与现代化文明融合发展，增强中华优秀传统文化的生命力与影响力。

城市文明、乡村文明与中华优秀传统文化是一体两面的关系，二者与现代化文明的融合，亦无法割裂彼此间相互作用的关系。中华优秀传统文化的创造性转化与创新性发展，并非孤立的转化与单线式的发展，传统耕读文化的创造性转化与创新性发展，及其价值在新时代的发挥，仍需要融合其他优秀文化的发展成果。而将传统耕读文化融入高校思政教育，不但可以加速传统耕读文化与现代文明融合，也能在此过程中创新传统耕读文化的发展形式，推动其在新时代实现转化、发展。

农村是我国文明的发源地，耕读文明是我们的软实力，农耕文明是城市文明与乡村文明的起点。然而，近代以来客观存在的城乡发展差距，使得村民对于乡村文化的自信力受挫。高校中出身农村的大学生不在少数，但其对于乡村文化的自信力明显匮乏，对于建设家乡的热情与积极性不高。① 而将传统耕读文化融入高校思政教育，或可消解消费主义等外来文化对青年大学生的冲击，促使大学生自觉担负起传承、弘扬优秀乡村文化的历史重任，做家乡文化的宣传者与捍卫者。更有利于带动乡村社会文化自信的风气形成，增强村民乃至全社会对于乡村文化的文化自信与自觉，并进一步加强传统耕读文化与社会主义先进文化的深刻连接。

（二）促进学生全面发展，强化使命担当

立德树人是教育的重要目标与职责所在，培养德智体美劳全面发展的青年学生，更是高校教育的重要使命。在高校思政教育中融入中国传统耕读文化，对于学生进一步深入了解中华优秀传统文化，自觉投入新时代"耕读传家"的实践中，以推动乡村振兴、实现中华民族的伟大复兴有着重要意义。

高校思政教育的最终目的在于培养德智体美劳全面发展的社会主义接班者与建设者，而目前高校大学生在进行职业规划时，普遍缺乏对于投身乡村振兴

① 晁伟鑫. 乡村振兴战略下高校辅导员队伍助力"美丽乡村"建设的途径研究［J］. 现代农业研究，2022（7）：62-64.

的热情,回乡就业或是扎根基层的积极性不高。更有甚者,受享乐主义的侵蚀,沉浸于"娱乐至死"的消极状态中,对学习懈怠,对就业感到迷茫,抗拒劳动,好逸恶劳,更加难以认清专业能力的培养是自己安身立命之根本。这一现象的存在与蔓延,同现实的社会实际需要间不可避免地存在着矛盾与冲突,特别是对于应用型本科的高校大学生而言,个人的实践能力关乎其本身专业水平的高低,专业知识的掌握程度需要通过大量的实践练习,这就更加要求大学生积极投身实践。① 由此,推动传统耕读文化融入高校思政教育,借助传统耕读文化中蕴含的勤奋好学、勤劳节俭、艰苦奋斗、知行合一等优秀品质,帮助青年学生塑造正确的人生观与价值观,树立远大的职业理想是十分有必要的。将传统耕读文化融入高校思政教育,能够发挥传统耕读文化所具有的精神伟力,提高学生对于认识世界与改造世界的能力的培养的重视,使其认识到"耕"与"读"的重要性,从传统耕读文化中汲取人生智慧与学习动力,不负家人的期望,珍惜光阴,积极学习,努力提高自身本领,实现自身的全面发展,并能主动肩负起实现中华民族伟大复兴的重任,为推动实现中国梦积极贡献青春与汗水。

(三)深化思政教育改革,助力乡村振兴

一方水土养一方人,一方水土育一方文化,在长久的历史发展过程中孕育生成的地方传统耕读文化,其内涵丰富而深刻,外延广泛而形态多样。耕读文化本身是先人于一定的自然地理环境中,经生产实践而创立并发展出来的特色区域文化的呈现。中国各地的传统耕读文化有着共同的精神内核,但其在地方社会的具体呈现则各有特色。每所高校所处的不同的自然地理环境与社会文化环境,为高校教育的发展提供了各有特色的教育资源,经整理加工,可以为地方高校大学生的思想政治教育增添新的素材与教育内容。②

传统耕读文化诞生于相对固定的自然地理场所,其中天然蕴含了诸如"敬畏自然""人与自然和谐共生"的思想理念,只是这一种认识并非对自然规律的本质认识。在推动乡村振兴、大力建设生态文明的过程中,由于农民获取文化知识的渠道有限,相关知识储备匮乏,获取的信息混杂而不成系统,由此,仍有借助本地高校之力,对之加以科学引导的必要。③ 在思政教育中积极融入耕读

① 董园园.应用型本科高校助力河南省乡村振兴发展的现状与制约因素研究 [J].农村经济与科技,2022 (14):155-157.
② 陈益华.基于地方文化资源的高校思政教育创新:以广东肇庆市地方文化资源为例 [J].内蒙古师范大学学报(教育科学版),2017 (5):74-78.
③ 晁伟鑫.乡村振兴战略下高校辅导员队伍助力"美丽乡村"建设的途径研究 [J].现代农业研究,2022 (7):62-64.

文化的内容，不仅有助于教学开展，还能在助力地方乡村建设的过程中，更为切合实际，发挥最大功效，推进传统耕读文化塑造的耕读者，向懂农业、爱农村、爱农民的乡村振兴人才创造性转化。

三、中国传统耕读文化融入高校思政教育的具体路径

目前学界与教育界虽然对于如何将传统耕读文化融入高校思政教育的问题有了初步的思考、研究与实践，但这一尝试仍需学生、教师、高校以及乡村等多方力量的共同努力，才能继续深入推进，广泛开展，建立长效机制，助力地方优秀传统文化的传承发展与乡村振兴的实现。

（一）发挥学生的主体作用，激发其学习自主性

新时代党和国家的事业需要拥有坚定信念、心怀崇高理想、综合素质高、业务能力强的优秀大学生积极参与建设。虽然对于广大非涉农专业的青年大学生而言，成为懂农村、爱农业、爱农民的新型职业农民的可能性微小，但客观看来，我国农村人口占全国总人口的比重较大，农民大学生规模较为可观，新时代乡村振兴的实现亦需要大学生群体积极投身基层。不论是学习、传承传统耕读文化，抑或在传统耕读文化的感召下，自觉投身新时代的"耕读"事业，都需要发挥青年大学生的主体作用，由此，必须通过激发学生的学习动机，增强实践需要，积极推动学生"主人翁"意识的觉醒。

思政教育中家国情怀的培养与乡土情怀的培育，与传统耕读文化中"耕读传家""耕读报国"间存有较高契合度，以传统耕读文化为载体，可以加强大学生的历史使命感，使其认识到历史上的耕读群体即广大的农民是农耕文明的创造者，深化其对于社会主义现代化强国建设中"三农"工作重要性的认识，推动历史与现实的有机结合，进一步转化为学习动力。在高校思政教育教学过程中，对中央颁发的重要文件及习近平总书记关于"三农"工作的重要论述的解读，可以使学生了解其背后的政策逻辑与理论依据，加强大学生对于推动实现乡村振兴的使命感与责任感，创造并不断强化学生的学习需求，使之积极响应国家号召，将个人人生价值的实现路径与国家建设相结合，使"耕读传家"在新时代的创造性转化与创新性发展进一步深入。

（二）加强教师队伍建设，合理创建教学情境

目前，在传统耕读文化与高校思政教育融合的过程中，客观存在着思政教师对于传统耕读文化不甚了解，对于"耕读"二字含义的理解仅停留在"耕"层面，且对于"耕"的认识亦未与时俱进等问题。思政教师的教学水平对于思

政教育的质量有着直接且深刻的影响，在推动传统耕读文化融入高校思政教育的过程中，必须加强教师队伍建设，增进思政教师对于传统耕读文化，以及其他中华优秀传统文化的了解与掌握程度，进一步发挥思政教师在其中的主导作用，增强其对当地的思政教育文化资源的利用意识与运用能力。可以通过对课程体系中原有关涉中华优秀传统文化的部分做进一步扩充，积极尝试、积极反思，在思政教育中增扩传统耕读文化的内容，不断探索传统耕读文化在思政教育中的适用情境与切入方式，进一步发挥传统耕读文化在思政教育中的重要作用与影响，加深广大青年学生对中华优秀传统文化的认识与理解，增强学生的文化认同与文化自信。此外，亦可以传统耕读文化作为教研的新方向，尝试以教研带动教学的进步。①

（三）搭建多维教育平台，构建协同教育机制

传统耕读文化的发展与高校思政教育改革的推进，向来关涉各方，为加速二者的融合发展，除了需要发挥大学生的主体作用与高校思政教师的主导作用外，还需在传统耕读文化融入高校思政教学的教育实践中积极开辟路径，联合地方政府、本地各高校与乡村，组织多种形式的校内外实践，搭建多维教育平台，构建协同教育机制，为大学生深入基层切实参与乡村振兴提供条件支持。

传统耕读文化塑造的传统村落，其空间布局中不同的建筑、景观等承担着不同的功能，对于传统村落、习俗、故事等传统耕读文化载体的保护与利用，在推进传统耕读文化转化的同时，增强了中华优秀传统文化的生命力与影响力②。由此，可在加强高校对于新时代乡村振兴工作的技术支持与智力支持的基础上，进一步盘活本土耕读文化资源，传承与创新并进，同当地耕读文化教育基地建立联系，建立长期合作关系，组织广大学生参观学习，或组织志愿者活动，使学生作为耕读文化的传播者，切实参与到中华优秀传统文化的宣传教育活动之中，深刻体会在乡村文化振兴过程中奉献青春与自我的成就感与重要价值。

高校之间要加强交流与学习，共同积极探索传统耕读文化融入思政课堂的有效路径。在校内，可邀请本地乡村中的大学生工作者到校分享，以生动的事例展开教育教学，树立大学生扎根基层的人生理想。同时，进一步强化"耕读

---

① 陈益华. 基于地方文化资源的高校思政教育创新：以广东肇庆市地方文化资源为例 [J]. 内蒙古师范大学学报（教育科学版），2017（5）：74-78.

② 王维，耿欣. 耕读文化与古村落空间意象的功能表达 [J]. 山东社会科学，2013（7）：77-80.

教育"，联合学校图书馆，举办"书香校园"等活动，培育校园学习风气，对接乡村，开展公益图书馆建设，以读物共享，构建连接高校与乡村的文化桥梁。在此过程中，以合适的形式适当加以记录、宣传，增强高校思政教育的影响力，推动形成新的高校文化氛围。

结　语

　　总而论之，深入挖掘、继承创新优秀传统乡土文化，把保护传承和开发利用结合起来，赋予中华农耕文明新的时代内涵，这不仅是新时代全面推进乡村振兴的必由之路，也是高校教育工作者应积极思考的问题。推进传统耕读文化融入高校思政教育，对于实现中华优秀传统文化创造性转化与创新性发展、探索新时代高校思政教育改革新路径有着重要作用与深刻意义。将传统耕读文化融入高校思政教育，可进一步增强学生群体的文化自信和文化自觉，培养学生热爱劳动、崇尚劳动的人生价值观，促进学生德智体美劳全面发展，增强其使命感与责任感，在丰富高校思政教育的教学形式和传承耕读文化理论的同时，助力乡村振兴的实现。然而，其实际效能的充分发挥，仍需要各方力量，尤其是广大思政教师的深入探索与实践。

思想政治教育视野下的中医文化

曾旭睿①

  中华优秀传统文化是中华民族的根和魂，是中华民族的自信之本，精神力量之源。作为中华优秀传统文化重要代表的中医文化，是中华民族几千年来智慧的结晶，至今在保障人们生命健康方面仍发挥着不可替代的作用。中医文化有广义和狭义之分。从广义的角度看，中医学是一门探索人体生理、病理、治病防病规律的学科，涉及中医学各方面的内容都属于中医文化的范畴；从狭义的角度看，中医文化是指中医理论形成的社会文化背景以及蕴含的人文价值和文化特征。

  中医药学凝聚着深邃的哲学智慧和中华民族几千年的健康养生理念及其实践经验，是中国古代科学的瑰宝，也是打开中华文明宝库的钥匙。2017 年 10 月 18 日，习近平在中国共产党第十九次全国代表大会上的报告中强调："深入挖掘中华优秀传统文化蕴含的思想观念、人文精神、道德规范，结合时代要求继承创新，让中华文化展现出永久魅力和时代风采。"中医文化蕴含着的哲学智慧、人文精神、健康理念，需要我们去深入挖掘、传承和弘扬。思想政治教育承担着引领、维护和建设社会主义文化的重任，需要认真汲取中华优秀传统文化的思想精华和道德精髓，丰富思想政治教育的内容，让优秀传统文化在新时代焕发新生机，涵养人的精神气质、促进人的身心健康，提升文化自信，增进认同，凝聚人心。本文将从思想政治教育的视角探讨中医文化以及中医文化融入思想政治教育的意义。

一、"天人合一"的生命智慧

  中医文化蕴含着深刻的生命智慧，"天人合一"的思想是核心，是中医理论

---

  ① 作者简介：曾旭睿，广东理工学院马克思主义学院讲师，哲学硕士。

的支柱思想。"天人合一"是中国古代哲学的核心思想之一，儒家侧重于从道德的角度阐释"天人合一"，道家侧重于从人与自然和谐的角度阐释"天人合一"。中医学更多吸收的是道家"天人合一"的思想，并将其应用于防病治病。

中医文化"天人合一"的"天"是自然。中医学并不是孤立地研究人的生命活动规律，而是把人放在自然环境和社会环境的大背景中进行研究，认为人体与外界环境存在对立统一的关系。中医哲学认为人与自然界有着物质统一性，"气"是宇宙万物的本原，人由天地间最精华的"气"所构成。"夫人生于地，悬命于天，天地合气，命之曰人。"① "气"本原论是古代朴素唯物主义思想，从辩证唯物主义的角度看，存在着明显的局限性，但它突破了原始的巫术迷信和神学世界观，从唯物的角度来看待人与自然的相互关系，具有重大的进步意义。中医药学建立在朴素唯物主义思想基础上，几千年来，为中华民族的健康和繁衍生息作出了巨大贡献。

中医学认为自然环境对人生命活动的影响涉及很多方面，大致可分为三类。一是季节气候对人的影响。在四季交替的作用下，生物表现为春生、夏长、秋收、冬藏等生理性变化以适应自然环境，人也不例外，人体的生理活动也必须随自然气候的变化进行相应的调节。二是昼夜晨昏对人的影响。古人把一日分为四时，朝则为春，日中为夏，黄昏为秋，夜半为冬。虽然昼夜气温的变化没有四季那么分明，但是对人体生理活动也会产生一定的作用，尤其是在疾病状态下，感受会比较明显，白天病情减轻，晚上加重。"夫百病者，多以旦慧、昼安、夕加、夜甚。"② 三是地理区域对人的影响。地理环境的差异，不仅形成了不同的生活方式和风俗习惯，也在一定程度上影响着人的生理功能和心理活动，如南北方地理环境差异导致南北方人体质和心理活动的差异，北方人相对壮实豪爽，南方人相对细腻文雅。

中医学"天人合一"的思想强调人类的生活要顺应自然规律，保持与自然的和谐。《黄帝内经》说："夫四时阴阳者，万物之根本也。所以圣人春夏养阳，秋冬养阴，以从其根。……逆其根，则伐其本，坏其真矣。故阴阳四时者，万物之终始也，生死之本也；逆之则灾害生，从之则苛疾不起，是谓得道。"③ "四时阴阳"是万物生长所必须遵循的自然规律，违背它则苛疾不断，顺应它则健康长寿。在疾病的治疗上，中医强调要根据人体在季节变化和昼夜晨昏不同

---

① 姚春鹏. 黄帝内经译注 [M]. 北京：中华书局，2021：152.
② 刘红杰. 中医文化概论 [M]. 广州：暨南大学出版社，2020：16.
③ 姚春鹏. 黄帝内经译注 [M]. 北京：中华书局，2021：22.

的状态来选择相应的治疗方法，顺应自然的变化，才能提高疗效，减少药物的副作用，有助于病人康复。

中医学重视季节、昼夜、地理环境对人体的影响，在治病防病、养生保健中，处处体现着"天人合一"的思想和方法。随着科技的发展，人类越来越有能力应对环境和气候变化，如空调的发明让人们能躲避炎炎夏日，暖气的发明让人们在严寒的冬日感觉如春。然而，环境污染造成生态恶化，能源消耗带来的二氧化碳排放在加剧全球气候变化，由此引发的气候生态灾难和疾病越来越多，应对全球气候变化和生态保护成为当今世界的重大议题。科技的进步提高了人类应对自然的能力，也降低了人通过自我调节以适应气候变化的毅力，例如，有了空调暖气，人变得更难以忍受酷暑寒冬，而且还可能得"空调病"。可见，尽管当今科技取得巨大成就，中医文化"天人合一"的思想并没有过时。

除自然环境外，中医学也重视社会环境对人身心健康的作用。人生活在社会中，人体的生命活动，不仅受自然环境的影响，也受社会环境的制约。例如，社会地位的不同会造成人身心状况的某些差异，社会经济状况的剧烈变化，可能导致人精神情绪的不稳定，从而引发某些身心疾病。经济的发展为人们提供了优越的物质生活条件，医疗卫生事业的发展促进了人类健康和寿命的延长，但现代社会过度紧张的生活节奏也给人带来不少心理上的问题，不利于人的身心健康。中医学在防病治病过程中，强调要充分考虑社会因素对人身心状况的影响，创造有利的社会环境，促进人与社会的和谐。

二、中医的辩证思维

唯物辩证法认为，世间万物是普遍联系、互相影响的，普遍联系引起事物的运动发展，要求以动态发展的眼光来观察和分析问题。中医学的整体思维、变易思维、中和思维体现了辩证思维的特征。

整体思维是以普遍联系、相互制约的观点来看待世间万物的思维方式的。中医学运用中国古代哲学中的五行学说来构建人体结构理论。五行学说中的木、火、土、金、水代表事物五种不同的特性，存在相生相克，即相互影响、相互作用的关系。人体的组织器官也有五行属性，如五脏中肝属木、心属火、脾属土、肺属金、肾属水，五行的生克关系表现为各组织器官在结构上密切关联，在功能上相互协调、相互为用，在病理上相互影响，人体才能成为一个有机整体。对于疾病的诊断治疗，中医着眼于整体，全面了解和分析病情，把局部病变和整体病理反应统一起来，既要重视局部病变与其相关的组织器官之间的联系，还要注意与其他组织器官之间的相互影响，也就是常说的不能头痛医头，脚痛医脚，而是主张从整体上进行诊治。中医的整体思维不仅强调人体本身的整体性，也重视人与外界环境的统一性，上述"天人合一"的思想即是中医整体思维的体现。

中医的变易思维是指在分析生命、健康和疾病时，应持运动、变化、发展的观点，不能陷入一成不变、静止、僵化的思维中。《周易》的思想深刻影响了中医学，所谓医易同源。"生生之谓易"，"生生"就是不断有新的事物产生，不断有新的变化，生生不息，变化无穷。"生生"的动力源于阴阳的交感互动。"一阴一阳之谓道"，阴阳是中国古代哲学的核心范畴，是概括自然界具有对立统一属性的事物和现象的抽象概念。中国古代思想家认为宇宙万物都蕴含着阴阳两个方面，阴阳之间存在对立制约、互根互用、消长平衡、相互转化的关系，阴阳的相互作用是推动事物发生发展变化的根源。宇宙万物不断地运动变化，生命活动错综复杂，但并非没有规律可循。古代中医学没有现代的科学手段，而是运用取象比类、司外揣内的方法探索人体生命的奥秘，吸收中国古代哲学的阴阳五行学说，通过基于经验的归纳演绎方法建立起博大精深的中医学理论体系。阴阳的互动和五行的生克推动着万事万物不断运动变化，人体也不例外。阴阳五行学说被中医学广泛用来解释人体的生命活动、疾病发生的原因和变化，指导疾病的诊断和防治。中医学不只强调应以变易思维来认识人的生理，更强调以变易思维来把握疾病的过程，要求及时了解患者出现的新情况、新变化，调整治疗方法，以取得更好的疗效。

中和，又称"中庸"或"中道"，是中国古代非常重要的哲学理念、道德准则和生活智慧。"中也者，天下之大本也；和也者，天下之达道也。致中和，天地位焉，万物育焉。"① 中，是不偏不倚，无过无不及的平衡状态；和，是对一切有联系的事物进行协调，使之达到和谐。中和即是适中、平衡、和谐。中国古代思想家把中和看作事物最理想的状态，这一思想被中医学所吸纳和运用，贯穿于中医理论体系的各个方面。"中和"是中医的核心和灵魂，中医理论围绕着"中和"思想来展开。"阴平阳秘，精神乃治。"② 基于阴阳学说，中医学认为人体的阴阳处于相互消长的动态变化中，阴阳相对平衡时意味着健康。在致病因素的作用下，人体阴阳出现偏盛或偏衰，即阴阳失衡而不能自我恢复时便会生病。人体的五行生克，人的心理情绪活动，自然的气候变化，都不能太过或不及，只有保持相对平衡，才有利于人体健康。中医对疾病的治疗就是通过

---

① ［宋］朱熹．四书集注：大学中庸论语［M］．西安：三秦出版社，2005：24.
② 姚春鹏．黄帝内经译注［M］．北京：中华书局，2021：35.

药物和其他手段纠正人体阴阳和其他方面的失衡，使之恢复"中和"，从而恢复健康。

中医的辩证思维综合体现在中医的"辨证论治"中。辨证论治也称辨证施治，是中医认识和治疗疾病的原则和方法。"辨"就是认识；"证"不同于"症状"，它是疾病发展过程中某一阶段的病理概括，包括疾病的原因、部位、性质、邪正关系、疾病可能发生变化的趋势等；"论治"是根据"辨证"的结果，确定相应的治疗方法。简言之，"辨证论治"就是按照中医理论，运用望、闻、问、切等诊断方法获得患者及其疾病的各方面信息，然后进行综合分析，研究致病原因，确定恰当的治疗方法。"辨证论治"的过程包含了整体思维，变易思维，中和思维，即要全面分析病理，考虑疾病的转变趋势，通过恰当的治疗方法使患者的身体和机能恢复平衡。

三、中医的人文精神

中医学根植于中华传统文化的土壤和环境中，深受中华文化的滋养。儒家思想两千多年来一直是中国文化的主流思想，"仁"是儒家思想的核心。中医的医德深受儒家伦理道德的影响，中医当以仁义为先，不能以谋利为先。中国古代医家把医术视为仁术，所谓"医乃仁术"，把坐堂行医的场所称为"同仁堂""达仁堂""宏仁堂"等，以"仁"为字号。药王孙思邈在《千金要方·大医精诚》中说："凡大医治病，必当安神定志，无欲无求，先发大慈恻隐之心，誓愿普救含灵之苦。若有疾厄来求救者，不得问其贵贱贫富，长幼妍媸，怨亲善友，华夷愚智，普同一等，皆如至亲之想；亦不得瞻前顾后，自虑吉凶，护身惜命。见彼苦恼，若己有之。"① 孙思邈强调要尊生贵生，医生在治病救人时，不论其富贵贫贱，长幼美丑，远近亲疏，等等，都一视同仁，如同自己的至亲，不计名利得失，竭尽全力救治。

中医的"仁心仁术"体现了中华传统伦理的仁爱观，其中最著名的典故莫过于"杏林"雅号的由来。中医被称为"杏林"，源于东汉末年的名医董奉，他在行医时不索取酬金，每当治好一个重病患者时，就让病人在山坡上栽种五棵杏树，看好一个轻病患者，只需栽一棵杏树。几年之后，被他治愈的病人无数，病人栽种的杏树蔚然成林。杏子成熟后，董奉又将杏子变卖成粮食用来救济贫苦百姓和南来北往的饥民。后来，人们为了纪念董奉的善举，就用"杏林"来称呼中医，"杏林"则成为中华传统医学的代名词，自古医家以位列"杏林中

---

① 刘红杰. 中医文化概论［M］. 广州：暨南大学出版社，2020：127.

人"为荣。"杏林精神"体现了医不贪财、悬壶济世的美德，成为中医代代相传的精神财富。

"不为良相，当为良医"，是中国古代知识分子实现人生理想的一种变通的选择。学习医术，上可治疗君亲之疾，下可救济平民百姓，中可保自身健康。身在民间，只有成为良医，知识分子才能实现利泽苍生之志。医圣张仲景是古代良医的杰出代表，他在《伤寒杂病论》序中说："怪当今居世之士，曾不留神医药，精究方术，上以疗君亲之疾，下以救贫贱之厄，中以保身长全，以养其生，但竞逐荣势，企踵权豪，孜孜汲汲，唯名利是务，崇饰其末，忽弃其本，华其外而悴其内，皮之不存，毛将安附焉？"① 张仲景痛恨那些只知道追求名利地位、荣华富贵，而不关心医药、研究医术以济世救人，却以士大夫自居的人，他们忽略了根本的道德原则和生命本身，舍本逐末。张仲景自幼学习医术，东汉末年举为"孝廉"进入官场，被任命为长沙太守。尽管为官，张仲景仍用自己的医术救济平民百姓，并在每月初一和十五两天大开衙门，让百姓进来，他坐在衙门大堂为百姓诊治。后来，人们为纪念张仲景，把坐在药铺里给人看病的医生称为"坐堂医生"，很多药铺名为"某某堂"。张仲景医术精湛，善于学习总结，撰写出《伤寒杂病论》这部伟大的医学著作，泽被后世。

中国有着几千年的孝道传统，忠孝是传统社会的立身之本，"不明医术者，不得为孝子"，很多读书人践行孝道而走上从医之路，并成为著名医学家。中医学史上"金元四大家"中有两位就是因孝而从医的，一位是李东垣，因乡医水平不高，母亲得病不治去世，李东垣悔恨自己不懂医术，于是发誓学医；另一位是朱震亨，为治疗母亲疾病，放弃科举功名，走上从医之路。清代温病学家吴鞠通，因父亲长期卧病在床，决心学医，并成为一代名医。

中医的仁爱精神和名医从医的故事展现了中医学深厚的人文内涵。此外，中医学具有"和合兼容"的人文特质，它将诸子百家的思想熔于一炉，医理、哲理、易理、文理融贯一体，包容性极大，囊括了中华传统文化方方面面的内容。中医学具有海纳百川的胸襟，不断吸收外来文明成果，如将佛教的伦理思想和治病养生方法融入中医学，西域的药物和治疗方法进入中国，被中医吸收，成为中医药的重要组成部分。中医学以开放包容的心态容纳新文化，不断创新发展，历史上涌现出许多杰出的医药学家，产生了各自不同的理论观点，学术流派异彩纷呈，如伤寒学派、河间学派、丹溪学派、温补学派、温病学派等影响深远。近代以来，西学东渐，中医积极吸收西医的科学精神，推进中医现代

---

① 刘红杰. 中医文化概论［M］. 广州：暨南大学出版社，2020：123.

化，中西医互补成为共识。

四、中医思维内含于日常生活

"凡事预则立，不预则废"，未雨绸缪是中国人的处世哲学。中国人自古以来重视养生保健，防病于未然，以求延年益寿，于是发展出一套"治未病"的理论，即养生学。"上医治未病，下医治已病。"中医学不仅治疗疾病，更重视疾病的预防，并把能治未病的医生称为"上医"。"治未病"的思想也是中医学重要的支柱思想。

世界卫生组织相关研究表明，影响人体健康有四大要素：遗传因素、环境因素、医疗条件、生活方式，其中生活方式占60%。中医学认为医药是不得已而后使用的手段，人应在未病时积极去防病，若想健康长寿则要遵行健康的生活方式。"上古之人，其知道者，法于阴阳，和于术数，食饮有节，起居有常，不妄作劳，故能形与神俱，而尽终其天年，度百岁乃去。今时之人不然也，以酒为浆，以妄为常，醉以入房，以欲竭其精，以耗散其真。不知持满，不时御神，务快其心，逆于生乐，起居无节，故半百而衰也。"① 《黄帝内经》强调要顺应自然规律，饮食有节，起居有常，劳逸结合，才能形体与精神协调，延年益寿；反之，饮食不节，纵情声色，追求感官快乐，而不知节制，则会加速衰老。

中医学非常重视饮食养生，认为"药食同源"，即药物和食物都是天然的，二者在性能上有相通之处，都具有"四气""五味""升浮沉降""归经"等属性。"四气"，即温、热、寒、凉四种属性，如在日常生活中，吃多了温热性质的食物可能会"上火"，则吃些寒凉性的食物来清热"降火"。中医理论的"热者寒之，寒者热之；虚则补之，实则泄之"中和平衡的观点，已是中国人的生活常识。"五味"，即酸、甘、苦、辛、咸。"升浮沉降"是指有些药物和食物有上升发散的特性，如温热性和辛、甘味的药物和食物；有些药物和食物有沉降的特性，如寒凉性和酸、苦、咸的药物和食物。"归经"是指药物和食物对特定脏腑经络的作用。药物和食物都具有上述性质，只是药物的性质比较突出，可以更有效地纠正人体阴阳和其他方面的失衡，治疗因失衡而产生的疾病。中医倡导膳食均衡，合理搭配，饮食有节，不可偏食，认为饮食之偏会导致身体之偏，即生疾病。中医饮食养生理念体现了中医的中和思维。

"起居有常，不妄作劳"，就是要养成科学的作息习惯，生活要有规律，保

---

① 姚春鹏. 黄帝内经译注［M］. 北京：中华书局，2021：4-5.

证充足而高质量的睡眠，劳逸适度，对于不需要从事繁重体力劳动的人而言，要勤于运动。此外，要节制过多的欲望，保持良好的心态。"恬淡虚无，真气从之，精神内守，病安从来？是以志闲而少欲，心安而不惧，形劳而不倦。"① 若因疾病或年老而导致身体衰弱，可适当用药物或针灸来进行调理以强身保健。中医的养生方法是中华民族几千年来生活经验的总结，在保障中国人的生命健康方面发挥了巨大作用。

五、中医文化融入思想政治教育的意义

中华传统文化中"天人合一"的自然观、阴阳平衡的整体观、统一变易的世界观、义利相济的人生观、仁者爱人的处世观、贵中尚和的价值观六大核心理念，独具特色，是中华文明的智慧结晶和精华所在。中医文化全面、系统、完整地保有中华文明的核心理念。中医不仅是一门治疗疾病的技术，更包含着中华传统文化和哲学智慧。中医在几千年的历史发展中，不断融入中华优秀传统文化，积淀了深厚的文化内涵，成为传统文化和哲学智慧不可分割的重要组成部分和载体。思想政治教育可以从中医文化中汲取丰富的教育资源，促进思想政治教育目标的实现。

（一）丰富思想政治教育的内容

中医学不是建立在现代分析还原论基础上的科学，中医的理论基础是蕴含着丰富系统论思想的中国古代哲学，其精髓是朴素的唯物论和辩证法思想。中医理论体系大约形成于春秋战国至秦汉时期，那是"诸子蜂起，百家争鸣"的人类思想的"轴心时代"，中国古代哲学得到长足发展，当时盛行的精气学说、阴阳学说、五行学说成为两千多年来中国人世界观的基石。中国古代哲学认为，气是活动力很强且运行不息的极精微物质，它是宇宙的本原；气分阴阳，阴阳之气的对立统一、交感互动产生了宇宙万物，并推动万物不断变化发展；木、火、土、金、水五行是事物的五种基本功能属性，五行相生相克，即五种属性之间相互作用、相互影响，使事物内部和事物之间构成相互联系的有机整体。气—阴阳—五行学说是中国古代朴素唯物辩证的世界观和方法论。中医学将精气学说、阴阳学说、五行学说作为一种思维方法引入医学领域，与中医长期以来积累的诊疗经验相融合，构造中医理论体系。建立在朴素唯物论和辩证法思想基础上的中医理论在长期诊疗实践中被证明为有效，并不断丰富发展。唯物主义经历了古代朴素唯物主义、近代机械唯物主义和辩证唯物主义的发展历程。

---

① 姚春鹏．黄帝内经译注［M］.北京：中华书局，2021：6.

中医理论的唯物论和辩证法思想是古代朴素唯物主义和辩证法思想在理论和实践上最高水平的集中体现。

中医文化"天人合一""道法自然"的哲学观，"医乃仁术""大医精诚""悬壶济世"的伦理观，"辨证论治""调和致中"的思维方式，"和合兼容"的开放包容精神，与中华优秀传统文化"讲仁爱、重民本、守诚信、崇正义、尚和合、求大同"等思想观念一脉相承，同源同构。中医文化几千年来不仅护佑着中华民族的健康和生息，而且影响了历代中国人的生活智慧和身心修养。

思想政治教育要依据马克思主义哲学思想及其方法论，同中国具体实际相结合、同中华优秀传统文化相结合，从中华优秀传统文化中寻找源头活水，讲好中国故事，帮助受教育者树立正确的世界观、人生观、价值观，并形成正确的思维方式。习近平总书记指出："对历史文化特别是先人传承下来的价值理念和道德规范，要坚持古为今用、推陈出新，有鉴别地加以对待，有扬弃地予以继承，努力用中华民族创造的一切精神财富来以文化人、以文育人。"① 把中医文化的朴素唯物主义和辩证法思想，人文精神以及中医救死扶伤、仁心仁术的典故融入思想政治教育，既可以丰富思想政治教育的内容，让学生进一步了解中华优秀传统文化，也有助于学生更好地理解马克思主义的唯物辩证法，以形成正确的"三观"和思维方式。

（二）坚定中医文化自信，提升文化软实力

近代以来，中国国力衰败，不仅遭受西方坚船利炮的蹂躏，同时面临着西方文化的强势入侵。中国的先进分子试图通过学西方的技术和制度以救民族危亡，接连失败之后，开始全面反思和批判中国文化，于是中华传统文化长期处于被质疑，甚至被否定的境地，中国人对自身文化认同度急剧下降。随着综合国力的增强，中华民族迎来了伟大复兴的光明前景。民族复兴不仅是硬实力的复兴，也是文化软实力的复兴。文化自信，是一个国家文化软实力的核心，是更基础、更广泛、更深厚的自信，倘若国民对自己国家的文化都没有信心，文化软实力也就无从谈起。

中华民族几千年来所积淀的深厚历史文化是中国人的自信之源，中医文化是其重要组成部分。虽然近代以来西方中心主义和科学主义盛行，一些接受西学的人以西医体系来衡量中医，认为中医是落后的，不科学的，甚至主张废除中医，但中医的疗效证明了它不可替代的价值。时至今日，世界上其他古代医学近乎消亡，唯有中医学，经数千年而不衰。2020 年新冠肺炎疫情暴发以来，

---

① 习近平 . 习近平谈治国理政［M］. 北京：外文出版社，2014：164.

中医药在抗击新冠肺炎疫情过程中发挥了重要作用，彰显了中医药的巨大优势。传统中医学有其不科学和迷信的部分，但我们要破除科学主义的迷信，理性看待中医学，取其精华，去其糟粕，坚定中医文化自信。

中医文化自信源于中医吸收了中华传统文化的精华，它的生命智慧、辩证思维、人文精神、养生理念至今值得我们去弘扬；源于中医学辉煌的历史成就和顽强的生命力，在未来仍将继续守护人类的健康；源于中医药是一个伟大的宝库，利用现代科技，深入发掘中医药的精华，能够为现代生命科学作出贡献，青蒿素的发现就是范例；源于中医文化提升了中华文化的国际影响力，中医的治疗方法为其他国家的人民所认识和接受，尤其是针灸，在西方国家也得到了广泛的认可和支持。中医文化自信不是盲目的自恋，而是有底气的自信。思想政治教育要发挥其功能弘扬中医文化，坚定中医文化自信，提升文化软实力。

（三）促进健康中国建设

随着社会经济的发展，生活水平的提高，人们的生产生活方式发生了深刻变化，同时，人口老龄化进程加快，患心脑血管疾病、癌症、慢性呼吸系统疾病、糖尿病、高血压等慢性非传染性疾病的人数不断增加。居民健康知识知晓率偏低，吸烟、过量饮酒、缺乏锻炼、不合理膳食等不健康生活方式比较普遍，由此引起的疾病问题日益突出，给家庭带来极大的负担，也对当前的医疗资源构成巨大压力。在此背景下，我国提出健康中国战略。

健康中国战略强调要从注重疾病治疗向注重预防为主、防治结合转变。中医文化"治未病"的思想与之深度契合。中医文化经数千年而不衰，就在于它能够维护人的生命健康，能治已病，更能治未病。中医以其独特完整的理论体系和卓越的疗效，与西医共同承担着人类医疗保健及防病治病的任务。健康中国战略提出要坚持中西医并重，传承发展中医药事业。《健康中国行动（2019—2030年）》倡导个人了解掌握基本中医药健康知识。中医药学必将在健康中国建设中发挥更大的作用。

思想政治教育要提升国民的健康素质，促进健康中国建设，应从中医文化的养生保健理论中汲取资源。中医学强调要坚持人与自然的和谐，坚持人与人、人与社会的和谐，坚持健康生活方式，这些都是思想政治教育所倡导的生活理念。将中医几千年来形成的并被实践证明为有效的养生保健理论和方法融入思想政治教育，让年轻一代了解掌握和运用，有助于健康中国建设。

以中医药文化推动中医药高职院校
思政课改革创新

欧阳世芳①

培养什么人、怎样培养人、为谁培养人始终是中国特色社会主义教育事业要着力解决的根本问题。思政课作为落实立德树人根本任务的关键课程，发挥着"压舱石"的重要作用。习近平总书记在庆祝中国共产党成立100周年大会上的讲话中明确指出："坚持把马克思主义基本原理同中国具体实际相结合、同中华优秀传统文化相结合。"② 这深刻反映了新时代中国共产党人对中华优秀传统文化地位和作用的新认识，为中医药高职院校思政课改革创新提供了根本遵循。

一、新时代中医药高职院校思政课改革创新的重要使命

在博大精深的中华优秀传统文化中，中医药文化是重要组成部分。习近平总书记指出，中医药学是"祖先留给我们的宝贵财富"，是"中华民族的瑰宝"，是"打开中华文明宝库的钥匙"。③ 2021年3月6日，在看望参加全国政协会议的医药卫生界、教育界委员时，习近平总书记强调："要做好中医药守正创新、传承发展工作，建立符合中医药特点的服务体系、服务模式、管理模式、人才培养模式，使传统中医药发扬光大。"这些重要论述，体现了以习近平同志为核心的党中央高度重视中医药优秀文化的传承发展，凸显了中医药学在中华优秀传统文化中不可替代的重要地位。新时代中医药高职院校肩负着办好人民满意的中医药高等教育、推动中医药事业振兴发展及弘扬中医药优秀文化的重

---

① 作者简介：欧阳世芳，历史学研究生，广东云浮中医药职业学院马克思主义学院副院长。

② 习近平. 在庆祝中国共产党成立100周年大会上的讲话 [N]. 人民日报，2021-07-02 (02).

③ 习近平. 致信祝贺中国中医科学院成立六十周年 [N]. 人民日报，2015-12-23 (01).

要使命。如何把祖先留给我们的宝贵财富继承好、发展好、利用好，将学生培养成为堪当民族复兴重任的高素质人才是新时代中医药高职院校思政课改革创新的重要使命。

二、中医药文化蕴含丰富的思政教育资源

中医药学凝聚着深邃的哲学智慧和中华民族几千年的健康养生理念及其实践经验，其核心价值是中医药文化的灵魂，蕴含着丰富的思想政治教育资源。中医药文化的核心价值主要体现为以人为本、医乃仁术、天人合一、调和致中、大医精诚等理念，可以用仁、和、精、诚四个字来概括。

"仁"，体现了中医仁者爱人、生命至上的伦理思想。医圣孙思邈在《备急千金要方·诊候》中提出"古之善为医者，上医医国，中医医人，下医医病"，将医学同修身治国平天下结合起来。在抗击新冠肺炎疫情的过程中，医务工作者们始终把人民群众的生命安全和身体健康放在第一位，义无反顾地奔向抗疫前线，与疫情进行着殊死的战斗。在祖国和人民需要的关键时刻，挺身而出，体现出医者尊重生命、敬畏生命、爱护生命的"仁心"和"大爱"。

"和"，体现了中医崇尚和谐的价值取向。早在《黄帝内经》中，我们的祖先就认识到人是自然界的产物，人体的机能要和自然界的变化保持一致才能维持生命。"天人合一"思想强调个体自身的统一和人与自然的统一。疫情发生以来，各级卫生健康行政部门和中医药主管部门从全局出发，坚持中西医结合，统筹中西医资源，发挥中医整体调节作用，注重全过程、全方位发挥中医药诊疗作用，并取得了明显成效，生动体现了中医理论体系中的整体观。

"精"，体现了中医的医道精微，要求精勤治学，精研医道，追求精湛的医术。扁鹊、华佗、李时珍等医家坚持悬壶济世、博采众方，每一次侍诊尽职尽责，体现了专注执着、追求极致的职业精神。在抗击新冠肺炎疫情的过程中，对人员流动性的精准摸排、对"三区"的精细管理、对公共场所的精细消杀等，无不体现出抗疫工作者"至精至微"的工作态度。

"诚"，体现了中医人格修养的最高境界。表现在为人处世、治学诊疗、著述科研等方面要"真诚恳切，守信戒欺"。孙思邈认为医者面对患者要"深心凄怆，勿避险巇，昼夜寒暑、饥渴疲劳，一心赴救，无作功夫形迹之心，如此可为苍生大医"。历代名医提出的"医家十要""病家十要""医家五戒"等，都对医者和患者行为作出了具体规定。面对羸弱无助的患者，医者个人需要坚守诚信，面对新冠肺炎疫情席卷的全球，中国作为负责任的大国，也彰显出诚信。危难之际，中国倡导团结抗疫、共同构建人类卫生健康共同体，发挥全球抗疫

物资最大供应国作用，毫无保留地分享防控和救治经验，深入开展病毒溯源科学合作，尽力为各方提供援助。中国真诚为人类彻底战胜疫情而积极努力，为全球抗疫贡献中国智慧和中国力量。

由于中医药文化与思政课内容存在着天然联系，两者在教育功能、道德诉求和价值取向上具有一致性，中医药文化成了学生厚植爱国情怀、坚定理想信念、培养文化自信的重要思想政治教育资源。

三、中医药文化融入中医药高职院校思政课教学的路径探索

中共中央宣传部、教育部印发的《新时代学校思想政治理论课改革创新实施方案》明确指出，思政课改革创新要把握新时代、推进一体化、突出创新性、增强针对性、注重统筹性。这是对新时代思政课改革创新提出的基本要求。从加强党的领导、创新主渠道教学、善用实践大课堂、搭建资源平台、构建特色师资体系五个维度可以有效实现中医药优秀文化融入思政课教学，进一步推动新时代中医药高职院校思政课的改革创新。

（一）推动思政课改革创新必须加强党的领导

习近平总书记强调："办好中国的事情，关键在党。"① 坚持党的领导是新时代思政课把握正确政治方向、掌握意识形态话语权、培养优秀社会主义建设者和接班人的根基。高校党委必须加强对思政课建设的政治领导，用习近平新时代中国特色社会主义思想铸魂育人，落实好立德树人的根本任务。要切实加强党对思政课改革创新领导，把握好中医药高职院校思政课改革的方向。通过对思政课教学的把关，提高思政课的科学性、严谨性，确保思政课始终坚持马克思主义的指导地位和社会主义的根本方向。在改革创新的过程中，既不能把思政课上成了中医药学专业课，也不能脱离高职学生专业知识、能力、素质结构实际，空洞讲授思想政治理论。要通过建立健全党委统一领导、党政齐抓共管、有关部门各负其责的领导体制和工作机制，准确把握新时代中医药职业院校思政课"往哪改、改什么、怎样改"的问题。通过加强党的领导，始终牢记为党育人、为国育才的教育使命，把弘扬中医药文化作为推动新时代中医药高职院校思政课高质量发展的重要抓手，采取有效措施在队伍建设、基地资源、经费投入等方面提供有力保障。

---

① 习近平. 在庆祝中国共产党成立 100 周年大会上的讲话［N］. 人民日报，2021-07-02（01）.

（二）创新中医药高职院校主渠道教学

推动思想政治理论课改革创新，要不断增强思政课的思想性、理论性和亲和力、针对性。思政课教师要深化思政课与中医药文化的内在关联研究。例如，传统医德思想与"思想道德与法治"课中的道德内容如何相互融通；中医药文化的发展脉络与"四史"教育如何结合；如何在讲述马克思主义中国化的最新理论成果中讲好新时代发展中医药事业的指导思想；等等。马克思主义学院在对《习近平谈治国理政》第四卷开展专题学习和研讨时，要重视习近平总书记关于推进社会主义文化强国建设的论述，将其有机融入并全面贯通于中医药高职院校思政课的知识体系之中。在思政课的改革创新过程中，不能生搬硬套，不能"硬融入"、不能"表面化"，要坚持政治性和学理性相统一，坚持价值性和知识性相统一，坚持建设性和批判性相统一，坚持理论性和实践性相统一，坚持统一性和多样性相统一，坚持主导性和主体性相统一，坚持灌输性和启发性相统一，坚持显性教育和隐性教育相统一。

要建立有中医药文化特色的思政课课程群。中医药高职院校要加强以弘扬中医药文化为重要内容的课程群建设，形成必修课加选修课的课程体系。思政教师要围绕新时代的伟大实践，充分挖掘中医药名家思想的当代价值，将抗疫精神、科学家精神、大国工匠的先进事迹有机融入思政课教学之中。在方式方法上，综合运用小组研学、课题研讨、课堂辩论等课堂实践讲深讲透讲活中医药文化。在总体教学设计上，要根据中医药职业岗位的专业特点优化课程设计，充分体现中医药文化在立德树人中的重要作用。

（三）善用实践大课堂

着力构建具有中医药文化特色的实践教学体系。中医药高职院校要建立党委统一领导，马克思主义学院积极协调，教务处、宣传部、学工部等职能部门密切配合的思政课实践教学工作体系。积极整合思政课教师和辅导员队伍，共同参与组织指导实践基地教学。在这个过程中，要将思政课教师指导学生开展特色实践活动、指导社团等纳入教学工作量，为完善中医药文化特色思政课实践教学体系建立起人员、经费保障机制。

组织开展多样化的中医药文化特色实践教学。例如，建立马克思主义学院直接指导下的红色社团。依托红色社团平台，紧密结合高职学生认知特点和专业特色，灵活开展具有中医药文化特色的红色社团活动。在校内实践中，可以组建中医药文化宣讲队、开展中医药文化读书会、中医药学生创新创业大赛、"技能成才，强国有我"主题教育等一系列高职学生感兴趣、愿参与的校园文化活动。在校外实践中，可以利用节假日带领学生开展为群众服务活动，通过"三下乡"，为群众传授中医健康养生知识，带领学生参与名中医义诊活动，等等，让学生在践行中加深职业认同，在弘扬中医药文化过程中，点燃学生爱党爱国爱社会主义的热情。

建好用好中医药文化特色思政课实践教学基地。中医药高职院校思政教师可以充分利用现有中医药专业教学基地，分专题设立一批中医药文化特色思政课实践教学基地。思政课教师通过主动对接专业实践基地，开发现场教学专题，开展思政课实践教学。在实践基地建设过程中，积极与中医药企业、中医院等企事业单位建立长效合作机制。通过积极创造各类条件，高质量完成思政课实践教学任务。与此同时，要注重总结实践教学成果，把优秀成果作为课堂教学的有效补充，支持出版一批具有中医药文化特色的思政课实践教学成果，推动实践教学规范化。

（四）搭建思政课资源平台

要依托教研平台加强马克思主义理论和思政课教学研究。充分发挥广东高校区域思政课区域协同创新中心的引领作用，组织专家、学者、思政教师共同对课程改革创新过程中的难点及对策问题开展研讨。充分发挥人文社科研究项目、思政课教师研究专项作用，围绕中华优秀传统文化融入高校思政课教学等问题的理论、实践、经验进行交流和总结，进一步推广优秀工作案例。同时，要注重研究马克思主义理论指导中华优秀传统文化在新时代的创造性转化、创新性发展，让中华优秀传统文化真正成为思政课的有机组成部分，要把弘扬中医药文化与弘扬时代精神结合起来，使中华优秀传统文化具有当代价值。

此外，马克思主义学院要主动加强与同类高职院校的沟通与交流，致力于建设中医药高职院校共同教研云平台，将弘扬中医药文化与推进思政课信息化建设紧密结合起来。通过共建共享中医药文化教育资源，推动教学资源建设常态化机制化。依托同类院校的合作，深化相同领域课题研究，提高同类教育资源的利用率。思政课教师可以根据课堂教学需要，选择云平台中的中医药学案例开展课堂导入、重难点解析、直观演示等活动；可以筛选学生需要的资源和素材，借助平台提供的任务单、作业习题和微课资源开展实践活动。

要积极鼓励中医药高职院校学生围绕教育教学主题创作具有中医药文化特色的微电影、动漫、音乐、短视频等，充分发挥高职学生群体在弘扬中医药文化过程中的自我教育功能。借助云平台，促进同类高职院校学生跨校展示思政课学习成果，促进思政教师和学生的深入交流。利用云平台，学生可以便捷地调阅所需的思政电子教育资源。通过建设资源共享、在线互动、平台展示等为一体的"云上思政课",更好地实现思政教育从碎片走向整合,从封闭走向开放,在课程信息化建设中推进思政课的改革创新。

（五）构建具有中医药文化特色的思政课师资体系

坚持开门办思政课,充分调动全社会力量和资源构建具有中医药文化特色的师资体系。

首先,要注重发挥好专任思政教师的"主力军"作用。思政课教师首先要坚定"四个自信",要实现让有信仰的人讲信仰。要引导思政教师准确把握知识传授和价值引导的关系,要在弘扬中医药文化中阐释中国道路、中国理论、中国制度、中国文化的魅力和优势。既要引导教师充分认识到中医药文化里蕴含的丰富思政育人价值,也要提醒教师把握好守正创新的度,避免消解思政课的政治性、思想性。马克思主义学院要积极组织教师对中医药企事业单位、相关实习点、实践基地开展调研、学习,加强教师本身的实践,锻炼培养一批对新时代中医药事业发展有深刻认识和理解的思政课教师。

其次,要充分发挥兼课教师在思政课教学中的"协同军"作用。中医药高职院校可以积极邀请国医大师、优秀企业家、临床专家等担任思政课讲座嘉宾,积极鼓励现任或退休党政干部、道德模范、劳动模范、大国工匠等先进代表参与思想政治教育;要鼓励学校二级学院院长、专业负责人带头讲思政课,努力加强马克思主义学院与其他二级学院的横向联系,适当开展跨学院备课、交流,实现思政课教学与"中国传统文化概论""国学经典导读""大学语文"等人文素质教育课程相关内容的有效衔接,确保思政课与课程思政同向同行,实现中医药高职院校思政课在改革创新中提质增效。

课程思政视域下高校美育课程
建设的身体美学逻辑

廖世桢①

《高等学校课程思政建设指导纲要》将课程思政教学体系划分为公共基础课程、专业教育课程及实践类课程。其中，公共基础课程明确提出，致力于打造一批有特色的美育类课程，在美育教学中不断提升学生的审美素养，从而陶冶其情操、温润其心灵、激发其创造创新活力。教育部于2019年颁布的《关于切实加强新时代高等学校美育工作的意见》明确提出，到2035年形成多样化、高质量的具有中国特色的社会主义现代化高等学校美育体系。

由此可见，高校美育课程建设在政策上愈发得到重视。当前，对本民族文化的挖掘也越来越深入，《庄子》一书作为道家的代表典籍，其中蕴含了大量的身体美学资源，身体美学对当前课程思政视域下高校美育课程的建设具有一定的启发意义。

一、婴儿的身体隐喻：以美养性

据统计，《庄子》书中的各类形象约有300个，大多为虚构之产物，和现实相差甚远。庄子之所以虚构大量的形象是为了表达自己的理想，婴儿便是其中极为重要的一个意象。"婴儿"在《庄子》书中共出现17次，有时又以"儿子""孺子""赤子"等名称出现。婴儿拥有自然本性。《庄子·山木》篇中，孔子向子桑雽请教为什么自己和身边的人在危难之际总是会疏远离散。子桑雽用"假人之亡"的故事来劝诫孔子，林回在逃亡之时，选择背着婴儿逃走，却舍弃了价值连城的玉璧，因为在他看来，玉璧和人只是利益的结合，婴儿与人却是天性的关联。以利益相结合的，遭遇患难时只会互相遗弃，以自然本性相关的，才能互相依靠。从这里可以看出，婴儿拥有本真的天性，远离外在名利

---

① 作者简介：廖世桢，女，广东理工学院马克思主义学院专任教师，哲学硕士。

等世间纷扰，在危难之时也不会抛弃同患难之人。

庄子继承了老子的思想，主张身心一元论，而非二元论。婴儿所具有的自然本性与身心息息相关。当今社会，人的异化问题突出，危害着人的身心。"异化"这一概念虽最早由西方学者提出，但在庄子所生活的年代，这一问题同样突出，人逐渐被"物"所奴役，财富、权势、贪婪等各种异己力量控制着身心。于是，庄子发出了强烈的抗议，要求回归人的自然本性。在李泽厚看来，庄子很可能是世界思想史上最早的反异化的呼声，这种呼声产生于文明的发轫期。

美育致力于提高学生的审美能力，此种能力有赖于人的自然本性，提倡身体回归人的自然本性，对高校美育课程的建构具有一定的启示意义。回归自然本性有助于提高主体的个性。在物欲横流的现实社会我们很容易迷失自我，迷失自我的结果是个性的消失以及人的本质的扭曲，这两者消失、扭曲之后往往也就丧失了审美力。

要构建高校美育课程，应从初始阶段入手，从回归人的自然本性入手，为此可通过"心斋"的方式不断接近人的自然本性。"心斋"即摒除外界的一切搅扰，断绝身心的欲望，这与审美活动有相似之处，审美活动的初始阶段也不应掺杂任何外在意图，诚如宗白华所言："艺术心灵的诞生，在人生忘我的一刹那，即美学上所谓'静照'。静照的起点在于空诸一切，心无挂碍，和世务暂时绝缘。"①

如何在高校美育课程中通过"心斋"的方式使学生的心灵逐渐回归自然本性？一方面，可在课堂上选取适量的古代典籍，如《庄子·人间世》《庄子·大宗师》等文本为学生做深入浅出的阐释，引导学生在空境中感悟万事万物之美；另一方面，可在课后组织学生到大自然中感受自然之美、寻找遗失的自我本性。

二、畸人的身体隐喻：以美育德

自然的身体是庄子极为推崇的，但在当时的社会环境下，回归身体的自然本性难以实现，于是庄子将"德性"赋予身体，通过塑造大量的畸人意象来隐喻德性的完满，希望在人间世中为我们寻找到相对完美的身体状态。《庄子》书中塑造的畸人意象共有 12 个，他们或瘸腿、或无趾、或无唇，形体都有不同程度的残缺。庄子借畸人不完美的外在形象来反衬内心之完满，诚如徐复观所言："凡他所假设出来的残缺丑陋的人物形象，无非借此以反映出其所蕴藏的意味之

---

① 宗白华．美学散步［M］．上海：上海人民出版社，1981：43.

美，灵魂之美。而意味之美，灵魂之美，才是真正艺术的美。"①

庄子笔下的畸人能做到"才全而德不形"。《庄子·德充符》中，孔子称赞哀骀它是一个"才全而德不形"之人，面对哀公的疑惑，孔子进而解释，所谓"才全"就是懂得生、死、贫、富等外在事物的变化如昼夜运转般不为人为所左右。既然人为的力量无法改变事物的轨迹，那么就没有必要让外在事物扰乱内心的平静。始终保持内心的平和，这样就能培养出与时推移的心灵。"德"是世间最美好的修养，它和道一样无迹可寻，却为万物所亲附。有了"德"的涵养，内心就可以保持静止状态不为外物所搅扰。哀骀它虽然是一个面貌丑陋之人，却能自然而然地取得众人的信任，哀公甚至想把国事交给他，这是因为他是一个"才全而德不形"之人，能够始终保持安逸自得的状态，不让外在变化扰乱内心的平静。《庄子》书中的畸人由于德性的完满，能够做到超越贫富和贵贱，从而成为百姓跟随的对象，他们和普通人、贵族之间是平等的关系。

美育与德育是相互交织的关系，两者并不是完全独立的两种教育方式。诚如王国维所言："美育者一面使人感情之发达，以达完美之域；一面又为德育与智育之手段。"② 通过美育的方式，可以净化人的心灵，从而滋养道德。

在庄子看来，可通过"物化"的方式促进"德"的增长，"故为是举莛与楹，厉与西施，恢诡谲怪，道通为一，其分也，成也；其成也，毁也。凡物无成与毁，复通为一。"③ 世间万物没有贵贱、高低、美丑的区别，皆由"道"产生。人们倘若执著于对各种区别的争执，便会封闭心灵、远离美。既然万物一体，就应该按照事物本来的状态去看待物，让物呈现出原本的状态。"以物观物"是一种审美境界，在消除物我对立之后，在物我的纯粹对话中，审美活动便能持续下去。

如何在高校美育课程中通过"物化"的方式促进"德"的增长？可通过充分调动学生审美心理的内在动力机制，充分发挥学生审美主体的主观能动性，在主客合一的状态中引导学生纯粹的感受美的力量，而不是将美当作客观知识灌输给学生。

三、手艺人的身体隐喻：以美游艺

道是庄子思想的最高范畴，自然的身体、德性的身体都为庄子所推崇，但

---

① 徐复观. 中国艺术精神［M］. 北京：九州出版社，2020：60.
② ［清］王国维. 论教育之宗旨［M］. 北京：中国文史出版社，2007：32.
③ 陈鼓应. 庄子今注今译［M］. 北京：中华书局，2016：75.

它们和道依旧隔了一层，于是庄子通过《庖丁解牛》《吕梁游水》《梓庆削木》等寓言故事来展现技艺的身体，通过技艺的身体来实现身体与道的联结。其中《庖丁解牛》的寓言便是技艺之身的集中体现。

庖丁解牛经过了三个阶段。身心分离是庖丁解牛的第一阶段，此时身心并没有发生连接，甚至可以说处于对立状态，身体受到心灵的控制，离技艺的熟练也还有一定的距离。身心交流为第二阶段，在这一过程中，庖丁通过反复的身体实践，最后达到"三年之后，未尝见全牛也"①的境界。此时庖丁、刀、牛三者之间已进行了充分的交流，彼此熟悉，身体受心灵控制转变为身心相互交流融合。身心合一是第三阶段，经过前两个阶段的身体训练，庖丁越过身、心的阻碍，达到了"以神遇而不以目视，官知止而神欲行"②的境界，原本身心分离、物我两隔的状态现在达到了完全的契合，庖丁此时不再需要凭借心灵的指导，通过反复训练形成的身体记忆就能够自然而然地肢解牛的躯体。

《庖丁解牛》揭示了身体与道的关系。"庄子的'道'与其说是一个单一抽象的、可以下明确定义的纯粹性概念，倒不如把它看作一个含义丰富、生气勃勃的、夹带着强烈情感和直观感受的理想。在庄子看来，游心于道，就是'至美至乐'。所谓的得道之人，就是有一套超越人间一切分际、烦恼的本事，不为功名利禄、生死祸福而动心，具有一种坚强深厚和一致性的主体情致。"③庖丁便是这样一个"体道"之人，能够超越人间苦难。庖丁在艰难的人间世中，为生活所累，身体也每日被解牛这一工作所束缚，得不到自由。但他并没有因此而苦恼，在现实生活中抱怨，他超越了现实，达到了一种审美的自由境界。

在庖丁解牛的寓言中，我们不仅关注庖丁的身体，还要关注牛的身体。在庖丁"以神遇"的观照下，牛的身体呈现状态由一开始的"所见无非全牛者"转化为"未尝见全牛"。其中"大郤""大窾"起着至关重要的作用，它们是牛身体中虚空的地方，实现了牛各个部分之间的联结。正是因为有了身体的虚空处，庖丁用刀的对象不再是牛，而是物之天理，顺着物之天理来肢解牛，便能做到游刃有余。牛结构的空隙也因此成了道敞开的空间隐喻，庖丁在大道开显的场域下，人牛交融、挥刀自如，解牛的过程也成了艺术创造的过程。

庄子看似是否定艺术的，"擢乱六律，铄绝竽瑟，塞瞽旷之耳，而天下始人含其聪矣；灭文章，散五采，胶离朱之目，而天下始人含其明矣"④。实际上，

① 郭庆藩. 庄子集释［M］. 北京：中华书局，1985：119.
② 郭庆藩. 庄子集释［M］. 北京：中华书局，1985：119.
③ 刘绍瑾. 庄子与中国美学［M］. 长沙：岳麓书社，2007：43.
④ 陈鼓应. 庄子今注今译［M］. 北京：中华书局，2016：67.

他并不是彻底地否定艺术，而是否定矫揉造作的艺术。庄子认为真正的艺术要上升到道的高度，庖丁在解牛的过程中，与牛合二为一，主客体的对立不复存在，由"必然王国"进入了"自由王国"。

在高校美育课程建设中，一方面，我们要注重培养学生的理论思维，即传授关于美的形而上理论知识；另一方面，也要注重培养学生的创作能力，不断提高学生的艺术创作水平，引导学生在艺术创作中摒除外在事物，从艺术本身感受自由和快乐，例如通过诗词类美育课程创作一首作品，通过绘画类课程创作一幅画，通过音乐类课程填出一首词，等等。此类课程的开设有助于将理论和创作两者结合起来，不断提高学生的审美能力和艺术水准。

四、神人的身体隐喻：以美树人

《庖丁解牛》《梓庆削木》等寓言通过技艺的身体达到了"体道"的境界，但庄子并没有止步于此，他追求身体与道的合一，在这种境界中，身体实现了完全的自由。神人便是其塑造的用以隐喻自由的理想意象。庄子笔下的神人既具有神性的特征，同时是超越现实的体道之人的代表。

《庄子》书中的神人具有两个显著特征。第一是超越功利，神人虽不求功名，但他的"尘垢秕糠"就可以造就治世圣君，正如陆树芝所言："以其精治身，而得其粗迹犹可治理天下而有余，成就一个尧舜出来，岂肯以物为事？盖不为其事，则有功而不见其功矣。"① 《庄子·人间世》中用树木的不成材来类比神人的"无功"，楸、柏、桑等这些树木长大后便会被中途砍伐，不能享受天赋的寿命，这都是因为"有用"带来的灾难，而在祭祀河神的时候，被认为不吉祥的白额的牛和鼻孔向上翻的猪，以及生痔疮的人却能够顺利免除祸患，神人认为这些人才是最吉祥的，因为他们最终因为"无用"而保全了自己的身体。

第二是逍遥无待。在《庄子·逍遥游》中，神人通过"游"的方式来实现自由，摆脱"有待"的尘世，"游的过程正是实现的过程，实现个体局限的超越，达于逍遥与自由的境界"②。神人的"游"是一种身心合一之游。庄子通过"有待"和"无待"来阐述身心合一之游。认为"列子御风而行"即是有待，它需要借助风才能飞翔，风是决定他能否获得逍遥游的要素。"御六气之辩"则是无待，所凭借的是自然界的气，是一种近乎道的物质，在气的氤氲环绕中"游"，能够消除物我的对立，我不再为物所阻碍，顺应自然本性逍遥游于天地

---

① 陆树芝. 庄子雪 [M]. 上海：华东师范大学出版社，2011：9.
② 李大华. 自然与自由：庄子哲学研究 [M]. 北京：商务印书馆，2015：257.

间。神人在天地间自由逍遥，不为俗事所累，对事物无欲无求，身体实现了与道的合一。

神人的意象对高校美育课程的建设具有启示意义。一方面，有助于塑造理想人格，神人具有超越功利的特征，高校美育课程的目标设置也应超越功利，关注个体，保持个体的精神独立和自由；另一方面，神人逍遥无待的人生态度有助于引导学生去追求审美人生，"只有以一种类似于审美的态度去关照万物，体察人生，才能体悟到生命的真正意义，才能实现个体的自由生存"①。

结　语

当前，高校美育课程仍然存在不少问题。审美教育轻视体验，教师往往在课堂上注重灌输美学知识，学生被动地接受知识本身，而没有参与到审美体验的过程中来，从而导致了审美主体性的缺失，无法真正激发学生作为审美主体的审美自觉，也就很难获得鲜活的生命体验，无法使身心获得协调。庄子的身体美学启示我们，可通过美育的方式培养学生的性情和道德，提高学生的艺术创作水平，不断促进学生完美人格的形成。

庄子笔下的婴儿、畸人、手艺人、神人着重的修养方式虽不同，但他们都共同追求一种审美化的人生。在庄子看来，审美化的人生就在于超越，摆脱功利、欲望、环境等外在因素的束缚，回归审美主体的内心感受。我们目前所提倡的每个人自由而全面的发展和庄子的思想也有契合之处，每个人自由而全面的发展需要经济基础的支撑，但更重要的，是每个人的主观意识，倘若我们能够超越一切外在条件，便能在内心获得自由。当内心拥有足够多的自由时，也能促使我们在现实社会中更好地生活。

---

① 杜卫 . 美育论［M］. 北京：教育科学出版社，2014：18.

中华优秀传统文化融入大中小学
思想政治课教学

刘明山　邢旭辉①

中华优秀传统文化在中小学课本内容中的比重和中考高考的试题分数比重都在加大，这些现象都为中华优秀传统文化融入大中小学思政教育打下了较为坚实的基础。文化终究是靠人来传承，活着的传统才是真正的传统。作为当代的中国青少年，应传承和弘扬中华优秀传统文化，与祖国同心同行，为中华民族伟大复兴作出自己应有的贡献。

一、中华优秀传统文化融入大中小学思政教育的价值

(一) 丰富大中小学思政教育的教学内容

中华优秀传统文化包含了极其丰富的道德价值，是大中小学思想政治教育中的重要内容和有益补充。历史名人和历史故事中可供挖掘的人文性和精神性资源非常丰厚，并且几千年传承中的思想熏陶和独特魅力必将对广大学生产生深远影响。

现代教育强调自主意识和独立人格的培养，但是集体意识和团队精神同样重要，两者不可偏废。红色教育更多侧重于集体意识和奉献精神，而儒家则在社群问题上卓有建树。以儒家为代表的中华优秀传统文化十分重视个人修养，即如何做人的大课题。学习知识是成才教育，成才离不开成人。如果人格教育缺失，这样的人才很可能会对社会造成损害。儒家的核心理念是"仁"，二人成仁。二人可以视为两个人，也可以是两个族群。家族是族群，民族也是族群。"仁"就是处理二人之间的关系。所以，儒家文化有着强烈的现实感和价值感，也最能代表中国人的思维方式和价值体系。"德者，得也。"现代汉语中对于道

---

①　作者简介：刘明山，广东松山职业技术学院教师，辽宁大学中国哲学博士；邢旭辉，广东松山职业技术学院教师，辽宁石油化工大学马克思主义基本原理硕士。

德的理解相对于传统文化而言较为狭隘。儒家的君子不仅是现实生活中的好人，更是国家治理中的能人。所以，大中小学的中华优秀传统文化教育一应该是价值观引导，二应该是思维方式的训练。

在很多地区，义务教育阶段就开设了一些寄宿学校。我们发现有些学生的适应能力较差，甚至出现一定程度的社交障碍。一些家长认为自己的孩子不适合这种教育模式，而校方也不愿意收取这样的学生。当然随着年龄的增长，这些学生的状况会得到不同程度的改善。但是从根本上而言，这是成人教育缺失所造成的后果。今天很多家庭中的"巨婴"，是一种值得警醒的社会现象。我们在成人教育上不仅需要投入必要的学时，建设相应的课程，还要追求教学的效果。在应试教育的大背景下，学校、家长和社会普遍重视知识的传授。"双减"计划出台后在一定程度上舒缓了这一"病症"。但是，根本消除应试教育的影响还需要很长时间。所以，如何促使学生的自身行为与传统价值同向发展，如何把传统文化融入思政教育，如何解决学生的现实需求，都是值得思考的问题。

（二）树牢大中小学学生的爱国主义精神

爱国主义是我国思政教育核心主题之一，也是社会主义核心价值观的理念之一。中华优秀传统文化融进大中小学思政教育就是要更有效地激发学生们的爱国热情，自觉地承担起中华民族伟大复兴的历史责任。大中小学思政教育就是要把学生培养成为一名社会主义合格的建设者和接班人。

中华优秀传统文化深深植根于华夏文明几千年的历史过程中，涌现出了太多的爱国者和民族英雄。屈原、范仲淹、陆游、岳飞、文天祥、戚继光、郑成功、林则徐只是杰出代表，这样的人物还有很多。新中国成立之后，很多海外学子学成归国以建设新社会。从他们的成长经历和求学经历而言，更多的是受到传统文化的感召。新中国成立七十多年来，不同领域的卓越科学家们以其高尚的人格和深厚的情怀感染着一代代年轻学子。李四光、竺可桢、吴有训、华罗庚、林巧稚、张钰哲、侯德榜、丁颖、熊庆来、汤飞凡、张孝骞、梁思成、梁希、茅以升、严济慈、周培源、贝时璋、钱学森、侯祥麟、钱三强、王淦昌、赵九章、郭永怀、邓稼先、朱光亚、王选、丁文江、金善宝、叶企孙、叶笃正、王大珩、黄昆、于敏、陈景润、刘东生、程开甲、吴文俊、袁隆平等，这一个个恒星般的名字共同闪耀在新中国的历史上。

（三）提升大中小学学生的思想道德素质

中华优秀传统文化融入大中小学思政教育，在一定程度上会提高学生们的道德素养和人文素质。中华优秀传统文化蕴含着极其丰富的人文精神和哲学思想，对于提升大中小学学生的文化认同感很有帮助。华夏文明、中华儿女不仅是一种地域和族群的概念，更是一种文化上的认同感。正是这种深植于灵魂中的认同感和归属感，才使得中国人无论走到哪里都心系祖国。爱国才是最大的道德。

今天的学校教育有着明显的功利化倾向，这与应试教育有一定的关系。但是，就目前的国情而言，应试教育在较长的时期内仍是选拔优秀生源的主要途径。教育存在一定程度的功利化在所难免。可惜的是部分大学生受市场价值的诱导越来越追逐名利，更可怕的是学生年龄不断下移的趋势。传统儒家在"义利之辨"中有着明确的价值导向，就是舍生取义、杀身成仁。孔子周游列国，颠沛流离，"知其不可为而为之"。子路求仁得仁，虽死无悔。为了新中国，又有多少年轻人明知九死一生，却仍然奔赴战场。我们尊重不同的人生选择，但是作为教师理应提倡崇高的价值追求。

二、中华优秀传统文化融入大中小学思政教育的原则

（一）传承与创新相结合

华夏文化源远流长，圣贤辈出，不乏经典。先秦时期，百家争鸣；隋唐时期，三教融合；宋明时期，理学昌盛。但是，纵观中国两千多年的封建文明，仍是以儒家为主导。传承与创新是一个永恒的话题，似乎所有的文明形态和文化样式都面临着这样的挑战。创新是在传承的基础上发展出来的新事物。那些横空出世天才般的构想和发明毕竟是极少数，即使是这种情况也离不开前期的积累，只不过这种因果关系非常模糊罢了。

没有传承就难有创新，为了有效地创新就必须更好地传承。目前，中华优秀传统文化的传承还是主要依靠学校教育。教材和课程始终是学校教育的重中之重，更是义务教育的重中之重。但是，具体地选择哪些内容进入大中小学的课本和课堂仍然需要反复推敲。传统美德的时代内涵应如何把握？中华优秀传统文化的现代解读是否偏离了传统？这种偏离是合理的还是误读？用现代科学方法和哲学方法解读中华优秀传统文化会造成怎样的后果？还是在实践中不断地总结经验教训又归于实践？

（二）借鉴与融合相结合

中国文化绵延至今，是世界文明史上的奇迹。虽然说有四大文明古国，但是古埃及、古印度和古巴比伦早已湮灭在历史长河之中。文艺复兴使古希腊文明重见天日，就其本质而言，文艺复兴是对希腊文明的再创造。中华民族的伟大复兴离不开中国文化的伟大复兴,如果仅仅是简单地尊古、复古、学古,一来对不起列祖列宗,二来辜负了这个伟大的时代。中华文明相对于其他古文明而言,有一个巨大的优势就是文献的保存相当完整而丰富。即使有焚书坑儒和文字狱,也不能抹平这种优势。文献资料相当丰富,但是学脉传承堪忧。这也是近些年来国家及各级政府重视"非遗"文化的时代背景和市场背景。

大中小学都有思政教育课程,而很少有学校开设专门的中华优秀传统文化课程,即使是高等教育也只是部分高校开设了传统文化通识课。所以,就教育布局而言,思政课是主干课,传统文化是辅助课。就其本质而言,其都是为了"为党育人,为国育才"。所以,思政课和传统文化通识课应该互相借鉴和融合,而以思政教育为主。

大中小学学生处于不同的人生阶段,思维方式、行为习惯和价值追求都有较大的差异性。如何有效地进行大中小学的衔接是一大难题。我们不仅需要专业的研究者,更需要那些实实在在活在文化传统中的一个个中国人。庞大的传统文化人口基数才是华夏文明真正的基础和未来。我们需要在形式上和内容上不断地充实中华优秀传统文化。自然人口基础并不能自动地转化为文化人口基础,所以我们需要系统化的训练和培养。在这个过程中我们应该有胸襟"借鉴人类一切优秀文明成果"。

三、中华优秀传统文化融入大中小学思政教育的途径

(一)大中小学"一体化"建设

要想取得良好的教学效果,就必须把中华优秀传统文化贯穿国民教育始终。"围绕立德树人根本任务,遵循学生认知规律和教育教学规律,按照一体化、分学段、有序推进的原则,把中华优秀传统文化全方位融入思想道德教育、文化知识教育、艺术体育教育、社会实践教育各环节,贯穿于启蒙教育、基础教育、职业教育、高等教育、继续教育各领域。以幼儿、小学、中学教材为重点,构建中华文化课程和教材体系。"[①] 传统文化教育需要从娃娃抓起。九年义务教育是极其重要的教育阶段,是打牢基础的关键时期。小学阶段就内容而言当以蒙学和诗词为主,目的是让学生们感受到中国文化的大美,汉字之美、音韵之美和意境之美。中学阶段就内容而言应以议论文(策论)为主,辅以较为复杂的诗词。在教学过程中应做到情理交融,学生们既有情感认同又有理性认知。

---

① 中共中央办公厅,国务院办公厅. 关于实施中华优秀传统文化传承发展工程的意见 [N]. 人民日报,2017-01-26(06).

大学阶段则侧重经典中的义理之学。儒家修身、齐家、治国、平天下的政治理念和人生信条与当今中国的时代精神相契合。儒家最重要的经典就是"四书五经"。"五经"是指《诗经》《尚书》《礼记》《周易》和《春秋》。诸子百家之前就有"五经",五经是诸子百家共同秉承的文化资源。只不过孔老夫子删定六经之后,"五经"才成为儒家的"正典"。四书是指《论语》《孟子》《大学》和《中庸》,四书又称为四子书。《大学》和《中庸》原本是《礼记》中的两篇文章,南宋大儒朱熹特意选中并与《论语》和《孟子》并列为四书,从此"四书五经"便成为后世王朝科举考试的重要内容。在汉武帝"罢黜百家,独尊儒术"之后,儒家成为中国社会的官方哲学。五经乃至后来的"十三经"更是发挥了极其重要的作用,成为中国文化长盛不衰的经典。

（二）转变教育观念,推进教学改革

思政育人与传统文化育人是内在统一的。想要提高传统文化与大中小学思政教育的融合,必须转变传统的思想政治教育观念,有效实现中华优秀传统文化与思想政治教育的结合。大中小学的思政教师不仅要自觉提高对中华优秀传统文化的重视程度,还要踏实地丰富自己中华优秀传统文化的知识储备。思政教师必须自己深入学习中华优秀传统文化,对于重要经典有着较为全面的理解。教师有一桶水才能给学生一杯水,教师学养的深厚程度直接影响到教学效果。所以教师除自身要加强学习之外,有关部门也要组织思政教师系统学习中华优秀传统文化。关于这一点党和政府已经深刻地认识到:"加强面向全体教师的中华文化教育培训,全面提升师资队伍水平。"[①] 思政教师自己也应该有意识、有计划地在学生中推广中华优秀传统文化,并培养他们的文化认同感和传承意识。引导学生不仅要在课堂上努力地学习中华优秀传统文化的相关知识,更要在生活中去自觉体认传统文化的行为模式和价值追求。

课堂教学是主渠道,必须加强并改进课堂教学,积极探索教学方法,勇于尝试教学改革,不断更新教学内容,加快推进教材体系建设和课程体系建设。教师应有效提升课堂教学的知识性和接受度,尽量满足学生成长中的要求和希望。如果能够结合学生的生活实际和社会热点问题进行讲解,那么课堂教学将更具感染力和亲和力。在课堂上可以进行小组讨论和课堂辩论;在学校里可以组建学生社团,进行诗词创作,开展国画赏析等;在社会上,高年级学生可以进行社会调研。

---

① 中共中央办公厅, 国务院办公厅. 关于实施中华优秀传统文化传承发展工程的意见 [N]. 人民日报, 2017-01-26（06）.

（三）营造浓厚的中华优秀传统文化氛围

除了在思政课堂尽量融进传统文化，还要积极开展校园文化建设，营造浓厚的传统文化校园环境；可以开展多种文化活动，丰富校园文化，弘扬民族精神，如讲座、朗诵、文艺晚会、主题征文、礼仪实践等活动；还可以进行图文并茂的宣传板、文化墙建设。让学生在浓厚的传统文化氛围中感受中华优秀传统文化。这是一种潜移默化的影响，学生久处于其中便会自带几分传统文化的气息。

令人遗憾的是许多大中小学学生对于我国的节日文化和民间风俗都缺少了解，这些都是最"接地气儿"的文化现象。在这一点上家庭、学校和社会都负有一定的责任。家长不重视，学校不讲授，社会不支持。我们必须破除这样的偏见：传统的东西就是落后的，封建时期的产物都是封建的。看待事物应以内涵为标准，而不是时间上的先后。关键是大中小学要在这一问题上能够形成一个基本的共识：中华优秀传统文化必须传承下去，而且是有计划、有意识地传承。最有效的传承必须是个人、家庭、学校和社会形成合力。单单依靠学校的力量，尤其是单单局限于课堂教育，就很难实现文化传承的历史使命。只有个人、家庭、学校、社会的共同努力才能在全社会营造出一种继承文化、传播文化、发展文化的浓厚文化氛围。

素养是一种骨子里的东西。文化的感染力不能仅仅局限在语文教育和思想道德与法治教育的课堂上，虽然这两门课程与中华优秀传统文化的相关性最强。虽然其他课程讲授的具体知识内容可能与中华优秀传统文化的相关性并不强。但是，师者的人格和情怀却是学生们能够清晰地感受到的。在这一点上，老一辈学人堪称典范。改革开放四十多年以来，有多少顶尖名校的优秀学子出国留学？这些人中又有多少人留在了异国他乡？科学没有国界，科学家却有国界。如果他们学到的不仅仅是专业知识，还有老一辈学人的家国情怀，他们又会作何选择？有些时候，大学里思政教师的一堂课可能不如专业教师的一句话作用大；在中小学科任教师的一堂课也可能不如班主任的一句话。如果学生们见到教师都在为名利而奔波，又怎么指望他们在走上社会之后能为祖国而奋斗。所以课程思政非常必要，思政教育不仅仅是思政课程和思政教师的责任，同时是所有师者的责任和担当。

粤西优秀传统文化融入当地高校
思政课的思考

区玉莹①

习近平总书记在庆祝中国共产党成立 100 周年大会上指出，在实现第二个百年奋斗目标的赶考路上，"坚持把马克思主义基本原理同中国具体实际相结合、同中华优秀传统文化相结合，用马克思主义观察时代、把握时代、引领时代，继续发展当代中国马克思主义、21 世纪马克思主义"②。"两个结合"表明运用马克思主义不仅能够认识并解决中国革命、建设、改革等实际问题，而且在与中华优秀传统文化结合的过程中，能为深化改革开放提供丰富的思想资源。当前，学界关于马克思主义与中华优秀传统文化相结合、中华优秀传统文化融入高校思想政治课的论述颇多③，对如何挖掘具体地区的优秀传统文化并使之融入当地高校思想政治课等问题尚未深入。本文拟在前辈学者关于"两个结合"理论价值及时代价值论述的基础上，结合粤西地区历史、民俗及人类学等相关内容，尝试挖掘该地区可待利用的教学资源，窥探粤西地区优秀传统文化融入思政课的维度把握及实现路径。

---

① 作者简介：区玉莹，罗定职业技术学院专任教师，历史学硕士。
② 习近平. 在庆祝中国共产党成立 100 周年大会上的讲话 [R]. 2021-07-01.
③ 关于马克思主义与中华优秀传统文化相结合的文章，如刘建军. 论马克思主义基本原理同中华优秀传统文化相结合 [J]. 中国人民大学学报，2021（6）：14-23；杨威，刘宇. 习近平总书记关于中华优秀传统文化科学论断的理论视阈与思想维度 [J]. 学术论坛，2016（9）：137-143；沈湘平. 坚持把马克思主义基本原理同中华优秀传统文化相结合 [J]. 中国高校社会科学，2021（5）：9-18. 关于中华优秀传统文化融入思政课的文章，如陈爱萍，刘焕明. 中华优秀传统文化融入高校思想政治理论课的实践路径 [J]. 思想教育研究，2020（9）：108-111；于超，于建福. 中华优秀传统温暖融入高校思政课的价值与路径 [J]. 党建思政，2021（5）：40-42；黄岩，朱杨莉. 中华优秀传统文化融入高校思政课的思考 [J]. 思想政治教育研究，2019（1）：81-86.

一、何以可能："两个结合"视域下粤西优秀传统文化的共性与特性

"两个结合"不仅是对百年来共产党人运用马克思主义解决中国实际问题的经验总结，更是为"百年未有之变局"国际背景下的中国坚持和发展马克思主义提供了方向的指引①。粤西优秀传统文化作为中华优秀传统文化的重要组成部分，存在独特的人文特色。把握粤西优秀传统文化与中华优秀传统文化之间的共同属性，厘清粤西优秀传统文化的特性，有利于增强当地人文乃至中华传统文化的亲切感和亲和力，为高校思想政治课提供鲜活的素材。

（一）精神内核：粤西优秀传统文化与中华优秀传统文化的共同属性

中华民族在长期的发展过程中，沉淀出富有东方色彩的精神底蕴，这种文化底蕴深刻地影响了一代代华夏子女的思维方式与行为方式。在国家危难之际，"苟利国家生死以，岂因祸福避趋之"的奉献精神为人动容；在追求崇高理想而悲痛失意时，"常衔西山之木石，以堙于东海"的精卫鸟予人"虽不能至，心向往之"的勇气；在感慨人们"寄蜉蝣于天地，渺沧海之一粟"的微不足道时，"自其不变者而观之，则物与我皆无尽也"的朴素辩证令人深思……古人的家国情怀、社会关爱、人格修养等精神品质，都是中华优秀传统文化中的瑰宝。

粤西优秀传统文化与中华优秀传统文化所蕴含的价值观与高度凝练了当代国人价值共识的社会主义核心价值观有许多共同之处。粤西地区优秀传统文化流淌着"讲仁爱、重民本、守诚信、崇正义、尚和平、求大同"的精神血脉，在时代的洪流中涌现出一批批优秀的楷模。革命年代，十九路军将领蔡廷锴面对日军，发出"不扫倭寇誓不还"②的豪言，率领以轻武器为主的4万军人，与装备强大的日军血战33天，谱写了一曲壮丽山河的爱国诗篇，斯人已逝，将军精神代代传。改革开放年代，温北英先生以敢为人先的时代精神创办簕竹畜牧联营公司，首创"公司+农户"模式，形成"精诚合作，各尽所能"的温氏精神……以蔡廷锴将军和温北英先生为代表的时代楷模是中国精神的践行者，他们的成长足迹、企业故事等均能凝练成爱国、理想与信仰、传承与创新等既能够培养学生内在知、情、义、信，又能激发学生历史使命感和责任感的优秀品质。

---

① 徐俊蕾．中华优秀传统文化融入高校思政课教学的思考：以"两个结合"为基本视域 [J]．河南科技学院学报，2022（6）：78-84.
② 蔡廷锴．蔡廷锴自传 [M]．北京：人民出版社，2020：296.

（二）表现形式：粤西优秀传统文化的特殊性

粤西优秀传统文化与中华优秀传统文化在精神内核上有共同属性，但其表现形式存在特殊性。由于地域条件、自然条件等因素，即便同处华南地区的两广也产生了不同的文化群，大致可划分为：以珠三角为主要区域的广府文化群、以粤北为主要区域的客家文化群、以粤西为主要区域的南江文化群。由于史料记载缺乏，后者的研究成果远低于前两者①，加之粤西经济发展水平低于珠三角等诸多因素影响，南江文化的具体表现形式如做醮、镬耳墙、连滩山歌、春牛舞、南江宗祠等极少得到重视，遑论成为思想政治教育理论课的资源。

以宗祠为例②。宗祠是华南地区祭祀祖先活动的乡土建筑中的礼制性建筑物，也是乡土社会的公共空间，更是乡土文化的根与魂。对于以宗族为纽带联系在一起的中国社会而言，祠堂就是宗族纽带的具象物化，具有重要的意义。由祠堂衍生出的祠堂文化，不仅能够弘扬优秀的乡土文化，传承优良家风，同时历史悠久的祠堂作为历史文化资源，也能够为推进乡村振兴、推动社会主义精神文明建设提供现实借鉴。教师可通过田野调查，以宗祠为切入点，查阅族谱了解宗族内有名望的乡贤及故事，引导学生根据宗祠所见碑文概括宗族传承下来的优良德行或家风，以丰富"道德与法治"相关教学内容。同时，宗祠作为中华传统文化的一种表现形式，难免存在不符合时代发展的糟粕之处，学生需在教师的引导下运用马克思主义基本原理对此进行辩证分析，以达到知识性与价值性的统一。

二、何以把握："两个结合"视域下粤西地区优秀传统文化融入思政课的维度把握

中华优秀传统文化与马克思主义基本原理存在的内在契合度、包容性的特点使得优秀传统文化融入高校思政课具有一定的可行性③。粤西优秀传统文化与中华优秀传统文化、社会主义核心价值观等精神内核存在同一性，为融入当地思想政治教育课提供了前提条件。但在传统文化的表现形式上，以南江文化为代表的粤西传统文化宝库仍然有待深入，需要引起当地高校的重视。

---

① 以明末遗民屈大均所作《广东新语·事语》为例，其中记载的佛山九月初十放鹧会、东莞麻涌田了节等民俗，其中未涉及粤西地区民俗。

② 以云浮市为例。市内有两所高职院校，分别为罗定职业技术学院及广东云浮中医药职业技术学院，学院附近村镇均有宗祠。

③ 张营. 从"两个结合"谈中华优秀传统文化融入高校思政课的三重维度［J］. 理论观察，2022（2）：41-43.

如此一来，似乎产生了疑问：粤西高校为增强思想政治课的亲和力、针对性，充分挖掘当地教学资源，一定程度上避免了学生"审美疲劳"的问题，但是否意味着地方优秀传统文化在高校思想政治课只是起到点缀、补充马克思主义的作用呢？

首先，"两个结合"深刻地回答了中华优秀传统文化与马克思主义不存在谁补充谁、谁点缀谁的问题①。二者是高度统一的，马克思主义基本原理具有强烈的、改造世界的使命和公共关怀的精神，抽象性较强；中华优秀传统文化的精神特性在长期发展的过程中逐渐具象化，强调个人品质的自我修养，生活气息浓厚。二者的气质存在明显的区别，要实现思政课的"三性一力"需要二者发挥各自的优势：中华优秀传统文化与生俱来的亲和力、针对性是落实马克思主义基本原理的理论性、思想性的前提；运用马克思主义基本原理理解和把握中华优秀传统文化，是重要的科学尺度，二者是理论性与价值性的高度统一。

其次，马克思主义基本原理是思想政治教育课中评判地方传统文化是否"优秀"的关键。中华传统文化中的许多民俗存在不符合社会主义核心价值观的内容，但有其存在的价值。例如，云浮郁南地区的连滩山歌表达了当地人民对美好生活的向往，其中包含的重男轻女思想显然与当今社会强调的"男女平等"相悖；生活在南江流域的疍民自明清之际至中华人民共和国成立间，一直被陆上民众所排挤，如今流传在南江流域的歌谣充分证实了这一点……然而，这些独具特色的文化现象是研究音韵学、人类学的重要材料，因此传统文化有其特殊的存在价值，不能简单地"一刀切"。思想政治教育课是落实立德树人根本任务的关键课程，具有强烈的政治属性及价值属性，从这个角度来说，传统文化是有"优劣"、先进与落后之分的。只有能面向现代化、面向未来、民族的、科学的、大众的文化，才是优秀且先进的社会主义文化。

最后，"两个结合"是在"一个结合"基础上的创新与发展，二者统一于中华民族伟大复兴的中国梦。毛泽东思想、邓小平理论、"三个代表"重要思想、科学发展观、习近平新时代中国特色社会主义思想是马克思主义与中国实际相结合的重要理论成果，这是高校"概论"课的逻辑线索。马克思主义与中华优秀传统文化相结合则提供了另外一条逻辑线索——即讲清二者的结合是如何反映在毛泽东思想、邓小平理论、"三个代表"重要思想、科学发展观、习近平新时代中国特色社会主义思想的深刻内涵上的。唯有厘清这一逻辑主线，才

---

① 徐俊蕾. 中华优秀传统文化融入高校思政课教学的思考：以"两个结合"为基本视域[J]. 河南科技学院学报，2022（6）：78-84.

能帮助学生深刻理解中国梦的内涵及特点。因此，粤西高校思想政治教育课不仅要以马克思主义基本原理为标杆，选择符合时代价值的当地传统文化，更加要牢牢抓住马克思主义与中华优秀传统文化这一逻辑主线开展教学活动。

三、何以融入："两个结合"视域下粤西地区优秀传统文化融入思政课的路径

教育的根本任务是"立德树人"，粤西地区高校如何借助当地优秀传统文化丰富的资源达到"立德"与"树人"的目的，需要从强化师资能力、优化教学内容及整合教学资源等方面加以实现。

（一）强化师资能力，提高教师对优秀传统文化的认同感

习近平总书记指出讲好思政课的关键在教师。马克思主义与中华优秀传统文化相结合要求高校思政课教师"视野要广"，既要掌握扎实的马克思主义基本原理，准确运用马克思主义基本原理分析问题、解决问题，又要具有基本的历史知识和历史学素养，运用历史唯物主义和辩证唯物主义的基本立场分析历史事实、把握历史规律，"有理论才能讲理论，有深厚理论功底和渊博知识的思想政治理论课教师，才能增强思想政治理论课的思想性、理论性"[①]。

"要给学生一杯水，教师要有一桶水。"高校思政课教师要根据教学内容的需要，有针对性地自主学习优秀传统文化的相关知识。自主学习的方式灵活多变，可以结合研究方向广泛研读传统经典文献。中华传统文化典籍浩如烟海，盲目阅读是大忌，可将其按照经、史、子、集的分类方式选择经典书目，多思考能否跨学科（如训诂学、音韵学等）进行解读，增强阅读趣味性。例如，《论语》作为儒家传统经典，部分意蕴丰富的句子已纳入中小学语文课本篇目中，这些警世名言倘若不加处理，高校学生可能会产生"审美疲劳"。笔者在"道德与法治"第五章第二节《传承中华传统美德》中以带领学生通过解读部分甲骨文的构造（仁、义、利）及镌刻在青铜器上的铭文，体会汉字之美，总结归纳中华传统美德的丰富内涵，最后根据古人的音韵规律对教材的部分名言警句进行阅读，课堂效果良好。

"上穷碧落下黄泉，动手动脚找东西"，这是近代历史学家傅斯年先生对历史学研究的主张，即不仅要重视历史典籍，还要将新的考古材料运用其中，由此得出更接近历史真相的结论。笔者认为，粤西优秀传统文化自身表现出的特

---

① 韩喜平，柳笛. 高校思想政治理论课教师的责任与使命 ［J］. 思想教育研究，2020（2）：77−81.

殊性也需要思政课教师发挥主观能动性。当地高校教师可结合田野调查等人类学方式，根据相应的教学目标，"动手动脚找东西"。一方面，思政课教师可以从当地县志①出发，了解该行政区域历来出现的历史名人、风土人情、歌谣、建筑风格等，提取与思政课教学目标相符的内容进行实地考察，通过对当地居民访谈或走访遗址的方式，确保内容的真实性、准确性、科学性；另一方面，人民群众是历史的创造者，每个"小人物"都是"大历史"的见证者。祖辈生于国家水深火热中，成长于中华人民共和国成立之初；父辈生于改革开放之时，成长于市场经济推行之时……祖辈、父辈与吾辈虽生长于不同的时代，但都是历史的亲历者，他们的叙述、文字记录是党史、新中国史、改革开放史最生动的材料。"动手动脚找材料"，可以动员学生访谈长辈、寻找家族记忆、走访基层档案材料馆等方式形成初步学习材料，由此理解不同历史条件下人们的共同价值追求，理解时代精神在不同年代的不同表现。

（二）优化教学内容，整合教学资源

2022 年 4 月 25 日，习近平总书记在中国人民大学考察时强调："青少年思想政治教育是一个持续的过程，要针对青少年成长的不同阶段，有针对性地开展思想政治教育。"近年来思想政治教育都围绕"为谁培养人、培养什么人、如何培养人"这一根本问题积极推行大中小思政一体化，这一举措取得了不错的成效，具体表现为教学目标落实的循序渐进上。

尽管同一地区不同学段的思政课教师通过平台交流共建、集体备课等方式，努力提高了思政课教育全过程的有序连接，但在实际操作过程中产生了不少问题。思想政治课作为综合性极强的人文学科，不可避免地与文学、历史、艺术等学科产生交集，在教学素材的选择上难免会"重复"，可能使学生产生"审美疲劳"，因此，了解当地高校及中小学课程思政的实行状况是必要的。教师在了解的其他人文学科建设的过程时要思考同一教学内容能否服务于高校思政课，或者能否切换一个角度对该内容进行解读以给学生带来新的"冲击"。在高校思想政治课上，许多教师"因地制宜，发挥自身资源优势，善用校史馆、档案馆、传统文化基地以及优秀传统文化相关的学校社团、工作坊等"② 展开教学，当地的榜样人物更是"时时讲"，如此能够增强学生对地方优秀传统文化的了解及

---

① 明清之际，各地修地方志成为风尚。中华人民共和国成立后，全国各省以县为行政单位修地区方志。方志内容繁多，包括该地的行政沿革、地理环境、风土人情、历史名人、歌谣习俗等。

② 陈爱萍，刘焕明．中华优秀传统文化融入高校思想政治理论课的实践路径［J］．思想教育研究，2020（9）：108-111．

认同感。高校教师在讲地方榜样人物故事时，要将人物放置在具体的时代背景中，直面学生的疑惑，引导学生理解大历史背景下榜样人物身上的可贵之处，以真情实意"感动"学生。例如，蔡廷锴将军作为罗定市家喻户晓的历史人物，其将军精神为人动容，当地中小学教师往往将其在淞沪会战的英勇表现对学生进行爱国主义教育，假如在讲述将军故事时能加入具体的历史背景，通过创设具体的情境理解蔡廷锴将军在民族大义与个人利益间的抉择，更能增强学生对将军精神的理解。

结　语

马克思主义与中华优秀传统文化相结合为当前高校思想政治课提供了一条新的逻辑主线，应引导思政课教师充分挖掘地方优秀传统文化宝库作为教学资源。粤西地区优秀传统文化与中华优秀传统文化在精神内核方面的同一性以及具体表现形式上的特殊性为其融入高校思政课提供了可能性。高校教师在具体落实层面要准确把握粤西优秀传统文化与马克思主义的辩证关系、以马克思主义相关原理判断是否"优秀"及二者结合的落脚点，这些尺度的把握需要教师打破人文学科间的壁垒，多层次、多角度、多方面寻找粤西地区优秀传统文化，优化教学内容，实现二者的高度融合。

肇庆地方文化资源融入民办高校
思政教学的对策

袁丽霞[①]

肇庆市位于广东省中西部，地属珠江三角洲，这里历史悠久，文化资源丰富，是远古岭南土著文化的发祥地之一。将肇庆市地方文化运用到高校思政课堂教学之中，不仅可以使民办高校思政课堂更加贴近生活实际，同时有利于地方文化的传承，而且可以促进课程资源的开发与利用，丰富教学内容，使课堂内容更加丰富多彩，对进一步深化落实学校的德育工作具有重要意义。

一、肇庆市地方文化资源的构成

(一) 风景名胜

肇庆自然环境得天独厚，经过千年的文化积淀，蕴含着独特的生态文化和历史文化。位于市区中心的七星岩，景色秀丽，被誉为"岭南第一奇观"，享誉海内外。叶剑英元帅曾在这里写下《游七星岩》这首脍炙人口的诗篇。鼎湖山作为岭南四大名山之一，被众多游客所熟知。独特的自然景观和丰富的物产资源，被誉为"国内外的活自然博物馆"。肇庆作为历史文化名城，人文景观更是具有历史底蕴和人文气息。肇庆古城墙由青砖砌成，长约2 800米，城墙早期由夯土砌成，后又改为砖砌墙，是反映宋朝建筑风格的标志性建筑。肇庆作为"岭南名郡"，悦城龙母祖庙蕴含着深厚的岭南文化，是活着的历史书，也是民间文化的精神信仰之所，传承着千年来劳动人民对美好生活的祈盼。阅江楼也叫松台书院。清代著名诗人朱彝尊、翁方纲等人都曾在此吟咏佳句。光绪年间，彭玉麟曾在此指挥战事。1925年，叶挺独立团在阅江楼成立，阅江楼也成为红色文化的摇篮。此外，肇庆的名胜还有盘龙峡、宝锭山、披云楼、德庆学宫等。

---

① 袁丽霞，广东理工学院马克思主义学院专任教师。

肇庆的名胜不仅景色优美，而且具有丰富的人文价值，将这些自然资源和人文景观融入高校思政教学中不仅能帮助学生提高审美品位，丰富精神世界，还能培养大学生的家国情怀。

（二）历史名人

肇庆作为历史文化名城，人文荟萃，英才辈出。秦始皇三十三年，秦平定百越，在这里置四会县，隶南海郡。直至北宋时期宋徽宗赵佶曾亲笔御书"肇庆府"，肇庆作为城市名称便一直沿用至今。唐宋以来，先后有多位宰相来过肇庆。而李邕、宋之问、包拯、张之洞等历代名人都曾在肇庆开学堂，办实事，赋诗作文，这在造福当地百姓的同时，也促进了当地的文化繁荣。包拯作为北宋名臣，曾在肇庆任职，他为人公正廉明，造福当地百姓，后世称他为包青天和包公，由包公衍生出的许多传奇故事至今在民间流传。肇庆的民众为感念包拯的恩德，将他视为楷模，修建楼宇，把他奉为神明，因此当地形成了独具特色的包公文化。肇庆为佛教传播地区之一，中国禅宗杰出大师六祖慧能也曾在这里讲经。慧能曾将梅花种植在古端州城西岗，并以锡杖掘井。后在北宋至道年间，智远僧人为纪念慧能，在此处修建梅庵，成为现今的"千年古庵，国之瑰宝"，为肇庆人民留下了宝贵的文化遗产。肇庆市是中西文化的交汇点之一。早在明朝万历年间，利玛窦从欧洲远渡重洋来肇庆传教 6 年，为中国带来先进的西方科学技术，利玛窦还在肇庆绘制了第一幅中文世界地图，并且编写了第一部中西文辞典《葡汉辞典》，为推动中国和欧洲文化交流交往作出了巨大贡献。南明永历帝年间，朱由榔曾在肇庆成立"小朝廷"，这里也一度成为明末劳动人民抗击清朝统治者的斗争中心。在国民大革命时期，孙中山先生则领导当地民众参加多次起义，陈焕章、蔡廷锴、邓发等著名历史人物也曾在肇庆居住，而叶挺、朱德等革命先辈也在这里留下了红色文化的火种。

优秀历史名人的价值取向、道德观念、理想信念是帮助大学生树立正确的人生观、价值观和实践观的重要文化资源，可在思政教学过程中发挥重要的作用。上述肇庆的历史文化名人对肇庆的城市建设和文化传承作出了突出的贡献，为肇庆文化的传播和发展奠定了基础。当今大学生思想较为活跃，思想独立性较强，课本知识较为单一，而当地家喻户晓的历史人物，可以成为肇庆乃至广东民办高校思政教学的重要文化资源。肇庆高校的大学生处于当地文化圈内，这些杰出历史人物对他们的影响足以穿越时空，以较强的亲和力和感染力帮助他们坚定理想信念，提高自身的道德水准和文化素养，成为高校思政教学的重要文化资源。因而，在进行高校大学生思想政治教育工作时，可以利用当地的杰出历史人物帮助学生树立正确地三观，坚定自己的理想信念，正确地认识世界和改造世界，从而发挥地方文化资源的教育价值。

（三）民俗文化

肇庆，旧称端州，根据峒中岩遗址、罗沙岩遗址和黄岩洞出土的早期人类化石，证明早在几万年前，这里就有人类生存和繁衍。肇庆也成为岭南文化的发祥地之一。肇庆人民在历史发展进程中创造出了独特的民俗文化，时至今日都影响着人们的衣食住行。肇庆历史悠久，如端州区的盘古诞、六祖诞、文昌诞、舞龙醒狮、端砚制作技艺；鼎湖区的庆云寺观音开库、客家山歌、酿甜米酒工艺；四会的贞仙诞、包公诞以及四会民歌、古法造纸技术都是肇庆文化的重要组成部分。除了春节、元宵节、端午节等传统节日以外，当地还有开耕节、水灯节、抢炮节、炮会节、禁春节、南歌节、耍岩节等独具地方特色的节日庆典。国家级非物质文化遗产——悦城龙母诞庙会，是古往今来当地民众定期举行的传统民俗活动。德庆学宫祭孔大典作为德庆儒学的代表性活动，体现了当地独特的岭南文化和儒家文化，是肇庆宝贵的文化财富。这些独特的民俗文化活动不仅是传承优秀传统文化的活教材，也是结合岭南文化精华和现代文明理念形成的新文化思想，蕴含了独一无二的文化价值内涵，体现了肇庆人民爱国爱家、崇德向善、积极进取的时代精神。民俗文化的合理利用，可以成为高校思政教学的优质教学资源。通过课堂教学和社会实践，可以让学生知行合一，从而改变高校思政教学的枯燥乏味性，在调动学生学习兴趣的同时，更好地传承当地的优秀传统文化，增强文化自信，推动高校德育工作的顺利开展，提高思政教育的有效性。

（四）饮食文化

俗话说，"一方水土养一方人"。人类饮食文化与当地的自然环境和风俗习惯、经济活动等息息相关。肇庆的饮食文化是广府文化的生动体现，经过当地人民的不断传承和创新，无论在物质载体还是精神文化方面都具有鲜明特色。肇庆当地特色传统小吃裹蒸粽由来已久。据传，肇庆人制作裹蒸粽始于秦代，古时候农民在田间耕种繁忙，为了节省时间，便用竹叶或芒叶早上将大米蒸熟后携带至田地，午间休憩时作为饭食享用，形成最早的裹蒸粽。现今，当地食用的裹蒸粽经过不断改良，采用本地特有的冬叶、芒叶包裹，原料更为丰富，有糯米、绿豆、猪肉、腊肠等馅料，用火煲至 8 小时制成，出锅后香气扑鼻，口味爽滑，唇齿留香，成为当地特产之一，体现了肇庆劳动人民的勤劳与智慧。除此之外，七星剑花、糖莲藕、疍家糕、竹林鸡、麦溪鲤、活道粉葛、德庆菜酢都是当地独具特色的美食。这些美食经过世代劳动人民的不断改良和传承，烹饪技艺愈发成熟，食物更加丰富，菜品风味独特，成为粤菜的主要发源地之一。饮食文化作为中华民族悠久的传统文化，随着时代的发展而历久弥新，也是我们日常生活中宝贵的文化资源。饮食作为人类生存必不可少的活动之一，与学生的日常生活息息相关。将当地的饮食文化融入大学生日常思想政治教育中，可以在缩短课本理论和现实生活的距离感的同时，让高校学生领略当地饮食文化，弘扬勤劳勇敢、奋进拼搏的民族精神，增强民族自豪感和自信心，是将优秀传统文化和思政教学相融合的重要路径。

二、地方文化资源在民办高校思政教学中开发与利用的现状

肇庆市为历史文化底蕴浓厚的城市，当地文化资源经过时代沉淀而历久弥新。党的十八大以来，党和国家高度重视中华优秀传统文化的传承和发展。优秀传统文化蕴含着丰富的精神财富和时代内涵，是思政教学的重要资源。笔者以肇庆市广东理工学院的在校师生为调查对象，通过问卷调查的形式与师生进行交流，将相关数据进行归纳分析，对肇庆当地文化资源在民办高校思政教学中的开发和利用情况进行分析和了解。结果表明，肇庆市地方文化资源在融入思政教学过程中取得了一定的成效，但同时也存在一些问题。

（一）教师在教学中应用地方文化资源的现状

为了更好地了解当前肇庆地方文化资源在思政教学中的应用情况，笔者对肇庆市广东理工学院的思政课教师进行了访谈调研，笔者选取 5 名学校骨干教师和 5 名青年教师作为访谈对象，都为研究生及以上学历。在针对"民办高校思政课程资源了解程度"的调查中，学校骨干教师对当地的思想政治课程资源十分了解，但青年教师，尤其是新入职教师对当地民办高校的思政课程资源了解不深。针对"高校思政课是否定期开展学习地方文化知识，收集当地文化资源素材"的情况进行了解，只有少部分教师会定期收集，占比为 30%。针对"地方文化资源在教学中使用频率的情况"，只有少部分教师经常使用，占比为 20%。通过访谈调查可以看出：当前肇庆市的民办高校思政课教师在思政教学中，骨干教师对思政课程的教学资源了解程度较高，且运用地方文化资源的能力较强，在教学过程中可以有意识、有目的地将当地风景名胜、历史人物、民俗文化、饮食文化等融入课堂教学和实践过程中。有的教师会利用视频、图片等多媒体形式将当地文化资源作为教学案例融入课堂知识当中，有的教师则会根据学校安排进行实地调研，让学生参与其中，受益匪浅。但同时，有大部分思政课教师对地方文化资源认识不够，将地方文化资源融入思政教学的意识较弱，使得民办院校的思政课堂与地方文化资源的融合利用率较低，地方文化资源在高校思政课堂实际应用程度较低。

表1 民办高校思政课程资源了解程度统计表

民办高校思政课程资源了解程度		
骨干教师5名	十分了解（80%）	了解（20%）	不是很了解（0%）
青年教师5名	十分了解（20%）	了解（20%）	不是很了解（60%）

表2 高校思政课是否定期开展学习地方文化知识、

收集当地文化资源素材情况统计表

高校思政课是否定期开展学习地方文化知识、收集当地文化资源素材	
收集（30%）	还未收集（70%）

表3 地方文化资源在教学中的使用频率情况统计表

地方文化资源在教学中的使用频率情况		
经常使用（20%）	偶尔使用（60%）	不使用（20%）

（二）民办高校学生对地方文化进入思政课堂的支持程度较高

笔者此次主要以广东理工学院的高校学生作为调研对象，进行问卷调查。调研过程中发放了100份问卷，有效回收86份。问卷分析结果表明，65.11%的学生对肇庆地方文化资源和历史发展很了解或者有一定了解，34.89%的学生表示不了解当地文化资源和历史发展情况（表4）。针对"是否愿意教师在思政课堂教学过程中融入地方文化资源"10.46%的同学表示"非常愿意"，83.7%的同学表示"愿意"，18.60%的同学表示"可有可无"，1.17%的同学表示"不愿意"（表5）。针对"思政教学过程中融入肇庆地方文化资源能否激发您的学习兴趣"（表6）这一问题，76.74%的同学表示能够激发自身学习思政课的兴趣，19.77%的同学不确定，只有3.49%的学生认为地方文化资源融入思政教学中无法激发自身学习兴趣。

表4 学生对肇庆地方文化资源和历史发展的了解程度统计表

您对肇庆地方文化资源和历史发展的了解程度		
很了解（3.48%）	比较了解（61.63%）	不了解（34.89%）

表5 学生是否愿意教师在思政课堂教学过程中融入地方
文化资源情况统计表

是否愿意教师在思政课堂教学过程中融入地方文化资源？			
非常愿意（10.46%）	愿意（69.77%）	可有可无（18.60%）	不愿意（1.17%）

表6 思政教学过程中融入肇庆地方文化资源能否激发您的
学习兴趣调查统计表

思政教学过程中融入肇庆地方文化资源能否激发您的学习兴趣？		
可以（76.74%）	不一定（19.77%）	不可以（3.49%）

三、地方文化资源在民办高校思政教学实际应用中存在的问题

（一）教师对地方文化资源的教育价值认识薄弱

肇庆市地方文化资源丰富多样，充分利用当地文化资源可以贴近地方实际，创新教育内容，对思政理论课程体系改革具有推动作用。同时对大学生思想道德教育和人文素质教育有其独特的教育价值，成为加强高校大学生思想政治教育的有效手段之一。但当前高校思政教师主要承担的"马克思主义基本原理""思想道德修养与法律基础""毛泽东思想和中国特色社会主义理论体系概论""中国近现代史纲要""形式与政策"等课程中融入地方文化的意识薄弱，对肇庆地方文化资源在思政课教学中的独特教育价值认识不深。大部分教师认为地方文化融入仅能增强学习兴趣，提高大学生课堂的活跃度，并未深入思考地方文化资源背后的教育内涵和价值。在思政课教学中缺少对地方文化资源库的实际运用，同时自身对地方文化未作深入了解，也使得地方文化资源的应用频率较低，课后对地方文化资源的教育价值缺乏认识，因而影响了思政课堂中引用地方文化资源的力度。提高思政教师对地方文化资源教育价值的认识和运用能力，增加当地文化资源的使用频率，不仅可以进一步激发学生的爱国情，还可以弘扬中华优秀传统文化，增强民族自豪感和自信心。

（二）教师对课程资源的开发能力有待提高

虽然当前国家大力提倡课堂教学要与地方文化资源相融合，但在实际课堂教学过程中，很少有思政教师可以主动开发和利用当地文化资源，骨干教师在运用资源的过程中也停留在表面，对本土文化利用的积极性不高。背后的原因主要是教师对课程资源的开发能力还有待进一步提升。骨干教师对本地的文化资源了解较多，但在利用本土文化融入思政教学时，还只停留在已有的教育资源上，未在原有基础上不断挖掘新的本土文化资源，缺乏对本土文化资源的整合和发现能力。青年教师在教学过程中将教材与本土文化资源的结合能力不强，大部分青年教师由于教学经验不足，一开始只是照本宣科讲授教材，未能充分利用本地文化资源和课程融合，缺少灵活运用本地文化资源的能力。与此同时，教师在思政教学过程中，对已有本土文化资源缺少鉴别和评价方面的认识，对本土文化资源的课程教学缺少系统研究和讲解。因此，地方文化资源很难在实际运用过程中充分转化为高校思政课的优质课程资源。思政课程内容多有不同，将不适合的地方文化资源强行运用到课堂教学中反而会使教学效果适得其反。除此之外，肇庆地方特色文化资源在不同的课程体系所需要嵌入内容的多少也不同，教师缺少相应的灵活处理能力，会大大降低教学效果。因此，要想推动地方文化资源与思政教学更好地融合，提高思政教师对课程资源的开发能力，是实现教学资源合理运用的关键所在。

（三）学生主动探索文化的意识欠缺

问卷分析结果表明，民办高校学生对地方文化进入思政课堂的支持程度虽然较高，但仍然有34.89%的学生表示不了解当地文化资源和历史发展情况（表4）。这是由于民办高校大学生大多来自五湖四海，并不都是当地人在此就读，这也导致一部分学生对当地文化认识不足。从数据来看，在"思政教学过程中融入肇庆地方文化资源能否激发您的学习兴趣"调查中，仍有23.26%的同学表示不一定或者不能激发自身学习思政课的兴趣（表6）。兴趣作为最好的老师，一定程度上可以激发大学生学习动力，推动地方文化资源的传承与传播，同时能激发大学生学好思政课，促进思想政治教育的发展。针对"是否愿意教师在思政课堂教学过程中融入地方文化资源"这一问题，有19.77%的同学表示"可有可无"，甚至"不愿意"思政课堂教学过程中融入地方文化资源。部分同学对地方文化的探索意识较低，对思政教学过程中教师所提到的本地文化知识没有积极反响，在很大程度上也影响着教师将地方文化融入思政教学的实际效果，也在一定程度上对后续建立肇庆市具有特色的思政学科造成阻碍。将地方文化资源融入思政教学过程中不仅需要教师强大的知识储备和灵活的实际运用能力，还需要学生的主动参与和积极响应。但由于大学生在以前传统教学模式的影响下，尤其是大一新生的学习思维还处于高中阶段，而未得到及时转变，一些学生更加倾向于教师直接讲解知识点的教学模式，缺少对社会文化的探索能力，对当地文化了解不深，也不愿意作过多了解，认为与课堂无关，故而对地方文化的认同度不高。如果在地方文化融入思政教学的过程中没有发挥学生的主体地位，激发学生对地方文化的学习兴趣，就无法实现思政教学与地方文化资源相结合，不利于地方特色思政课程体系的建立与发展。

（四）课程资源开发与利用缺少多方支持

地方文化资源融入思政教学除了受到教师和学生的主观因素影响以外，还受到其他客观因素的影响。当前，地方文化资源融入思政教学过程还受到诸多方面的制约。

首先，当地教育主管部门缺少足够的支持力度。一方面，现在课题研究经费的支持力度不足。教师将地方文化资源更好地融入思政教学研究需要课题和经费支持。课题立项较少，研究经费不足，导致教师的研究受到阻碍。另一方面，当前对于教师缺少必要的培训。骨干教师在教学过程中积累的经验多，且在当地长期生活，了解当地的文化，并能加以利用。但大部分青年教师，尤其刚入职的教师，对当地文化了解不够，因此需要进行一定的专业培训，了解当地风土人情才能更好地将地方文化资源融入思政教学中。但当前由于时间、精力、经费等各项原因，教育主管部门对教师的培训主要集中于教育学、心理学、专业课等基础培训，教师对当地的文化资源认知度较低，也难以将其融入思政教学过程中。

其次，从学校层面出发，当前民办高校的教育资源与公办高校的教育资源对比，无论经费还是人力、精力都存在一定的差距。思政教学的特殊之处在于它的实践性较强，因此除了课堂理论教学之外，实践教学必不可少。学校教育资金和精力多集中于专业课方面，思政教学主要集中在平时的公共必修课，投入资金和精力不足，也缺少相应的思想政治教育实践教学基地，因此无法将思政教学与当地文化资源做到很好的融合。学校对具有地方特色的校本课程缺少开发，教师在课业任务较多情况下，也不会集中于课程资源开发和利用方面。

（五）教学考核评价标准单一

当前，对于思政教学考核评价多以期中作业和期末考试两种方式进行。期中作业多是将思政教材的课后思考题直接作为作业布置，期末考试多在固定题库中选取试题，鲜少将地方文化资源融入试卷中。思政教学实践性较强，但目前主要以试卷考试形式考查大学生思想政治教育的情况，对学生思想政治教育的考查方式较为单一和死板，缺少相应的实践教育。而教师为了完成教学目标，会直接采用画重点，让学生背诵知识点的方式进行。平时教学过程中会用绝大部分时间讲述知识点，这样很难做到地方文化资源融入思政教学。如果将地方文化资源系统融入思政教学过程中，教师必须要花费大量时间和精力对地方文化资源进行整理和搜集以及灵活运用，但当前教师的工作量较大，除了平时授课之外，还要开展申报课题、职称评定等一系列工作，许多教师无法花费大量时间对地方文化资源进行搜集和整理，并将其融入思政教学过程中。

四、地方文化资源在思政教学中的应用策略

（一）提升开发地方文化教学资源的意识，增强利用地方文化资源的教学能力

肇庆地方特色文化资源对当地高校学生的思想政治教育发挥着重要作用。思政教师作为思政教学的主导者，在教学实践过程中将地方文化资源融入课堂和社会实践，一方面可以提升学生的思想道德水平，另一方面也推动思政理论课程体系贴近地方实际、教育内容实现创新性发展。因此，广大思政教师要提高利用地方文化资源的意识，加强学习研究，增强教学能力，实现思政教学与地方文化资源的创新性融合。

首先，要提升教师开发与利用地方文化资源的意识。大学生思想政治教育是一项具有生成性的活动，"需要较多地依赖于优化主体的开发能力和水平"①。因此，作为教育工作者，广大思政教师应提高对思想教育资源的开发意识，树立终身学习的理念，加强对肇庆地方特色文化资源的认识和研究。因此，广大思政教师作为教育者要树立终身学习的理念，加强对肇庆地方特色文化资源的了解和研究，提高思政教育资源的开发意识，通过大量的实地调研和理论研究，形成自己的思考，为学生讲好肇庆故事。以往思政教学多集中于教师在课堂中讲述课本知识，随着思政理论课程体系改革，高校思政课程在加强大学生思想政治教育的同时，注重人文精神的培养和科学文化素质的提升与发展。因此，思政教师在讲授思政课的同时要转变自身角色，由过去的知识传授者转变为学生思想政治教育的引导者，不断提升思政课程资源的开发意识，贴近地方实际，

---

① 王晶．思想政治教育资源的要素结构及特性解读［J］．学校党建与思想教育，2015（5）：18-20.

创新教育内容，从而实现思政教学的创新性发展。

其次，要注重提高思政教师利用地方文化资源教学的能力。肇庆历史悠久，地方文化资源丰富多样，是思政教学的重要教育资源。因此，在理论教学方面，思政教师要充分把握地方文化资源在思政课教学中的独特教育价值，根据当前的教材内容，在课件中合理地穿插地方文化资源内容，从而实现由教材体系向教学体系转化。例如，在"马克思主义基本原理"的教学过程中，可以将肇庆生态文化建设同第二章实践与认识及其发展规律中的认识世界和改造世界知识点相联系，从而树立正确的世界观和实践观。在"思想道德修养与法律基础"课程中，可以将包公文化合理运用到教学实践中，对学生进行德育教育和法制教育。在"毛泽东思想和中国特色社会主义理论体系概论"的教学过程中，可以利用肇庆红色文化作为案例，体现肇庆在新民主主义革命中的贡献。思政教师要有意识地根据实际需要，适当将肇庆地方特色文化资源嵌入思政教学过程中，实现地方文化资源的合理利用。

（二）创新高校教育环境，增强思政教学的趣味性

肇庆地方文化资源要想融入思政教学过程中，让学生更好地掌握和吸收，就需要扩宽渠道让学生了解当地文化。教育按照呈现方式分为显性教育和隐性教育。目前，高校思想政治教育主要以显性教育为主，隐性教育较为薄弱。因此，需要加强隐性教育，创设具有地方特色文化的教学情境，形成浓厚的校园文化氛围，充分发挥校园文化的育人功能。例如，学校可以在校园宣传栏进行地方文化资源的宣传，潜移默化地影响师生对本地文化的认同感和学习兴趣，实现显性教育与隐性教育相结合。学生关注和留意宣传板内容，教师在课堂上适当补充和扩展，不仅能提高教师在实际教学过程中运用文化资源的能力，还能让课堂变得更加生动有趣。同时可以举办具有肇庆当地文化特色的专题讲座和知识竞赛，积极营造良好的校园文化氛围，让肇庆文化内化于心、外化于行，从而通过隐性教育不断提高大学生的思想道德素质和科学文化水平。

除此之外，思政教师在教学过程中也要有效运用地方文化资源驾驭课堂，从而丰富教材内容，拓宽知识体系。教师在思政教学过程中要立足于教材，但不能局限于教材。思政教师要坚持以立德树人为根本任务，通过多种形式、多种方法进行教学，运用地方文化资源，优化教学设计，增强大学生的学习积极性和主动性。同时，以肇庆地方文化作为当地高校思政教学工作的切入点，充分发挥大学生的主体作用，提升学生对思政课堂的学习兴趣，激发学生的学习动力，对于增强思想政治教育的实效性具有重要意义。无论是当地的风景名胜、

历史人物还是民俗文化、饮食文化，在本质上都与大学生生活和实际较为贴近。在教学过程中，可以通过相关同学的才艺表演和历史故事的生动讲述来活跃课堂气氛，提高大学生的学习兴趣。教师可以引导学生积极讨论，之后运用马克思主义观点和方法进行点评和总结，从而促进学生更好地弘扬中华民族的优秀传统文化，培养学生的世界观、人生观、价值观。

（三）激发学生的学习兴趣，拓展思政教育空间

问卷调查结果表明，当前民办高校学生对地方文化的了解程度不够，探索兴趣不足。一些学生更加倾向于教师直接讲解知识点的教学模式，缺少对社会文化的探索能力。因此，要充分发挥大学生的主体地位，激发学生对地方文化的学习兴趣，从而实现思政教学与地方文化资源相结合，推动地方特色思政课程体系的建立与发展。教师要在思政教学过程中不断与时俱进，创新教学方法。肇庆历史悠久，文化资源丰富，因此可以将实践教学和理论教学相结合，带领学生进行参观访问，在了解地方文化资源。教师可以根据课程安排和教学内容，有组织地带领学生参观当地博物馆、文化馆等，使学生身临其境感受肇庆文化的深刻魅力，同时在参观过程中进行思政教学，拓宽学生的眼界，培养学生的家国情怀，坚定自己的理想信念，提升自身文化素质。同时可以结合思政教学内容通过举办主题演讲、辩论赛、知识竞赛等多种课外活动，拓展教育空间，弥补思政教学形式单一的现象，增加思政教学的趣味性和灵活性。随着科学技术的发展，互联网已经深入今天的政治、经济、文化生活，网络也成为大学生思想政治教育的重要阵地。广大思政教师要积极利用互联网技术，开展线上教学和互动，利用多媒体播放与肇庆当地文化资源有关的视频，通过微信、微博等方式传播，通过社会调查，了解肇庆文化，通过情感教育是使学生的情感得到升华，灵魂得到重塑。高校思政课教学要避免仅仅是简单的理论说教，要让学生亲自进行社会调查，了解当地文化，弘扬民族精神，拉近大学生与社会的距离，使思想政治教育更加贴近生活，实现理论与实际相结合。

（四）整合多方资源，形成教育合力

当前，教育主管部门支持力度不足，造成相关的课题研究经费较少，导致教师研究受到阻碍。当前，教师缺少必要的培训，导致思政教学过程中，掌握的文化资源匮乏，思政教学过程中嵌入地方文化资源的程度不够。而学校教育资金和精力多集中于专业课方面，思政教学主要集中在平时的公共必修课，投入的资金和精力不足，也缺少相应的思想政治教育实践教学基地，无法将思政教学与当地的文化资源很好地融合。

因此，政府和学校方面应该加大资金投入力度，在人力、智力等方面提供必要的支持，从而形成教育合力。各级财政部门要加大对教育资金的投入，设立专项资金用于支持教师进行课题研究，与此同时可以设立相应的科研成果奖励，鼓励思政教师积极投入课题研究当中，提升科研能力的同时促进地方文化资源更好地融入思政教学过程中。除了资金支持之外，还需要提供人力、智力支持。学校可以定期邀请相关专家召开专题讲座，或者对思政教师定期开展培训，提供相应的技术支持和专业支持，从而有效解决教师在思政教学过程中地方文化资源利用不足的问题。学校在"引进来"的同时还可以"走出去"，定期选派教师去其他院校进行研修，通过多所高校的专家指导，更好地完成思政教学工作。与此同时，要积极整合校内外资源，校内做到三全育人，构建"大思政"格局，在各学院和各部门之间形成思想政治教育合力。校外也要多方联动，积极建设一批典型性的实践教学基地，与肇庆多家文物保护单位和地方文化传习所展开合作，形成高校教育和社会实践教育合力，从而形成多方保障机制，让肇庆地方特色文化在大学生中入耳、入脑、入心。

（五）创新学生学习考核方式，完善教学业绩评价体系

当前对于思政教学考核评价多以学生期中作业和期末考试两种方式进行。期中作业多是将思政教材的课后思考题直接作为作业布置，期末考试多在固定题库中选取试题，鲜少将地方文化资源融入试卷中。因此，"需要在今后思政考核中积极融入肇庆地方历史文化资源，从而促进高校学生对当地文化资源的认识和学习，实现肇庆高校为当地社会经济文化发展服务的目标"[①]。教师对学生的考核方式也要有所转变，要重点考查学生学以致用的能力，不能仅局限于试卷考核方式，应该积极引导大学生投身社会实践。肇庆的梅庵、学宫、丽谯楼、宋城墙、崇禧塔、阅江楼、悦城龙母庙等人文景观都可以成为肇庆高校的教学实践基地，对地方文化资源进行充分利用，学生通过对当地特色文化进行社会调查，可以更好地将理论知识与实践教学相结合，拉近大学生与社会的距离。

同时，学校要完善教学业绩评价体系，改善评价方式，实现多元化评价。学校要积极鼓励教师在思政教学过程中进行肇庆文化资源的利用，教师在实际教学过程中取得良好效果的可以给予一定的奖励。除此之外，可以将地方文化资源的利用情况与科研成果以及教学业绩相挂钩，制定合理的奖励制度，调动教师的积极性。高校要制定具有本校特色的教学评价机制，全方位、多角度对

---

① 陈益华.基于地方文化资源的高校思政教育创新：以广东肇庆市地方文化资源为例[J].内蒙古师范大学学报（教育科学版），2017，30（5）：74-78.

教师在教学过程中的表现进行评价，鼓励教师转变传统课程的教学方式。积极响应思政教学改革，改变单一的教学模式，增强地方文化资源融入课堂教学的自觉性。

结　语

"地方特色文化资源是地方高校大学生思想政治教育新的介体与环体"①。随着高校思政课程体系改革的不断深入，地方文化资源逐渐在教师的教学过程中发挥重要作用。肇庆特色文化资源是肇庆高校思想政治教育的重要资源，是当地人民共同创造的精神文化财富，具有重要的教学价值。深入挖掘地方文化资源，将其融入民办高校思政教学中，不仅可以提升大学生的思想道德情感和科学文化素质，还可以丰富思政课堂的教学内容。但是，当前许多思政教师对地方文化资源认识不足，在实际教学过程中形式单一、教学内容单调。学生兴趣不高，各方支持力度不强，因而研究地方文化资源融入思政教学也只是流于形式，浮于表层。因此，需要分析当前地方文化资源在思政教学过程中的利用现状，找出其中的问题关键，对症下药，结合思政教学内容和教材特点，充分挖掘当地的优秀文化资源，设计出具有肇庆特色的教学方案，为推动肇庆市民办高校特色思想政治学科建设提供借鉴。

---

① 陈益华. 基于地方文化资源的高校思政教育创新：以广东肇庆市地方文化资源为例 [J]. 内蒙古师范大学学报（教育科学版），2017, 30 (5)：74-78.

肇庆传统美食文化融入高校思政教育的路径

叶瑞庭　孙贵法　张德华①

2022年5月27日，习近平总书记在主持中共中央政治局第三十九次集体学习时的讲话中明确指出："中华优秀传统文化是中华文明的智慧结晶和精华所在，是中华民族的根和魂，是我们在世界文化激荡中站稳脚跟的根基。"传统美食文化作为中华优秀传统文化中的重要组成部分，应当得到重视并继续传承创新和发展。每一道中国传统美食，都蕴含着老百姓对人与自然关系的深入思考，肇庆裹蒸粽就是肇庆人因地制宜，顺应自然，在生活物资短缺的情况下，将文化、习俗、健康、美食融为一体的智慧体现。在新时代条件下如何将传统美食文化与高校思想政治教育深入结合，成为传承中华优秀传统文化，创新思想政治教育工作亟须突破的难点之一。

一、传统美食文化的当代价值与思想政治教育的内在一致性

(一) 深入挖掘美食文化的精神内涵，坚定文化自信

《汉书·郦食其传》中记载"国以民为本，民以食为天，食以安为先"，由于我国复杂的地理条件和气候条件，形成了南北各异、东西不同的美食文化，每一种美食都是劳动人民勤劳、勇敢、智慧、淳朴的象征，更是对于大自然的敬畏，蕴藏着丰富的文化底蕴和独特的文化特征。习近平多次强调："文化自信是一个国家、一个民族发展中最基本、最深沉、最持久的力量。"② 而"舌尖上的文化"至今已经沿传了几千年，更应该成为坚定文化自信、凝聚中华精神的重要内容和主要载体之一。

---

① 作者简介：叶瑞庭，广东理工学院马克思主义学院中级讲师，法学硕士；孙贵法，广东理工学院马克思主义学院中级讲师，中国哲学硕士；张德华，广东理工学院马克思主义学院专任教师，法学硕士。

② 习近平. 在全国抗击新冠肺炎疫情表彰大会上的讲话［N］. 人民日报，2020-09-09 (02).

"思想政治教育的过程是一种文化引领、传承与整合的过程，也是一种以文化促进人和社会发展的实践活动。"① 从本质上看，思想政治教育和传统美食文化密不可分，传统美食文化能够体现出不同时代人们的物质需求和精神需求，随着经济社会条件的不断提高，人们愈来愈重视美食文化所蕴含的文化价值底蕴，而思想政治教育的发展也要不断满足人们对于美好生活质量的追求和向往。2020 年 3 月 20 日，中共中央、国务院发布《关于全面加强新时代大中小学劳动教育的意见》，《意见》中强调要"把劳动教育纳入人才培养全过程，贯通大中小学各学段和家庭、学校、社会各方面"，重视对于"劳动精神""劳模精神""工匠精神""奉献精神"等其他内容的培育。按照文件精神，全国各级学校已开设劳动教育类课程，其中一些学校已经将"烹饪和营养研究"纳入课程内容体系中，充分体现出党和国家对于劳动教育的重视，也彰显出中国传统美食文化的魅力。在劳动教育过程中，教育者需要进一步挖掘传统美食文化的文化价值，以味蕾的刺激强化受教育者对于传统美食的情感共鸣和价值体验，让受教育者对于美食的理解从"浮光掠影"升华至美食背后或温情或艰辛的人情故事，包括美食精细制作过程中体现出来的"工匠精神""劳模精神"等，让受教育者对于中华传统美食文化的自豪感油然而生，有利于坚定文化自信，增强中华民族的归属感和认同感。

（二）提升传统美食的生态价值，强化使命担当

2022 年 3 月 6 日，习近平总书记在参加"两会"时作重要讲话，强调要树立"大食物观"，在保护生态环境的基础上进一步推动粮食生产的供给侧结构性改革，其中拓展食物资源是践行"大食物观"的一项重要内容。广东地区因处于热带亚热带地区，潮湿温暖的气候孕育了山河林海等各种生态系统，为人类提供了丰富的食物来源，多元化的动植物资源一方面有利于减轻人类对于生态环境的压力；另一方面也为践行"大食物观"提供了得天独厚的自然资源条件。关于裹蒸粽比较早的史书记载，出现在魏晋南北朝时期，裹蒸粽不仅以"贡品"的名义出现在皇帝的餐桌上，众多文人墨客也将裹蒸粽写入诗词作品。从一定角度上看，肇庆裹蒸粽完全符合"大食物观"的内涵要求，当地人为了求得生存的空间，充分利用自然资源，不断地创新发展，在时代的发展过程中裹蒸粽逐渐演变为餐桌上的主食。

人们的饮食习惯可直接影响到自然生态环境，"从饮食与自然生态环境的关系而言，传统饮食习俗的生态内涵突出，体现在各地饮食与自然生态环境相协

---

① 马文颖. 思想政治教育的文化功能［M］. 北京：中国科学社会出版社，2022：2.

调、食物储存方式对当地自然条件的利用，以及相关饮食禁忌对动植物资源的保护等方面"①。由于快节奏的生活和各地饮食文化交流的加快，人们对于食物的要求不再是简单的解决温饱问题，从外观设计到营养搭配都提出了更高的需求，裹蒸粽的外形特征以"大"为众人所知，但随着生活条件的不断改善，裹蒸粽也更容易出现"舌尖上的浪费"、人力资源成本过高等问题，进一步提升传统美食的生态价值也成为思想政治教育需要承担的责任与使命之一。生态文明建设作为中国特色社会主义"五位一体"总布局的自然载体和环境基础，充分彰显了党和国家加强生态文明建设的决心和坚强意志。"思想政治教育以培养符合特定时代需要的思想价值观念和道德品质为己任，在生态文明建设过程中需要思想政治教育着重培育人的生态意识，规范人的思想和行为，使人和自然能够和谐共生。"② 思想政治教育体现的生态价值打破了传统意义上的社会价值和个人价值，符合新时代人们的生态诉求，提升了人们对美好生活的满足感，从而守护了"舌尖上的幸福"。

二、肇庆裹蒸粽的文化内涵

（一）传承感恩和爱家爱国的价值理念

公元 1040 年，北宋清官包拯从安徽调任端州（现广东肇庆）担任知府（相当于现地级市市长）。当时的肇庆属于穷乡僻壤之地，百姓的温饱问题尚不能解决，包拯上任之后先后开展了一系列惩办贪官、兴修水利、兴建粮仓、兴修书院等民生工作，一心为公，勤政爱民，他也深知"食为政首，粮安天下"，为了解决百姓温饱问题，掀起了一股生产热潮。虽然在端州只待了三年的时间，但当地百姓无不称赞他，政声斐然，即使在离任时，也没有带走端州的一方砚台（当时的贡品）。包拯和裹蒸粽的不解之缘还要从端午节说起，为了纪念屈原，当时家家户户都把粽子撒入江河，唯有三户人家把粽子当成了食物，众人认为这种偷吃祭祀用品的行为是对先人的大不敬，包拯听后随即赦免了这三户人家，还倡导家家户户自制食品祭祀，后来这三户人家自制了一款粽子送给包拯，包拯便为其起名"裹蒸"，这一新名不久便传遍了岭南地区，裹蒸粽也成了肇庆地区的特色品牌。从一定意义上讲，裹蒸粽因包拯而出名，也因为包拯在端州的德政爱民被赋予了全新的文化韵味。裹蒸粽里既包含着当地百姓对包拯的感激

---

①　王伟，陈红兵. 中国传统饮食习俗的生态内涵及其当代继承 [J]. 南京林业大学学报（人文社会科学版），2022，22（3）：58-70.
②　王学俭，魏泳安. 思想政治教育生态价值探略 [J]. 思想教育研究，2013（5）：8-12.

之情，也包含着包拯对这一片土地的赤诚之爱，充分彰显了其蕴含的人文关怀和乡土情怀。传统美食文化的传承和延续，既是打响肇庆品牌，坚定文化自信，掌握文化话语权的重要表现，同时是大历史观背景下非物质文化可持续发展的重要内容。

（二）传承至善至美的爱情追求

在肇庆民间，传颂着这样一个爱情故事，男主阿果和女主阿青深爱着对方，两人决定私订终身，但无奈女主的父母不同意这门婚事，于是男主寒窗苦读、奋发图强，临行前女主为他送来糯米绿豆饭团，男主不负所望，在来年大考中高中状元，皇上召为驸马，但男主思念在家乡苦苦等候的阿青，抗旨不遵入狱，后来在公主的帮助下，阿果回到了家乡，两人终成眷属。故事中出现的"糯米绿豆饭团"也就是流传至今的裹蒸粽，因为这个故事，裹蒸粽还有另外一个富有寓意的名字——"果青"，象征着忠贞不渝、生死相依的爱情。随着经济条件的改善和受教育水平的日益提高，人们对于爱情有着更纯粹的憧憬，对于婚姻有着更深邃的思考，结合现实多方面因素，新生代特别是"00后"对于爱情和婚姻有了具有时代特征的认识和理解。肇庆裹蒸粽蕴含的爱情故事，反映出当地人对于残酷现实的努力抗争，也体现了爱情双方为了共同目标的不懈坚持，这种文化意蕴也正是新时代人们对于追求爱情和婚姻生活的美好标杆。不断挖掘传统美食文化背后的浪漫爱情故事，有利于拉近学生和传统文化之间的距离，引导学生树立积极向上、乐观健康的爱情观，有利于打破学生对于传统美食文化的固有印象，更有利于培养弘扬传统文化的接班人和建设者。

（三）传承求真务实、敢闯敢试的精神引领

从总体上来看，全国各地的粽子南北差异较大，各具风格，北方的粽子多以甜味为主，原材料包括蜜枣、豆沙、果脯等，南方的粽子主打咸味，选材以猪肉、咸蛋黄、花生米等为主，肇庆的裹蒸粽就是南方粽子的典型代表，其馅料十分丰富。但是，肇庆裹蒸粽不同于传统意义上的粽子，它的出现也并非为了纪念爱国诗人屈原，裹蒸粽出现在肇庆，经历了漫长而艰苦的过程，向世人传递出一种蒸蒸日上的精神力量，根据相关史料记载，秦始皇时期由于苛捐杂税，大批中原人南迁至肇庆，辛苦劳作时发现在西江两岸生长着茂密的冬叶，于是开始尝试用这种叶子包裹干粮，后来在冬叶中加入糯米、绿豆、猪肉等材料，才有了一直传承至今的肇庆裹蒸粽。肇庆是岭南文化的发源地之一处于与中原文化的交汇处，被称为"万粽之王"的肇庆裹蒸粽，是肇庆地区最具代表性的传统美食之一，也被称为"茶点王"，以其独特的外观和鲜美的口感而出名。从裹蒸粽的原料到外形的演变，都表现出肇庆当地人运用有限自然条件的智慧，他们克服艰难险阻，坚持独立自主、实事求是的原则，发扬求真务实、敢闯敢试的奋斗精神，在众多美食传承和创新的过程中，形成了肇庆独特的城市名片。快节奏的生活需要科学高效的快餐文化与之相匹配，目前肇庆市正在建设粤港澳大湾区预制菜产业园，为了进一步满足青年消费群体的需求，2022年8月推出一款全新的粤菜品种——火锅鱼裹蒸预制菜，将传统美食小吃特色融合在一起，实现了烤鱼和裹蒸粽的完美结合。继续传承，保护裹蒸粽文化，配以现代化的加工技术，彰显了数千年来的文化自觉和文明自信，也是当今美食文化传承保护的出发点和落脚点，更是给当今大学生上的一次"美食文化传承必修课"。

（四）传承人顺应自然，与自然和谐共生的价值蕴涵

肇庆裹蒸粽的诞生凝聚着中国人传统饮食文化中"天人合一"的生息之道。人在自然界中谋生存，一方面体悟自然界的运行法则，尊重生态节律，将自己视作生态的有机部分；另一方面，因时、因地取材，从生态中挖掘有利于自身长养的天然食材。从裹蒸粽的包装来看，材料大多源于大自然的馈赠，用于包裹粽子的冬叶大面积生长在肇庆的江水边和山林中，湿热的气候条件下冬叶生长繁茂，取材方便，每个粽子大约需要6~9张冬叶，用热水煮后的冬叶柔韧度极强且不易腐烂，适合长时间储藏，大大降低了裹蒸粽的包装成本；用于捆扎粽子的席草高约40~80厘米，因"金字塔"形的裹蒸粽体积较大，必须用较长的材料将其捆扎，当地人就地取材选用席草来捆扎，既实用又保留了传统美食质朴的设计感。从裹蒸粽的食材来看，糯米、绿豆和五花肉等的完美搭配体现出当地人结合自然资源追求营养健康的生活方式，加上各种传统佳节的氛围感，更彰显出人与自然内在统一、和谐共生的价值蕴涵。习近平总书记在中国北京世界园艺博览会开幕式上发表重要讲话，强调："要倡导简约适度、绿色低碳的生活方式，拒绝奢华和浪费，形成文明健康的生活风尚。要倡导环保意识、生态意识，构建全社会共同参与的环境治理体系，让生态环保思想成为社会生活中的主流文化。"[①] 在推动人与自然和谐共生的现代化过程中，"生态为民、生态利民、生态惠民"的价值理念将一直贯穿社会经济发展的方方面面。肇庆市政府在推动裹蒸粽美食产业高质量发展的同时，也更加关注裹蒸粽的生态价值，强调要"爱护裹蒸、珍惜裹蒸，传承裹蒸、优化裹蒸"，尊重自然，顺应自然，与自然和谐相处。

---

① 习近平. 习近平谈治国理政：第三卷 [M]. 北京：外文出版社，2020：375.

三、传统美食文化融入思想政治教育的路径

（一）坚守第一课堂阵地，把握思想政治教育的规律性

高校思想政治教育课堂是立德树人的主渠道和主阵地，将传统美食文化融入思政课堂也是新时代条件下思政工作不断创新和发展的新思路。针对不同的思想政治教育课程，可以选用不同的传统美食文化内容，以肇庆裹蒸粽为例，如在"劳动教育"课程中，可以将裹蒸粽的整个制作过程引入课堂实践，包括原材料的选取、裹蒸粽的包法、烹饪技巧以及饮食习惯，让学生近距离接触裹蒸粽，从整个制作过程中亲自体验裹蒸粽的魅力。在课堂上，教师可以进一步挖掘裹蒸粽的文化寓意，讲授裹蒸粽的历史传承，在理论与实践、历史与现实的结合中，提升学生关于肇庆传统美食文化的全新认知，特别是对于外地学生，了解肇庆当地的美食，有利于增强他们的校园归属感。再如，在"思想道德与法治"课程中第三章第二节《做新时代的忠诚爱国者》中可引入肇庆裹蒸粽的图片案例分析，从爱一座城市的美食到爱这一座城市的文化，让学生能够情不自禁联想到自己的家乡美食，激发学生探索传统美食文化的兴趣，提升爱家乡爱国的情感体验。再如，第一章第二节《正确的人生观》中可引入包公在肇庆端州的德政经历，可以对包公的人生价值进行深入分析，在包公身上也可以体现出"服务人民、奉献社会"的人生追求。包公离开肇庆后，人们为了纪念他，每逢佳节，家家户户会互相赠送裹蒸粽，裹蒸粽也成为走亲访友必不可少的礼品之一。再如，第五章第三节《投身崇德向善的道德实践》中，可引入阿果和阿青的爱情故事，引导大学生树立正确的爱情观，阿青在恋爱中始终如一，恪守诺言，阿果在爱情中抵制外部诱惑，没有功利化地对待爱情，反而以此不断激励自己，奋发学习，不断进步，体现了一段积极向上的爱情给双方带来的正能量等。深入挖掘传统美食的文化内涵，将思想政治教育的理论内容内化于心、外化于行，可以进一步推动思政工作"入眼、入脑、入行"。

（二）创新第二课堂实践，加强裹蒸粽美食文化的宣传和推广

思想政治教育是一门综合性的应用性学科，所有的理论观点、政治思想和价值原则始终坚持以人为本的科学理念，改革开放四十多年以来，思想政治教育围绕立德树人、铸魂育人的根本任务，不断创新工作形式，拓展工作内容，不断提升思想政治教育的针对性和感染力。传统美食文化与思想政治教育的融合不仅存在理论上的衔接点，在实践上更利于扩大思想政治教育的载体，如开展高校裹蒸粽文化美食节，促进美食素材的开发和创新，推动肇庆当地传统美

食进校园，在节日氛围的熏陶和多重味蕾的刺激下，增强肇庆裹蒸粽的知名度，不仅让本地学生在潜移默化中深化爱家乡爱祖国的情感体验，也能够让外地学生成为肇庆裹蒸粽流动的宣传员。学校社团可以开展形式多样的实践活动，如进行"肇庆裹蒸粽现状"的专题调研，结合大学生"三下乡"实践活动，对于肇庆裹蒸粽的历史源流、现实困境展开深入调研，具体问题具体分析，掌握第一手资料，提出切合实际的创新改进举措。若包装陈旧，缺乏当地特色，可利用岭南传统图形特色，同时响应政府节能减排、低碳环保的号召，结合年轻人喜爱的模式进行创新；若口味不符合青年消费群体，可创新开发多种口感风味等；若销售渠道狭窄，可采用线上线下相结合的方式，利用电商直播等多种打响品牌等。此外，也可以借鉴周围地区推广扶植特色农产品的成功经验，打造区域品牌，如利用自媒体力量，将裹蒸粽的小故事和动漫等形式相结合，以高校学生为主体，举行视频类、漫画类、演讲类等实践活动比赛，推动肇庆地区和其他城市高校的美食文化交流，让裹蒸粽不再只是肇庆美食的名片，而是能走出广东，成为粤菜的招牌，提高肇庆裹蒸粽内涵的文化自信。毛主席曾说过，"世界是你们的，也是我们的，但归根结底还是你们的"。从长远来看，肇庆裹蒸粽的未来发展应该以青年群体为主，满足青年消费需求，推动裹蒸粽文化融入思想政治教育实践，能够拓宽裹蒸粽的消费群体，更有利于加快肇庆裹蒸粽文化传承与技术创新的人才培养。

（三）打造课程思政示范课堂，加快裹蒸粽美食产业的标准化研究

随着人们对食品质量和营养的重视程度愈来愈高，对美食的追求越来越强烈，在产品的形象设计、原材料的筛选、口感的搭配上等都提出了更高的要求。肇庆地区作为裹蒸粽的发源地，更应该主导裹蒸粽的行业标准，以标准化的理念指导裹蒸粽的生产销售全过程，制定原材料以及烹饪技术等加工工艺的明文条例，严格把控产品质量，进行标准化、规模化生产，最大限度地创造社会经济效益。2020年，教育部印发《高等学校课程思政建设指导纲要》（简称《纲要》）的通知，《纲要》中明确提出："要根据不同学科专业的特色和优势，深入研究不同专业的育人目标，深度挖掘提炼专业知识体系中所蕴含的思想价值和精神内涵，科学合理拓展专业课程的广度、深度和温度。"肇庆市政府在实现裹蒸粽美食产业标准化发展和研究过程中，可以将裹蒸粽所蕴含的人文价值理念和精神追求等融入高校标准化课程中，利用高等学校学术资源和科研平台，打造名师示范课堂，推进产教融合试点，让学生在专业课程的学习研究中传承中华传统文化，富有中国心、饱含中国情、充满中国味。

一言以蔽之，将以肇庆裹蒸粽为代表的传统美食文化融入思想政治教育，具有深刻意义。新时代思想政治教育更加关注人的"美好生活"需求，其中，最重要的一点就是实现好作为物质性的人与作为精神性的人的有机统一。将肇庆裹蒸粽丰富的人文文化与生态文化价值，通过课堂教学与课外教学等形式的融合渗透，让学生在"品尝"美食中，既打开了味蕾，又领受了美食之美，更品鉴了文化之义，进而将思想政治教育带入一种有滋有味、入情入理、美不胜收的开阔境界。

创作型道德叙事与历史名人人格形象建构①

王彦威　张科②

党的十九届六中全会通过的《中共中央关于党的百年奋斗重大成就和历史经验的决议》指出："中华优秀传统文化是中华民族的突出优势，是我们在世界文化激荡中站稳脚跟的根基，必须结合新的时代条件传承和弘扬好。"人是文化的主体，是文化系统运转的中心；诚如康德所言，人是目的。鉴于此，习近平总书记在多个场合反复强调，弘扬中华优秀传统文化的重点在于"以文化人"。长期以来，通过道德叙事建构人格榜样，再通过榜样人格认同以提升文化继承人的道德修养，被实践证明是"以文化人"的核心内容和必然选择。如麦金泰尔所指出的，"每一个民族在其古代都靠诗性化教化——靠'讲故事'为主要的道德教育方式"，这一点在中国表现得尤为突出。故事从不同方面、角度、层次上共同建构了具有内在统一性的人格形象；这些故事本身又意味着抽象的道德规范与具体的道德行为的完美结合，诠释了人在面对特定情境和挑战时的最佳道德选择。由于时空间隔的久远、确切记录的缺失，实际上很多人格榜样的道德叙事是经过不同程度创作的。不过，这种创作型道德叙事往往具有更集中、更合理的教化价值。

一、伦文叙与《传奇状元伦文叙》

在我国悠久的文明史上，流传下来很多关于优秀历史人物的道德叙事。这

① 基金项目：2019 年广东省教育厅高校平台和项目"'微时代'大众休闲方式的困境与优化研究"（项目编号：2018GWQNCX073）；2021 年度广东省教育科学规划课题"泛娱乐主义思潮下大学生主流意识形态认同研究"（项目编号：2021GXJK587）。

② 作者简介：王彦威（1979—　），男，汉族，山西定襄人，广东职业技术学院马克思主义学院人文素养教研室主任，硕士，讲师，研究方向为中国传统文化；张科（1986—　），女，汉族，河南新乡人，广东职业技术学院马克思主义学院概论教研室主任，硕士，讲师，研究方向为思想政治教育。

些被叙述的故事，有的只涉及特定历史人物面对特定道德情境时的应对策略，其人格形象并不丰满。但也有一类道德叙事，则细致描述了某人物道德生活的诸多方面，从而完整地建构起该人物的道德人格形象，丰满且富有真实感，是现代人建立对传统文化的榜样人格认同的极佳对象。在广东一带广为流传的伦文叙故事，就是其中一个典型的代表。显然，故事越详尽全面，就越呈现出一种创作型道德叙事的特点。

伦文叙（1467—1513 年），明朝南海县黎涌（今广东省佛山市禅城区石湾镇街道黎涌村）人。明孝宗弘治十二年（1499 年）己未科状元，后获授翰林院修撰等职，著有《迁冈集》《白沙集》。明武宗正德八年去世，葬于佛山南海罗村状元岗。伦文叙之前，广东在历代已涌现出多位状元，其后中状元者也不在少数，但论社会影响，则无人能及伦文叙，故其素有"广东第一状元"之美誉。清代学者屈大均所著《广东新语》称："吾广……卓然首魁天下者，在唐有莫公宣卿，在宋有张公镇孙，在明有伦公文叙、林公大钦，然莫公记传无闻。张公遭国危亡，不幸遇变。林公以早丧，弗克建立。独伦公名重士林，德高朝野。"关于伦文叙的古迹、传说、民俗等在广东尤其是广州、佛山等地比比皆是，达到了家喻户晓的程度。现代人又将伦文叙的故事或整理成书，或著为小说，或绘作画册，或搬上戏曲舞台，或拍摄成影视作品，借助现代传媒手段令其影响进一步扩散。然而，在官修正史《明史》中，并没有为伦文叙专门立传；在一些方志、可信度较高的笔记中，关于伦文叙的记载也不过寥寥数语。因此，现有的关于伦文叙的叙事绝大部分都是后天加工而成的；鉴于伦文叙"名重士林，德高朝野"的突出特征，可以说，伦文叙的人格形象主要是通过创作型道德叙事建构起来的。

1992 年，广东粤剧院将伦文叙的故事改编为《伦文叙传奇》公演，获诸多大奖，其中还包括了文化和旅游部的文化新剧目奖。2015 年，该剧又被翻拍成粤剧电影《传奇状元伦文叙》（以下简称"《伦》剧"），同样口碑爆棚。《传奇状元伦文叙》巧妙地将伦文叙最著名的几个故事融为一体，如卖菜、娶亲、巧对总督、智斗柳先开等，从而塑造了一个人品高尚、聪明绝顶、家庭幸福且事业有成的历史名人形象。

《伦》剧的成功，首先得益于其所采取的恰当的叙事策略。依照著名的叙事学家热奈特的观点，叙事策略可以从时序、语式、语态三个层面来衡量。如：在时序方面，《伦》剧主要采用最常见的顺叙方式，故事情节的发展依次展开，显得更具真实性；在语式方面，《伦》剧主要采用不定式内聚焦的叙述方式，细腻地刻画了不同人物的内心活动，极大地拉近了人物与观众之间的距离；在语态方面，《伦》剧主要采用大量进行叙事分层的方式，使得故事叙述更紧凑而全面、人物性格和行为更容易理解。作为一部道德叙事作品，《伦》剧的成功更在于表达其主题时所采用的多主线叙事技巧。表面上看，《伦》剧叙事包含了两条主线，一是伦文叙与阿琇从相识、相恋到终成眷属的爱情叙事；一是伦文叙出身寒微却自强不息、最终高中状元的励志叙事。但其深层隐含的主线和主题，则是通过道德叙事揭示了，当面临各种道德情境甚至困境时，一个具有高尚人格的儒家知识分子，如何获得爱情与事业等生活主要方面的成功。这显然会对当代人处理类似问题发挥重要的榜样示范功能。这一主题，西方哲学家通常将其概括为"德福一致"问题。

二、恪守传统社会核心价值观的"大丈夫"形象

"德福一致"在生活中往往并不具有现实性，但它是人类社会各文明共有的一种理想化追求。超越于生活的经验层面，创作型道德叙事通过人为设置典型道德情境，又为人物设计最合理的行动方案，为"德福一致"增加了理论上的可行性，因此对普通人的道德生活具有较大的示范借鉴价值。在道德叙事的过程中，对同一人物进行多角度、多层面的描述，在提供各种具体的道德行动方案的同时，建构起了该人物完整的道德人格形象。

在中国传统社会（此处指"独尊儒术"后的所谓"封建社会"），"三纲五常"是长期被奉行的核心价值观，因此也是道德人格的核心。所谓"三纲"即"父为子纲、君为臣纲、夫为妻纲"；所谓"五常"即"仁、义、礼、智、信"。近代以来，"三纲五常"特别是"三纲"观念中所包含的单向和绝对服从的特点，令其遭到猛烈抨击，认为其只能塑造某种奴性的人格；与之相对，另外一些持中国文化本位立场的学者，则执着于发掘"三纲五常"的现代、正面的价值。然而，在麦金泰尔等现代美德伦理学家看来，这些对道德规范的单纯理论辨析，并不能准确指导人们在生活中合乎道德地去行动，对于塑造任何一种道德人格也收效甚微。所以，"三纲五常"是否有助于塑造健全的道德人格，对此我们应该撇开无效的争论，从相应的道德叙事中寻求可靠答案。

"三纲五常"在近现代社会受到猛烈抨击，很大程度上是由于"三纲"的绝对化，最集中地体现在如"君要臣死，臣不得不死；父要子亡，子不得不亡"之类的怪论上。然而，真实历史所提供的道德叙事，很少支持这样极端的理论。典型案例如岳飞、于谦等被皇帝冤杀的名人，社会道德评价往往被指向昏君、佞臣之类，而极少歌颂慷慨赴死本身的合理性。在《伦》剧中，"三纲"被理解为基本的社会权威等级秩序，拒斥权威的社会是无法有效管理和运作的；但

是伦文叙对皇帝、母亲，以及阿琇对伦文叙都不是片面绝对服从的关系，而是始终坚守某种人格的自主性。在传统社会，伦文叙当然要对皇帝保持最高的礼节，但是当皇帝试图招其为驸马时，则果断予以拒绝；而皇帝虽然生气，也不过准备剥夺其状元头衔而已，最终竟又为伦文叙所折服。伦文叙奉母至孝，但其母亦是通情达理之人，甚至不惜变卖祖田供子读书。伦文叙与阿琇更是平等相待的恋人关系。因此，恪守道德叙事意义上的"三纲"，是伦文叙人格形象的重要特征；未被刻意扭曲和绝对化的"三纲"，仍基本属于中华传统文化中的"优秀"部分。

"五常"作为基本的道德原则，一般被归入"传统美德"的范畴，是理想道德人格的重要组成成分。因此，张岱年等先生主张，在现代社会"三纲一个都不能留，五常一个都不能少"。"三纲"界定了基本的社会、政治秩序，其中也蕴含了某些重要的道德规范，如忠、孝等；"五常"则是相对抽象的道德原则，不能简单视作有针对性的道德规范。

"仁者爱人"（《论语》），儒家认为所有的道德规范都是发自人内心的爱，这种爱的对象可以是民胞物与、君父亲朋，甚至是自身。在《伦》剧中，伦文叙对母亲、太师梁储等人的爱是"敬爱"；对阿琇的爱则是男女"情爱"，其中甚至包含某种知己之间的"友爱"；见义勇为帮胡小姐打狗，则是出于"恻隐之心"的同类之间的"怜爱"；对于曾经侮辱、嘲讽过自己的胡小姐、梁二官等人，不"寻旧账"，反而成人之美，则是一种"宽恕之爱"。以上种种行为，都体现为对应的具体道德规范。而对人格深处的爱心的呼唤和强调，即使在今天也绝不过时，甚至更具紧迫性。

"义者，宜也"（《中庸》），该原则要求人们在采取某种行动前，必须考虑是否会违反相应的道德规范，尤其在面临利益诱惑的时候。在《伦》剧中，伦文叙的全部作为都符合相应的道德规范（当然，这种理想状态只有在创作型道德叙事中才能做到）。如，其卖菜时，讲究"街坊熟客童叟无欺"，可谓"信"；挺身而出打走恶犬，可谓"勇"；不接受胡小姐的"嗟来之食"，可谓"节"；为人低调、与柳先开形成鲜明的对照，可谓"谦"。凡此种种，不可胜数。类似的道德情境在现代生活中仍然会经常遇到，因此伦文叙的应对方式具有榜样示范意义。

"礼者，自卑而尊人"（《礼记》），"礼"有多重含义，但无论古今中外，其根本特点都在于牺牲自身的某些利益或便利以成就社会与他人。"仁义"指向人内在的道德观念，"礼"则外化为相应的各种行为。如前述，伦文叙在其行为中遵守的各种道德规范，都可以具象化、程式化为相应的"礼"；《伦》剧还在一些代表性行为细节上表现其"礼",如叩谢梁储赠银、搀扶年迈母亲等。

"知而有所合谓之智"(《荀子》),作为道德原则的"智",类似于西方哲学所谓的"实践理性",要求人们在面对复杂的道德情境,尤其是相互冲突的道德规范时,能够合理权衡而作出准确的道德抉择。伦文叙在民间传说中本就是一个做事聪明绝顶的人物,人称"鬼才";《伦》剧通过一些细节刻画,又集中表现了他在处理一些关联性道德问题时的权衡之"智"。在《伦》剧中,伦文叙得到三次被他人赠银的机会,但作出了不同的应对:其一,集市打狗救下胡小姐后,刁蛮的胡小姐欲"打赏几个钱给他"时,被伦文叙以"君子不受嗟来之食"严词拒绝;其二,在西禅寺,太师梁储资助纹银五十两,则欣然接受"谢大人",因为其人是伦文叙倾慕已久的长者;其三,胡府选婿,胡小姐拒婚后,胡员外欲以纹银十两补偿,伦文叙则丢下一句"心领了",拂袖而去。不同的选择背后,反映的是伦文叙将尊严放在首位,又不失权变的人格特质。在现代市场经济条件下,具备这种"智"可以让人游刃有余地处理各种道德难题。

"以实之谓信"(朱熹《论语集注》),作为道德原则的"信",往往与"诚"连用,要求人们在作出任何道德行为时,都是发自内心、真实不虚。在日常生活中,我们通常难以判断一个人的道德行为是发自内心还是迫于某种外在压力。但是在创作型道德叙事中,如在《伦》剧中,剧作者通过伦文叙的大段内心独白,让我们充分感受到其道德人格的真实性,以及面临道德困境时的解决思路,这是创作型道德叙事所独具的优势。

《孟子》云:"居天下之广居,立天下之正位,行天下之大道;得志,与民由之;不得志,独行其道。富贵不能淫,贫贱不能移,威武不能屈。此之谓大丈夫。""大丈夫"是由孟子最早提出的,在中国文化中是备受推崇的完美人格形象。我们看到,《伦》剧通过对伦文叙人格特质的全方位刻画,实际上成功塑造了一个"大丈夫"的形象。朱熹指出,"居天下之广居"谓之仁、"立天下之正位"谓之礼、"行天下之大道"谓之义,如前述,在创作型道德叙事中伦文叙完全遵守了这些道德原则。"得志的时候,要偕同百姓一同向着康庄大道迈进;不得志的时候,仍然坚守道义和节操。"限于篇幅,《伦》剧着重描写了伦文叙在寒微之时的人格操守,但从其状元及第前的自诉心志以及及第后的不失本心,以及参照其本人的真实史迹来看,他也是完全可以做到"得志,与民由之"的。"'大丈夫'在面对富贵时,不受诱惑、不变其心;在面对贫贱时,不自暴自弃、不改变节操;在面对威逼利诱时,不苟全退缩。"伦文叙在高中状元、功成名就后,仍对阿琇一往情深,可谓"富贵不能淫";伦文叙卖菜读书、不受嗟来之食,可谓"贫贱不能移";面对皇权的威胁与逼迫,仍然拒绝受招为驸马,不愿放弃对阿琇的"信义两字",可谓"威武不能屈"。可见,伦文叙之所以备受人们喜爱,其故事广为传唱,正是因为在创作型道德叙事中,他恪守三纲五常的"大丈夫"形象完美地符合了中国人世代相传的主流道德标准。

三、立身处世兼具岭南文化特色的人格楷模

伦文叙的故事之所以在广东地区深受欢迎,除了他的人格形象符合一般中国人的道德观念外,还在于他身上体现了广东岭南文化的某些特殊追求。人一出生,便无可选择地落入一个地域文化之网。地域(家乡)文化对人的影响是潜移默化的,家乡所印在身上的文化标记往往贯穿人的一生。伦文叙所出生、成长的广东,由于受地理、历史等多重因素的影响,形成了独具特色的岭南文化。梁启超就认为,由于"言语异、风俗异、性质异"等,"广东人颇有独立之想,有进取之志,加之自香港为英所租借,白人之足迹益繁,故广东言西学最早,其民习与西人游,故不恶之,亦不畏之,故中国各部之中,其具国民之性质,有独立不羁气象者,惟广东人为最"。① 岭南文化(广义的岭南文化包括广东文化、桂系文化和海南文化,此处为狭义。)是中华优秀传统文化的杰出分支,一般认为其道德、价值观念更符合现代市场经济社会的发展需要。

道德、价值观念是文化的核心。因此,在《伦》剧的叙事结构中,道德叙事必然居于文化叙事的核心。伦文叙置身其中的岭南文化有三个方面的突出特点,其道德内核则是对"三纲五常""大丈夫"等主流道德观念的丰富和发展。

第一,开放与兼容。开放兼容意味着对不同文化形式、不同价值观念的某种包容。伦文叙所生活的明代,科举对读书人的思想禁锢已经达到严重的程度,四书五经、八股文几乎成为士子生活的全部;其余皆非正途,应及早摒弃。但伦文叙偏偏以善于作对联著称,这已反映了他思想的开放性。在《伦》剧中,伦文叙卖菜善于"讨口彩",也与岭南当地宗教迷信之风较为盛行有关;对嫌贫爱富的胡小姐谅解与成全,而非"嫉恶如仇",则表现了他"宽以待人"的包容精神。

第二,重商与务实。岭南文化崇尚"经世致用",注重现实利益,明确地为市场逐利的行为进行道德"正名"。在《伦》剧中,伦文叙卖菜以谋生并以此为荣,他甚至为作对而赚钱欣喜不已,这与正统儒家耻于言利的道德传统是有很大差距的,但又不违背"君子爱财,取之有道"的道德诫命。在《伦》剧中,富商胡员外的形象也一改其他文艺作品中"为富不仁"的刻板形象,他富

---

① 梁启超. 饮冰室合集:专集之一 [M]. 北京:中华书局,1986:29.

而好文，甚至慧眼识才。该剧中一些唱词也直接表露了对财富价值的认同，如控诉"穷字摧残世上多少人"、坚信"穷人不会永远穷，否极泰来能转运"等。

第三，开拓与创新。从古时"瘴疠之地"到近现代得风气之先的革命、改革"排头兵"，岭南文化的开创精神得到充分展现。"鬼才"伦文叙总能用别出心裁的创新方法解决棘手难题。在《伦》剧中，无论法师、大人还是皇帝，无论何种刁钻的对联题目都难不倒富有创新精神的伦文叙。其中，一个细节充分表现了伦文叙的与众不同，当柳先开打出"天下风云会，鳌头独占柳"的狂妄旗号时，其他士子只知道义愤填膺，甚至要暴力撕毁灯笼；唯有伦文叙以其人之道还治其人之身，在灯笼题字后面加两个字，而使含义全变，这充分展现了伦文叙高人一等的创新才华。"创新是一个民族进步的灵魂"，创新精神在现代社会具有极高的道德价值。

在伦文叙的家乡佛山，当地人民世代奉行一种"通济"精神。所谓"通济"，其内涵为"以正义通，以亨屯济"；强调要化解对抗性的尖锐矛盾，以变通的方法达到目的，但又在原则上不违反道义。佛山文化当然是岭南文化的一个分支，伦文叙的道德人格自然也打上了"通济"精神的文化烙印。在《伦》剧中，随处可见这种因善于变通而获得成功的智慧。例如，西禅寺梁储大人上香，伦文叙因久仰其大名，所以不顾沙弥反对，藏于供桌下偷看，最后竟因此得大人赏识，而获赠50两纹银。这种故事在现实生活中未必会发生，但在创作型道德叙事中则显得逻辑严谨、仿若真实。又如，在口头上被钦点为状元后，伦文叙却不肯做驸马而触怒皇帝，此时使得整部剧的冲突达到最高潮。我们知道，在明朝历史上，时有官员抬棺上殿死谏皇帝，严重激化君臣矛盾的事件发生。但创作型道德叙事却可以发出提醒：也许有另一种选择。当伦文叙面对皇帝的暴怒时，他选择以柔克刚，动之以情、晓之以理，终于令皇帝收回成命，甚至发出"应明嘉奖劝，使天下相习成风"的感叹。这种圆满结局归功于伦文叙人格中善于变通的特性，当然本质上是创作型道德叙事超越现实生活的表现。

结　语

伦文叙的人格形象具有现代性。伦文叙之所以能够高中状元，有赖于其人格中强烈的竞争、奋斗精神，他出身贫寒，通过努力学习才成功改变命运。这样的励志故事，对于当下某些青年中流行的"躺平""摆烂"思想，无异于当头棒喝。伦文叙的人格形象也具有正统性。作为一个饱读诗书、言行一致的儒家知识分子，伦文叙代表了中华优秀传统文化的人格追求，是一个典型的正人君子、大丈夫。伦文叙的人格形象还具有地方性。作为岭南文化的杰出代表，伦文叙是广东这片土地所能培养出来的最优秀的人物之一，其故事传说集中体现了广东人民对美好人格的特殊追求。榜样人格认同是继承和弘扬传统文化的有效路径；向榜样学习，是青年提高自身人格修养的重要方式。结合时代需要、学习伦文叙这样的地方先贤的优秀人格品质，是提高当代广东青年人格修养的便捷途径，也是弘扬包括岭南文化在内的中华优秀传统文化的现实选择。

第四章

04

思想政治教育教学的
内容与方法创新

新时代高职院校大学生劳动教育理论研究

郑克周①

2020 年 7 月 7 日，教育部印发《大中小学劳动教育指导纲要（试行）》（以下简称《纲要》）的通知，文中明确指出，劳动教育是发挥劳动的育人功能，对学生进行热爱劳动、热爱劳动人民的教育活动。党的十八大以来，习近平总书记多次强调劳动教育（以下简称劳育）对立德树人的重要性，并指出要大力发扬劳模精神和劳动精神，营造以劳动为荣的社会氛围。新时代赋予劳动教育以新的内涵和使命，这对于高职院校的大学生劳动教育也提出了新的要求和任务。要提高新时代高职院校大学生劳育的质量和深度，就必须准确把握新时代劳动教育的内涵和要求，促进新时代高职院校大学生的全面发展。

一、新时代高职院校大学生劳动教育的意义

有利于提高高职院校大学生的综合素质。劳动教育是新时代党对全面育人的重要要求，作为"德智体美劳"五位一体全面发展中的重要一环，劳动教育能够促进高职院校大学生综合素质的融合发展。新时代的劳动教育不是一个笼统的概念，《纲要》中明确将劳育分为三类，即日常劳动教育、生产劳动教育以及服务性劳动教育。通过多种方式和类型的劳动教育活动，能够提高高职院校大学生的道德观念。劳育能够提升高职院校大学生的实践能力，从而提高对劳动和劳动人民的热爱，明白通过劳动创造价值和获得自我价值的实现途径。通过提高劳育在高职院校中的教育质量，能够潜移默化地推动高职院校大学生的动手能力、从而促进学生的智力发展。"纸上得来终究浅，绝知此事要躬行。"劳育能够促使人在行动中获得知识并提高其在社会生活中的生存能力。劳动的价值，不仅在于能够促进人的运动发展、强健体魄，更能使人在劳动中感知美

① 郑克周（1995— ），男，广东揭阳人，广西师范大学法学院 2021 级法学硕士研究生学历，罗定职业技术学院助教，研究方向为马克思主义理论研究。

好，真正热爱劳动、热爱劳动人民。

　　有利于提高高职院校大学生的社会适配度。职业教育是国民教育体系和人力资源开发的重要组成部分，肩负着培养多样化人才、传承技术技能、促进就业创业的重要职责。新时代赋予职业教育更为明确的使命和责任。与普通本科教育相比，高职院校大学生培育有自身的特殊性，比如培育周期较短、课程实践性更强、职业规划更为明确和有针对性等。而生产劳动作为新时代高职院校劳育的重要一环，能够通过产教一体化、校企对接等方式直接指导高职院校大学生投入社会劳动与实践、提高职能适配度，为社会发展提供高精尖的专业职业人才资源，也对促进社会人才培育体系的形成、提高大学生就业率和社会发展起着不可或缺的作用。高职院校培育的大量职业人才，是新时代促进社会全面发展的能工巧匠，亦是新时代"工匠精神"的重要传承者。

　　有利于实现高职院校大学生的时代责任与担当。新时代赋予高职院校大学生以全新的使命和责任，需要新时代高职院校大学生的担当和作为。面对时代的重任，切记不要眼高手低。劳育渗透在职业教育的日常生活和学习当中，小到班级卫生的打扫、宿舍卫生的整理，再到积极投身社会实践、锻炼自身的专业水平，大到参与志愿服务等公益性劳动活动，劳动育人的方式多种多样，却极为重要。在简单的卫生打扫当中，体现了人作为个体与集体之间的连接；在产业生产活动中，体现了个人在社会中的劳动价值创造，也是个人模块与社会整体的对接。在积极奉献的公益事业中，个人价值得到升华，无论是新冠肺炎的肆虐，还是近期的冬奥盛会，无数"00后"志愿者都为我们展现了他们的活力与使命担当。高职院校大学生面对全新的时代形势，必须积极在良好的劳育环境中成长，成为勇挑时代重任的国之大者。

二、新时代高职院校大学生劳动教育存在的问题

　　新时代高职院校大学生日常劳动教育课程体系建设不足。日常劳动教育课程应当是学校提供给高职院校大学生劳动学习和锻炼的主要平台，因此在课程设计上，不能只通过强制性的打扫卫生、固定而僵化的灌输式劳动驱使学生进行体力劳动。当下，部分高职院校，将学生课室卫生、宿舍卫生、校园网格甚至是周边社区的卫生打扫任务划分得非常明确，量化考核分数设计也很严格。但往往是缺乏正确劳动观念的引导和教育，学生在这种强制性的劳动安排中，没有感受到劳动的魅力，往往都只想完成任务，应付劳动。这样的日常教育，不仅仅不符合新时代劳动教育的要求，而且也容易造成学生对劳动的反感和厌恶，违背了新时代劳育的初衷。

马克思认为，"我在劳动中肯定了我自己的个人生命，也在劳动中肯定了我个性的特点"①。思想是行动的先导，只有形成以劳动为荣、爱好劳动的思想观念，新时代大学生才能真正在投入社会后成为一名爱好劳动的社会主义贡献者和创造者。当下，大部分高职院校普遍将劳育纳入学校课程设计当中，但基本存在缺乏实质性劳育理论课程、劳育课程评价体系流于形式等问题。劳育课程形同虚设，没有对"为何要劳动、劳动有何意义，如何通过劳动创造价值等问题"进行回答。而当下的大学生也因为物质生活条件的提高，缺乏奉献精神，年轻一代长期受到家庭庇护，存在缺乏自我实践能力、不爱劳动、不愿劳动等问题。习近平总书记也指出："人类是劳动创造的，社会是劳动创造的。劳动没有高低贵贱之分，任何一份职业都很光荣。"② 高职院校作为培育新时代社会主义事业主要职业人才的土壤，更应该将职业劳动观念、劳动教育进行实质性的开展。故而需要在学校的课程教育建设中，在劳育的思想理论课程设计上下功夫，真正把劳育课程作为思政课堂的重要教育内容来展开。

新时代高职院校大学生生产劳动教育质量良莠不齐。《纲要》中明确指出，要依托实习实训，参与真实的生产劳动和服务性劳动，增强职业认同感和劳动自豪感，提升创意物化能力，培育不断探索、精益求精、追求卓越的工匠精神和爱岗敬业的劳动态度，坚信"三百六十行，行行出状元"，体认劳动不分贵贱，任何职业都很光荣，都能出彩。劳动思想教育、劳动生产教育、服务性劳动教育共同构成新时代高职院校大学生劳育的三大板块，而劳动技能与劳动实践则是高职院校开展劳动生产教育最为重要的一种方式。从目前的高职院校来看，大多是将高职院校学生的实习实训作为生产劳动教育的主要考核考试，而这种方式也因为高职院校之间的实践基地的有无、实践基地建设的强弱、实践合作单位、企业等因素的影响，形成了良莠不齐的培养状态。

部分高职院校在课程上会安排学生进行实践操作的训练，如数控机床的操作、模型的制作、机器制造等实践课程，通过这些课程开展劳动技术教育。但是也因高职院校设备的数量、质量以及可供学生操作次数的多寡等客观因素，很有可能造成职业技术教育停留于理论层面的尴尬。学生进入企业、进入社会实习实训是最为重要的生产实践，学生通过学校安排实习、校企联合或者自主实习的方式开展劳动实践。而在这种实践安排中，部分自主实习的实际性内容、

---

① 马克思，恩格斯．马克思恩格斯全集：第四十二卷［M］．北京：人民出版社，1979：38.

② 习近平．在知识分子、劳动模范、青年代表座谈会上的讲话［N］．人民日报，2016-04-30（02）.

实践过程、实践成果等往往流于形式，学生是否真正通过实践掌握了步入社会的职业能力也无从所知，并且无论是校企联合，还是自主实习，学生在实习期间的劳动待遇、人身安全等问题都没有能够得到很好的保障。

通过校企联合、产教一体化进行的实习实训，要符合劳动法规要求的应当支付报酬。我们在强调劳动光荣的同时应当意识到劳动是人类存续的主要方式，人通过劳动获得报酬从而保证自身物质资源的供给，劳动获得相应的保障也是国家法律所保护的内容。但是，部分高职院校在大学生的生产实践教育中，存在实践周期长，实践单位和企业不发或者欠发劳动报酬的现象，部分企业甚至要求学生连续劳动超过十二个小时，严重危害了学生的个人权益。这无疑暴露了生产劳动教育在当下高职院校的课程设计中，缺乏体系性、合法性以及其合理性的问题。

新时代高职院校大学生服务性劳动教育较为欠缺。个体只有和社会联系在一起，在社会实践中创造价值，才能够实现自我价值，而服务性劳动则是个体与社会联系的最为重要的方式之一。在疫情阻击战当中，无数志愿者、医护人员的无私奉献使得中国的疫情得以稳定、社会得以发展。服务性劳动教育是与日常劳动教育和生产劳动教育同样重要的一环，其实施效果也依靠前两个环节的实现。而由于当前高职院校在日常劳动教育与生产劳动教育存在的短板，造成了服务性劳动教育的效果并不明显。新时代高职院校的劳动教育，首先是要保证劳动思想教育的质量，而积极正确的劳动观、价值观是鼓励学生投入社会服务、志愿活动、奉献社会的前提。此外，学生通过真正有效的生产实践，在劳动创造当中感受到劳动的魅力、体现了自我在社会中的价值创造后，能更好地热爱劳动、热爱劳动人民，从而自觉参与社会秩序的建设以及对社会和平与稳定的维护。部分高职院校也没有将当地实际与劳动教育结合起来，没有充分发挥当地已有的村委、居委联合等社区资源，高职院校当地的企事业单位等实习实践需求，以及工业园区、农业资源等，往往僵化地要求学生开展志愿服务，却缺少明确的指导，没能及时提供活动资源。

三、新时代加强高职院校大学生劳动教育的对策

建立健全高职院校劳育课程体系。新时代高职院校大学生劳动教育应体现时代特征，适应科技发展和产业变革，针对劳动新形态，注重新兴技术支撑和社会服务新变化。从各高职院校的角度来看，在构建高职院校的劳动教育课程体系时，应保证"三个到位"。一是要保证日常劳动教育课程到位，这其中不仅包括劳动思想理论教育，还可以将许多高校都已经开展的职业生涯规划、创新

创业教育等职业课程归为劳动教育课程体系中的下设分支，进行劳动教育日常课程的体系构建。同时，应当开展形式多样的公共课和选修课，比如劳动与社会保障法、工匠精神、劳模精神的讲座等，体现新时代"劳模精神""工匠精神"。二是要保证高职院校生产实践教育制度到位，生产实践教育在学校人才培养方案、学校实习制度中要对学生实践方式、实践安全与考核等进行详细、合法合理的规定，并联系相关部门，保障学生有一个良好的生产实践环境和氛围。对学生的实践内容考核要切实到位，全面客观地记录学生的生产实践内容。三是要保障高职院校大学生社会性劳动实践教育到位。《中共中央 国务院关于全面加强新时代大中小学劳动教育的意见》指出，劳动教育要"坚持因地制宜。"宜工则工，宜农则农，要结合当地实际进行劳动实践，避免僵化和"一刀切"。因此，通过定期组织学生进社区、进农村、进工厂，到田间地头去看看多种方式，鼓励学生参与祖国社会事业的建设，将隐形教育和显性教育更好地结合起来，推动五育并举教育目标的实现。

要推动高职院校大学生劳动教育课程的落地，需要建设一支具有专业能力的劳动教育教师人才队伍。一方面是需要高职院校配备一支具备劳动教育知识的专兼职教师队伍；另一方面是需要将劳动教育融入每个教师的教学实践当中。正如当下的"课堂思政"一样，课堂中要注重对高职院校大学生思想观念和政治正确的方向引导，劳动教育作为五育并举中的一环，也是课堂思政必不可少的重要教育内容。同时，要针对实习实训配备专业的劳动指导教师，真正将生产实践和劳动教育理论结合起来。对于劳动教育的过程、成果要进行合理化的评价，推动高职院校重视劳动教育，推进高职院校大学生劳动教育的专业化和正规化。

创造良好的劳动教育环境。从政府相关部门的角度来看，要推动新时代高职院校劳育体系的构建、解决现存的高职院校大学生劳育问题，需要做到以下几点：一是要建立健全相关法律制度，保障高职院校劳育问题在社会主义法制体系的框架之下良好运行。推动立法，确保高职院校大学生在生产实践中能够保障自身合法的报酬权、休息权、职业安全权、社会保障权等劳动权利。二是健全校企合作制度以及实践基地的建设，加强监督指导，做好劳动安全教育工作。对于校企合作的相关单位和企业，不仅高职院校有义务对其资质和能力进行考核，政府相关部门也必须做好备份和抽检，保证高职院校大学生在从事生产实践、确保技能训练等过程中的人身和财产安全。三是提供平台、保障资金。提供本土资源和便利条件，帮助高职院校大学生投入当地建设中去，在生产实践中实现创造价值，在社会性服务中增强责任感和使命感。提供充足的资金，保障高职院校的实习实训无论是校内实训设备、实训师资，还是校外实践基地等建设完善，为生产实践提供硬实力。

从家庭教育的角度来看，要营造一个爱好劳动的好家风，还需要家校配合，真正做到家校培育一体化。家庭对孩子的劳动价值观引导具有基础性的作用，孩子在成长的过程中会耳濡目染地学习家长的行为和思想观念，因此要做好学生在家庭中的劳动教育，积极鼓励孩子参与家庭劳动，承担家庭责任。只有培育独立、吃苦的精神，学生在高职院校中进一步学到劳动实践技能，才能在毕业后真正地投入社会、适应社会，通过劳动创造推动社会进步。

推动新时代劳动教育一体化建设。新时代高职院校大学生劳动教育，需要推动劳动教育一体化建设。中小学的劳动教育目标与高职院校的劳动教育目标虽有不同，前者侧重于引导学生学会劳动，而后者侧重于引导学生懂得劳动、掌握劳动本领，但两者的目标一致，那就是要让学生热爱劳动、热爱劳动人民，肩负起时代的责任和使命。所以，从对学生的培养规律上来看，新时代学生的劳动教育，从中小学生教育到高校教育，是一个递进式的过程，高职院校大学生劳动教育要和中小学劳动教育更好地对接，需要在教育方式、教学内容、家校联合等方面进行更深入的探讨，才能真正地促进社会劳育的一体化，为高职院校大学生搭建一条从高校走向社会的桥梁。

生命伦理教育融入高校思政课教学研究

曾雨星①

在新时代下，高校要把生命伦理教育作为一项重要课题，引导学生认知生命的意义，实现生命的价值②。大学阶段是学生人生观、世界观形成的重要时期，也是生命伦理观成型的关键时期。大学生生命伦理教育问题不仅关乎着高校的人才培养质量，更深刻影响着中华民族伟大复兴中国梦的实现。近些年，学生自杀、他杀、校园霸凌事件日趋严重，关注生命教育显得尤为重要。因此，学校应该注重生命伦理教育，帮助大学生形成正确的生命观、生命伦理观和生命价值观。在生命伦理教育的引导下提高大学生的生命伦理认识，树立生命伦理意识和增强自我保护能力。

一、生命伦理教育的内涵

生命伦理教育是高校思政课教学的重要课题，也是大学生进行思想政治教育的重要内容。目前，生命伦理教育涉及多个学科，涵盖内容十分广泛。国外对于生命伦理教育的研究起步较早，例如，美国的生命伦理教育在20世纪90年代中期基本普及，主要内容包括品格教育、迎接生命挑战的教育、情绪教育等；日本的生命伦理教育重点定位于尊重人的精神、敬畏生命的态度、重视生态保护等领域，近年来又提倡以"热爱生命，选择坚强"为主题的"余裕教育"③。相对而言，我国的高校生命伦理教育起步较晚，主要集中在医学和生物学领域。在高校思政课教学中开展生命伦理教育是为了引导大学生树立正确的生命观，理解生命的意义，重视生命，珍爱生命；树立正确的价值观，形成良

---

① 作者简介：曾雨星（1997— ），女，湖南平江人，广东理工学院马克思主义学院专任教师，研究方向为思想政治教育。
② 龚雪，张博. 新时代青年大学生生命教育开展路径研究 [J]. 决策探索（下），2021（2）：62-63.
③ 肖述剑. 大学生生命伦理教育研究简述 [J]. 当代经济，2014（9）：94-95.

好的行为规范。此外，高校加强生命伦理教育可以使大学生摆正自己的位置，树立正确的伦理观，使其处理好人与人、人与自然、人与社会之间的关系，强化社会责任，增强社会意识，以更加积极乐观的人生态度去迎接未来社会的机遇与挑战，勇于奋斗，勇于拼搏，从而推动社会的和谐发展，促进社会主义生态文明建设。

二、高校生命伦理教育存在的问题

（一）大学生生命伦理意识淡薄

当前大学生的主要群体是"00后"，他们思想丰富，思维活跃，个性独立，对于未来有着美好的憧憬与愿望。然而，大多数大学生为独生子女，从小父母的过度溺爱导致他们中有些人性格孤僻、自私自利。当他们面临人生选择时也充斥着各种矛盾心理，有时不能够有效地处理好问题，缺乏对事物的正确、理智看法，从而产生自我怀疑、自我否认等心理问题，并产生过激的行为，甚至会有轻生念头，蔑视生命。

一是生命伦理意识薄弱。部分大学生对于生命伦理知识了解较少，甚至不知道什么是生命伦理，对于生命伦理认识模糊。二是部分大学生对于他人生命或者动物生命有着漠视情感，缺少生命情感关怀与伦理意识，认为不是所有生命都应该被关爱和珍惜。三是大学生生命伦理教育实践活动参与度不高。通过对学生进行问卷调查，调查结果显示，部分大学生很少参与生命伦理相关的实践活动。有的即使参加了生命伦理实践活动，但积极性、主动性不高，存在敷衍的态度，没有认真对待。

（二）高校对生命伦理教育不够重视

首先，我国高校的课程设置、教育方式都明显带有专业教育的印记，缺少生命伦理教育的总体规划和课程体系①。部分高校在开设生命伦理教育的过程中，没有将生命伦理教育确定为所有专业的公共必修课或公共选修课，生命伦理教育内容分散在其他公共课当中。比如，大学生"心理健康教育"课和"思想道德与法治"课，没有形成完整的生命伦理教育体系。

其次，高校组织生命伦理教育实践活动不规范。部分高校很少组织生命伦理教育实践活动，有的高校即使组织了也存在摆拍敷衍的现象。

---

① 丁贞权. 新冠肺炎视域下高校学生生态伦理教育体系建构［J］. 锦州医科大学学报（社会科学版），2020，18（6）：5-9.

再次，目前部分高校已经开设了生命伦理课程，但在师资配备上主要由高校辅导员、大学生心理健康教育教师、高校思政课教师担任生命伦理教育教学教师，缺少生命伦理课程专业教师。

因此，高校要适应时代的发展，加强生命伦理课程建设，将生命伦理教育纳入教学体系中，加强大学生的生命观教育，培养大学生的生命伦理意识，提升大学生的生命伦理素养。高校在实际教学中也要注重理论与实践相结合，使大学生做到知行合一，用生命伦理知识武装自己，用生命伦理实践活动锻炼自己的品格与德行，从而实现立德树人的根本任务。

（三）高校思政课教学中生命伦理教育渗透不足

高校思政课承担着立德树人的根本任务，是高校开展思想政治教育的主阵地，其课程包括"思想道德与法治""中国近现代史纲要""毛泽东思想和中国特色社会主义理论体系概论""马克思主义基本原理""形势与政策"等。在高校思政课教学中，与生命伦理教育相契合的教学内容主要集中于"思想道德与法治"课中，相对于其他思政课程融入的生命伦理教育较少。主要体现在以下几个方面。

一是高校思政课教材内容与生命伦理内容的契合度不够，没能充分挖掘高校思政课教材中的生命伦理元素。二是高校思政课教师在思政课教学中的教学模式单一，教学方法不够灵活恰当。灌输式地传授生命伦理知识，没能有效地激发大学生的学习兴趣，没能引发大学生对生命的思考。三是部分高校思政课教师注重自身学科专业知识的积累，而与生命伦理教育相关的知识储备不足，欠缺生命伦理教育的知识、能力和意识。他们不能很好地建立生命伦理教育与学科教学之间的联系，不能将两者进行有效的融合，甚至未认识到自身开展生命伦理教育的责任，缺少主动性。因此，高校思政课教师要梳理思政课教材，挖掘思政课教材中的生命伦理元素，注重生命伦理知识的积累，提升生命伦理素养。

三、生命伦理教育融入高校思政课的教学路径

（一）开设生命伦理教育课程

生命伦理教育涉及多种学科，内容广泛，其中生命伦理教育的内容与高校思政课教学相契合。尤其自新冠肺炎疫情以来暴露出一系列的社会问题，这启示我们，可将生命伦理教育作为一门公共选修课纳入高校思政课教学课程体系中。可由学校教务处牵头，马克思主义学院结合本校教学实际，根据不同专业

的性质和学生的实际需求，制订教学计划、学生培养的方案，并设置相应学分，开设生命伦理教育课程。课程教师由高校思政课教师担任或者由高校辅导员、大学生心理健康教育教师兼任。由此可以弥补高校生命伦理教育课程建设的不足，使其与高校思政课有机结合，实现高校思政课立德树人的根本任务，促进大学生的全面发展，使大学生树立正确的生命观、价值观和伦理观，有助于大学生良好品格的养成。

（二）开展生命伦理教育活动

高校开展生命伦理教育的主要目的是引导大学生正确认识和理解生命，增强尊重生命、关爱生命的意识，帮助他们树立良好的生命观、价值观，并使之成为内心自觉的行为规范①。高校思政课教师在教授理论知识的同时可充分利用学生团体开展以生命伦理为主题的活动。例如，生命伦理专题讲座、演讲比赛、辩论赛等活动，营造出生命伦理校园文化氛围，使大学生能够积极参与到教学活动中，深切感受到生命的意义，明白生命的真谛，引导大学生树立正确的生命观。以"思想道德与法治"课为例：在讲授"人生目的"这部分内容时可以组织班级学生进行一场主题为"人为什么活着"的演讲比赛，使大学生在参与的过程中，明白人生的意义，确立正确的人生方向，使其在面对人生的一系列重大问题时，能够作出正确的选择，始终朝着正确的人生发展方向前进。在讲授"正确看待生与死"这部分内容时可以主题班会的形式进行，组织学生观看生命伦理教育短片或者生命伦理纪录片，使大学生牢固树立生命可贵、敬畏生命的伦理意识，倍加爱护自己和他人的生命，理性面对生老病死等自然现象，努力使自己的生命绽放人生光彩。同时，大学生要树立勇于奉献、敢于牺牲的崇高精神，在服务人民、奉献社会、投身中华民族伟大复兴的事业中发掘出生命所蕴含的巨大潜能，赋予个体生命更大的意义，实现其人生价值。

（三）组织生命伦理教育实践

拓宽生命伦理教育第二课堂，将学校、家庭、社会三者有机结合，建立学校、家庭、社会联动机制。一方面，努力营造良好的家庭生命伦理环境，创设家庭生命伦理实践。健康幸福的家庭环境有助于大学生良好品格的养成，它是对大学生进行生命伦理教育的现实基础，家庭生命伦理教育能够提升大学生的生命伦理道德情感，拓宽生命伦理实践方式。何为家庭伦理实践活动？例如，陪同父母或家人看一部电影；听家里的长辈讲述自己小时候的趣事；陪同父母

---

① 黄雯怡. 新形势下加强高校生命伦理教育探析 [J]. 江苏高教, 2017 (2)：102-104.

一起旅游；等等。这些活动不仅可以增进与家人之间的感情，还可以提升大学生的家庭伦理责任意识，促使大学生养成良好的道德品质。另一方面，积极开展生命伦理教育社会实践。高校思政课教师可定期组织大学生到养老院、敬老院、社会服务救助中心等参观慰问，使大学生在参与的过程中感悟生命的真谛，从而敬畏生命、尊重生命，形成良好的生命伦理品质。高校马克思主义学院也可依托社会资源，建设生命伦理教育实践基地，深化大学生的生命体验，培养大学生的公益精神与助人品质，为他们未来事业的发展注入鲜活的生命元素，使其逐步树立坚定的社会责任感，培养大学生健康的生命观和人生观，从而使他们更好地珍惜生命、爱护生命。

（四）加强高校生命伦理教育师资队伍建设

教师整体素质水平的高低决定着生命教育的目标能否实现，要想开展好生命教育，就要建设一支专业性强、教学水平高的教师团队①。高校生命伦理教育的开展离不开生命伦理教育师资的建设，高校生命伦理教育师资队伍建设是开展生命伦理教育的前提条件。首先，高校可以组织高校教师进行生命伦理教育相关培训，提升高校教师的理论知识与专业水平；其次，有效发挥高校辅导员、高校思政课教师、大学生心理健康教育教师的重要作用，为高校生命伦理教育课程的开设提供师资基础。此外，高校在生命伦理教育师资配备方面，可以选用具有教育学、伦理学、心理学、思想政治教育相关专业的行政人员担任高校生命伦理教育兼课教师，弥补生命伦理教育师资的不足。

高校教师的整体素质与教学水平也会影响生命伦理教育的教学质量与效果。因此，高校在生命伦理教育师资建设方面要加强师德师风建设，建立师德师风评价考核机制，注重高校教师的品德与素养，确保高校生命伦理教育课程的有效进行。作为高校教师需要不断学习与积累生命伦理知识与技能，在教授大学生生命伦理教育理论知识的同时提升大学生的生命意识，增强大学生的生命伦理技能，健全大学生的人格，促进大学生的全面发展。

（五）创新教学模式，建立健全生命伦理教育教学平台

生命伦理教育融入高校思政课教学应创新教学模式，搭建生命伦理教育教学平台，弥补传统教学模式的不足，为高校生命伦理教育注入新的活力，发挥高校思政育人的最大优势。

---

① 龚雪，张博.新时代青年大学生生命教育开展路径研究［J］.决策探索（下），2021（2）：62-63.

第一，加强生命伦理教育网站建设。以马克思主义学院官网为主渠道，设置生命伦理教育专栏，在其专栏上定期发布生命伦理教育相关内容。例如，开课通知、新闻报道、活动通知等方便大学生了解生命伦理的课程。同时，高校可以有针对性地开展生命伦理教育，充分利用微信、微博、抖音等媒体平台进一步宣传生命伦理教育。

第二，在生命伦理课程资源建设方面，高校思政课教师要充分利用好"中国大学 MOOC"平台，开设生命伦理精品课程，形成本校的课程特色和专业特色，丰富和发展生命伦理教育，为其他高校开展生命伦理教育提供借鉴。

第三，高校思政课教师利用超星学习通平台，建立生命伦理教学资源信息库，发布与生命伦理相关的知识、试题、视频、课件等开展生命伦理教学，完善生命伦理教学机制。

结　语

目前，高校生命伦理教育是我国高校教育教学改革的一项重要课题。生命伦理教育融入高校思政课教学有助于完善教学内容、改善教育方法、加强高校师资队伍建设，提升教育质量，使生命伦理教育的精髓真正地在学校教育中体现出来，真正地在学生身上体现出来，并成为改变学生生命伦理观的重要学科。

中华优秀海洋文化融入高校思政教育研究①

朱德新②

同历史学的研究相似，文化学的研究可以和大部分学科进行联纵，同海洋学的交叉就形成了对海洋文化的研究。从文化的"自然人化"本质角度分析，海洋文化的本质至少包含了"人类与海洋的互动关系及其产物"的内涵。而中国海洋文化的本质内涵，就应该是"中华民族与海洋的互动关系及其产物，即中华民族认知、利用和适应海洋的生存发展方式"。③ 在这个深刻而丰富的内涵里，其外延不仅包含了人文层面的海洋信仰、海洋文学、海洋艺术等文化，也囊括了包括海洋民俗文化、海洋港市文化、海洋旅游文化等在内的社科层面的海洋文化。有人的地方就有文化，海洋空间是中华民族生活的重要空间，由此衍生的文化现象和文明可谓包罗万象。从高校思政教育的视域来看，在海洋文化的熏陶、引领下，大学生关于海洋强国思想、海洋命运共同体理念等的形成对中国特色社会主义事业的建设，对思政教育目的和本义的实现，对海洋文化的传播、继承、发展等具有重要意义。

一、思政教育视域下的海洋文化

（一）习近平总书记关于海洋文化的思想

建设海洋强国是中国特色社会主义事业的重要组成部分。党的十八大以来，以习近平同志为核心的党中央领导集体提出海洋强国的重大战略。在党的十九大报告中，习近平总书记进一步提出："坚持陆海统筹，加快建设海洋强国。""海洋孕育了生命、联通了世界、促进了发展。我们人类居住的这个蓝色星球，

---

① 基金项目：中华优秀文化融入高职本科思政教育研究创新团队（项目编号：2021WCXTD021）。

② 作者简介：朱德新，广东理工学院马克思主义学院讲师，法学硕士。

③ 曲金良.中国海洋文化基础理论研究［M］.北京：海洋出版社，2014：25.

不是被海洋分割成了各个孤岛，而是被海洋连结成了命运共同体，各国人民安危与共。"① 2019 年，习近平总书记首次提出"海洋命运共同体"重要理念，成为人类命运共同体的重要组成部分。2022 年 4 月，习近平总书记在海南考察时强调，建设海洋强国是实现中华民族伟大复兴的重大战略任务。

习近平海洋文化建设的重要论述可从海洋的经济发展文化和生态建设文化两个方面来解读。习近平重视海洋经济发展。在闽工作期间，调任福州市委书记的习近平同志就提出建设"海上福州"发展战略。在浙工作期间，习近平曾深入考察舟山普陀区和岱山县，后在全省海洋经济工作会议上指出，按照"整合沿海、延伸海岛、加强互通、扩大共享"和"大岛建、小岛迁、有条件陆岛连"的总体思路，继续加强沿海与海岛基础设施建设②；在蚂蚁岛上讲到要发扬光大老一辈的"艰苦创业、敢啃骨头、勇争一流"的蚂蚁岛精神；在浙江省第三次海洋经济工作会议上，指出"加快发展海洋经济，是加强长三角合作与交流，进一步扩大对内对外开放的重要途径"，这是海岛开放思想的体现③。除了在振兴和开放海岛方面，习近平还特别重视陆海统筹带动海洋经济发展，他极具前瞻性地指出"海洋经济是海陆一体化经济"。习近平重视海岛的生态建设，习近平就浙江省"十一五"时期加快发展海洋经济问题到舟山调研期间，强调："发展海洋经济，绝不能以牺牲海洋生态环境为代价，不能走先污染后治理的路子，一定要坚持开发与保护并举的方针，全面促进海洋经济可持续发展。"④ 2003 年 5 月 16 日，习近平在加快海洋经济发展座谈会上指出，治理修复海洋环境是一项造福子孙后代的大事，各级各地要高度重视这项工作，正确处理发展海洋经济与海洋环境保护和生态建设的关系，高度重视海洋环境综合治理，加强陆域污染源的治理和控制。此外，习近平同志还有丰富的海上丝路文化的重要论述。

（二）马克思、恩格斯的海洋思想

马克思、恩格斯的海洋思想主要体现在马克思、恩格斯关于海权的理论中。

---

① 李学勇，李宣良，梅世雄. 习近平集体会见出席海军成立 70 周年多国海军活动外方代表团团长［N］. 人民日报，2019-04-24（01）.

② 习近平. 发挥海洋资源优势 建设海洋经济强省：在全省海洋经济工作会议上的讲话［J］. 浙江经济，2003（16）：6-11.

③ 习近平. 发挥海洋资源优势 建设海洋经济强省：在全省海洋经济工作会议上的讲话［J］. 浙江经济，2003（16）：6-11.

④ 周咏南，应建勇，毛传来. 一步一履总关情：习近平总书记在浙江考察纪实［J］. 今日浙江，2015（10）：9-17，8.

不同于马汉的影响海权的"生产、海运和殖民地"三元素论，在马克思、恩格斯海权理论的逻辑线索中，有四个要素真正决定了海权的实现程度，他们分别是大工业、航运、世界市场、海军。四要素当中，大工业是基础，从历史唯物主义的角度分析，工业化的程度作为经济基础决定了上层建筑，它是维护海权的基础，也是决定后面几项要素的关键力量。高度工业化，才能生产大宗商品，也才能开启整个的生产、运输、消费的链条，这个链条当中的世界市场就对应了消费。同样的，海上运输是海权的载体，最终在大工业支持下的海军的保障下完成逻辑的闭环。马克思、恩格斯著作中高频出现的"海上强国""制海权"等词汇表征着他们一直高度重视海洋权利，他们丰富的海洋思想是今天建设海洋强国的坚实的马克思主义理论支撑①。

二、中华优秀海洋文化融入高校思政教育的价值

2022 年 10 月 16 日，习近平总书记在中国共产党第二十次全国代表大会上的报告中明确提出"把马克思主义基本原理同中国具体实际相结合、同中华优秀传统文化相结合"的重大理论观点。因而，将中华优秀海洋文化融入高校思政教育，本身就是对"两个结合"的践行。在这一过程中，提升了"四个自信"，有助于中国特色社会主义事业的建设。在这一基础上，中华优秀海洋文化融入高校思政教育对思政教育和海洋文化本身也具有重要价值。

（一）中华优秀海洋文化融入高校思政教育对思政教育的价值

将中华优秀海洋文化融入思政，在充实思政教育内容的同时，可以有效发挥高校思政教育的优势。高校思政教育课程丰富，具有学科综合的属性，而且覆盖范围广，辐射到了整个高校的教育对象。思想政治教育的对象本身具有广泛性，然而高校思政教育的对象又具有特殊性。培养和造就有理想、有道德、有文化、有纪律的社会主义新人是思想政治教育的根本任务，在思想尚未完全稳固的青年人当中形成海洋强国思想、形成海洋命运共同体理念、形成海洋意识，不仅是思政教育培养全面发展的人的目标的实现，也是思政教育本义宗旨的实现。高校思想政治教育的过程就是通过向高校学生传导国家社会发展需要的政治思想、社会观念、道德思想等使其具有良好思想道德素质、政治素养的过程，这一过程的实现需要一定的方式和手段，而这里的方式和手段即思政教育的载体。思想政治教育的载体是思想政治教育过程各要素相互联系的枢纽及其相互作用实现的重要形式，思政教育的载体使用得当，思政教育的效果更加

---

① 张峰. 马克思恩格斯的海权理论与海洋强国建设［M］. 上海：上海人民出版社，2018：4.

明显、事半功倍。向高校大学生传导我国建设海洋强国需要的海洋意识、海洋观，需要海洋文化传播、海洋文化融入这样的思想政治教育的载体。①

（二）中华优秀海洋文化融入高校思政教育对海洋文化的价值

从文化学的角度看，文化变迁中的前进和升华需要对优秀文化本身的传承和传播。文化教育是文化继承的重要方式和途径，在广义的文化教育中，除了专门的知识教育中的文化教育，更包括了通识性教育中的专门文化教育。② 如此，思想政治教育中融入文化显得尤为重要。中华优秀海洋文化是中华优秀文化的一部分，中华优秀海洋文化融入高校思政教育，是对文化教育的实现。文化本身具有认知、规范、凝聚、调控的功能，高校思政教育融入海洋文化对于大学生形成海洋强国的思想从而凝心聚力进行海洋强国建设具有重要意义。

三、中华优秀海洋文化融入高校思政教育的现状与融入路径

（一）中华优秀海洋文化融入高校思政教育的现状

我国是有着美丽而狭长海岸线且有着广阔海洋主权的国家，在这样的地理环境下，我们多元繁荣的海洋文化和悠久的海洋文明史便也不难理解。然而，我们也是一个有着广阔腹地、广袤平原的国家，农业为主的经济基础决定了上层建筑中根深蒂固的重农传统，更是分化出了重陆轻海的思想倾向，这种倾向在中国清朝时期极端化为"闭关锁国"与"海禁"等。③ 重陆轻海的思想倾向延伸到今天的高校，就表现为学校、教师、大学生对海洋文化的集体无意识。国内的高校中，涉海高校之外的大学鲜有重视海洋文化的教育，即便是涉海高校，在海洋文化相关的课程建设、校园文化等方面也不尽如人意。高校缺乏系统的海洋文化课程，在重视实践实训的职业高校也缺乏相应的实践课程；没有课程的支撑，同时，也缺乏如教材、设备、海洋文化厅等硬件系统的支持。④ 教师层面，教师的知识体系尚无法宏观体系地覆盖到海洋文化，就算临时抱佛脚学到了海洋学相关的知识，也难以从知识层面过渡、升华到文化层面上的内涵和深度；专业的海洋相关课程缺乏课程思政的视野和意识，也就无法融入海洋意识、海洋强国思想、海洋命运共同体理念等，使得课程思政的教学效果不明

---

① 陈万柏，张耀灿．思想政治教育学原理［M］．武汉：华中师范大学出版社，2009：8．

② 陈华文．文化学概论［M］．上海：上海文艺出版社，2001：11．

③ 娄成武，王刚．论当代中国海洋文化价值观［J］．上海行政学院学报，2013，14（6）：17-24．

④ 高良坚．思想政治教育视域下大学生海洋意识培育的现实意义及策略［J］．思想理论教育导刊，2017（11）：138-141．

显。学校无课程，学生无关注。学生从家庭、社会以及自我教育等层面较难接触海洋文化，学校又较少进行相关的教育、传播，综合起来的结果就是学生缺乏海洋意识，无法形成对海洋强国、海洋命运共同体等的深度理解，最终也就无法建构起系统的中国特色的马克思主义的海洋观。

（二）中华优秀海洋文化融入高校思政教育的路径

如何将中华优秀海洋文化融入高校思政教育是一个科学、系统的工程，需要多方面的配合。这里我们试着从融入高校思政教育的融入原则、融入内容与融入方法、融入方向四个方面分析探讨。

2022年4月25日，习近平总书记在人民大学考察时强调："思政课的本质是讲道理，要注重方式方法，把道理讲深、讲透、讲活。"因而，我们在高校思政教育的过程中应当体现思政课"讲道理"这一本质，对海洋文化的融入要本着将海洋文化蕴含的哲学、伦理、精神等"讲深、讲透、讲活"的原则进行，既要讲知识，又要在讲知识的基础上超越知识，升华到道理、文化上。在这个原则的指导下，哪些海洋文化的内容应该为我所用呢？如同"海洋文化"这一称谓，海洋文化的内容也是一片文化海洋，其内容之丰之繁可谓浩如烟海，如何在浩繁璀璨的中华优秀海洋文化中提炼分馏出优秀的思政元素是思政教育主体的重要任务。我们应该在丰富有趣的海洋文化知识，如海洋文学、海洋艺术、海洋风俗等的带动下，传递开放、包容、进取、自强、勇敢等海洋精神、海洋伦理、海洋文化价值观，尤其注重海洋强国思想、海洋命运共同体理念的传导，形成系统的中国特色的马克思主义的海洋观、海洋意识。

按照课程性质，我们将高校思政教育分为专门的思政课程和在专业课程内进行的课程思政。按照这个思路，传统思政课程中海洋文化教育的任务尤重，然而，我们决不能忽视另一个高校思政教育的重镇，那就是涉海课程中课程思政的导向。如，在海商法、国际法之类的法学课程当中，在国际贸易等经济学课程当中，理应涉及中国的海权保护，这就需要融入海洋强国思想、马克思恩格斯海权思想等。在具体的融入方法上，我们可以沿着学校和教师两条思路进行。在学校建设方面，毫无疑问，首先要引起重视。要自上而下地进行海洋文化课程的建设，除了理论课程的体系化，实践课或者实践活动的内容也要丰富协同；面对硬件设施的匮乏，除了在有条件的情况下配套专门的海洋文化专题设备，还可以灵活地结合本校的党建馆进行建设，如在党建馆内的VR硬件设备中纳入与海洋文化相关的软件板块。地方高校还可以结合本土的海洋文化特点进行校园文化的建设，如广东高校可以将广东海洋文化中的"岭海文化"的海洋文化特质融入校园文化建设。① 在教师建设方面，要加强教师本身的海洋文化教育。如，在集体备课的内容里加入海洋文化的专题，通过专门的海洋文化主题的论坛、征文吸引教师进行相关的学习和研究，在专项经费支持下进行高校教师暑期研究班培训等。

建设海洋强国，是中国特色社会主义事业的重要组成部分。将中华优秀海洋文化融入高校思政教育中，可以使青年人形成海洋意识、海洋强国思想、海洋命运共同体的理念，使青年一代成为关心海洋、认识海洋、经略海洋的一代，是提升文化自信的需要，是"两个结合"的体现，对于中国特色社会主义事业的建设，对于伟大复兴中国梦的实现，具有重要意义。

① 韩强．广东地域文化特质、地位与岭海主概念［J］．探求，2016（3）：14-20.

元宇宙融入高校思政课堂的价值与路径①

吴选红②

  科幻作家尼尔·史蒂文森在其小说《雪崩》中首次提及"元宇宙"一词，并将其解释为"虚拟实境"，其实就是要将创作背景下的赛博朋克文化推向极致。所以，在元宇宙中的所有的环境都与现实世界平行，活动于其中的人们可以借助相应的技术和设备开展"超现实"的互动和社交。而这种概念设计理念，又在《头号玩家》《黑客帝国》《失控玩家》《上载新生》等科幻电影中得以充分展现，在最大程度上扩展了人类认知想象的边界。2021 年是元宇宙元年，元宇宙作为人工智能、虚拟现实与数字孪生等智能汇聚技术，具有重大的认识、改造世界的能力，其最为人称道的便是它通过虚实交互的方式对现实世界进行精准映射，进而在虚拟空间构建出一个与现实世界互为镜像的世界的能力，这在较大程度上改变了人们的思维方式、生产方式和工作方式，对人类社会的技术、工程、产业等诸多领域带来颠覆性的改变。而其中，高校思政课堂便是被其颠覆的领域之一。早在 2016 年，习近平总书记在全国高校思想政治工作会议上就已经强调："做好高校思想政治工作，要因事而化、因时而进、因势而新，要运用新媒体新技术使工作活起来，推动思想政治工作传统优势同信息技术高度融合，增强时代感和吸引力。"③ 从技术维度看，元宇宙也是一种新兴的智能新媒体技术，将其融入高校思政课堂教学，就是旨在借助元宇宙能够充分激活人类认知想象的特殊能力，充分发挥其环境构造、人机互动、多元协调和数据

---

① 基金项目：广东省哲学社会科学规划项目"数字孪生的人文主义哲学研究"（项目编号：GD21CZX03）；广东省高校思想政治教育项目"数字孪生与高校思想政治理论课教师教学力研究"（项目编号：2021GXSZ095）。

② 吴选红（1995— ），男，贵州兴义人，广东理工学院马克思主义学院教师，教育硕士，主要从事科技哲学与科技社会学、数字孪生与元宇宙、身体现象学与思想政治教育创新研究。

③ 习近平. 把思想政治工作贯穿教育教学全过程 开创我国高等教育事业发展新局面［N］. 人民日报，2016-12-09（01）.

画像等多方面的平台优势，最大限度地提高高校思政课堂教学工作的"生命力""感染力"和"吸引力"。

一、元宇宙融入高校思政课堂的价值

（一）有利于打破高校思政课堂的时空边界

在元宇宙教育新时代，以大数据、人工智能、数字孪生和元宇宙为代表的新兴智能新媒体对教育的变革起着重大的推动作用，高校思政课堂的时空边界被打破。1998年，澳大利亚学者斯图尔特·卡宁汉姆首次提出"无边界教育"以来，教育的时空边界就在不断地受到挑战，尤其是对于"教师中心""教材中心"和"课堂中心"等传统教学"中心论"的冲击和挑战最大。在新兴智能新媒体的影响下，高校思政课堂的时空边界的革命性变革最先是从学生开始的，在信息传播受限的年代，学生的知识面仅限于已有的教材和教师提供的教学内容，所以学生不得不局限在传统的教学"中心论"的藩篱之内。但现在不同的是，由于学生们在获取教学资源方面的地位与教师是等同的，传统的高校思政课堂中呈现的东西，学生已经通过自己的途径有所了解，他们已经不再局限于教师限定的教学框架，而是在无限多元的智能新媒体中畅游，猎奇在课堂上获取不到的"新鲜事"。尤其是在元宇宙教育这个新型教育理念的引导下，线下的高校思政课堂教学阵地不断地向线上转移，在日渐成熟的元宇宙教育场域中，师生之间的互动不断地从"线下"转移到"线上"，从"传统"走向"智能"，从"有形"走向"虚拟"①，物理空间的课堂教学活动也不断地向虚拟现实空间的在线课堂转移。因此，在这样的情形下，高校思政课堂的虚拟空间的课堂教学活动逐渐成为主流，师生之间的各种互动不再受限于传统的思政课堂的边界，而是围绕元宇宙教育提供的新兴课堂平台进行在线互动，教师的教学与学生的学习活动被抛入广阔的元宇宙教育生态之中，看似压缩了思政课堂的时空环境，实则是打通了传统思政课堂中由于时间和空间不互通、课堂内和课堂外师生难以互动的教学不在场难题。在这样的教育时空中，思政课堂教育的意义逐渐凸显，学习自由与学习权利在教育中逐渐得到承认，"教育的在场"走向"学习的在场"，高校思政课堂的无边界教育正在到来，"想学"就能实现"在场"②。所

---

① 刘智明，武法提，殷宝媛. 信息生态观视域下的未来课堂：概念内涵及教学体系构建 [J]. 电化教育研究，2018，39（5）：40-46.

② 刁宏宇，吴选红. 时空的超越：人工智能时代新的教育在场方式 [J]. 佛山科学技术学院学报（社会科学版），2020，38（5）：24-29.

以，在任何时间、任何地点的任何人可以就任何内容以任何形式进行学习正在成为高校思政课堂的一种趋势①。因此，元宇宙教育背景下的高校思政课堂，时空边界的突破在本质上是多维空间在围绕物理思政课堂教学空间的重叠与延伸，最大限度地为学生的学习提供了便利。

（二）有利于为高校思政课堂提供新平台

元宇宙融入高校思政课堂，有利于为高校思政课堂提供新平台。元宇宙教育平台，是一个由教育者、教育对象与教育中介多元协同共建的超现实平台。一是该平台具有优于其他课堂教学平台的教学资源整合功能。以《红军长征》为例，元宇宙教育平台不仅能够以生动活泼的形式展现红军长征的历史脉络和重大转折点，更为关键的是，在该平台上还能基于历史事实为学生学习相关知识提供超现实的场景，以多元、动态、直观的呈现方式将红军长征的全过程进行展现。二是该平台具有全身沉浸的优越特性，能够为教师和学习者提供一种沉浸式的教学互动环境，同步满足师生在物理世界和虚拟世界中的教与学需求②。对于红军"爬雪山""过草地"等一系列场景，学生都能借助相应的教学设备开展体验式学习，视觉、听觉、嗅觉、触觉等感觉系统都将与平台展开切身互动，这样更有利于学生内化长征精神的内核与精髓。三是该平台为课堂教学提供了新视角，学生能够以第一人称视角直接参与课堂、体验课堂，甚至是成为设计课堂的主角，使得课堂教学真正得以"活起来"。四是该平台能够对课堂全过程进行元宇宙数据画像，思政课堂中有价值的信息都将会生成一张动态变化的课堂信息网络，能够将平台中的教育者与教育对象的前后变化和时刻状态进行精准的数据画像。五是该平台可以通过奖励、交易和使用权限等方式激发学生进行平台创建活动，使学生不仅能够在教育元宇宙中得到满意的回报，而且能够将其与现实世界的物体进行兑换和连接③。总而言之，元宇宙为高校思政课堂提供的平台，具有全身沉浸、动态画像、分析决策、个性管理、学习创造、链接资源、教学激励等功能。

（三）有利于提高学生的参与感和获得感

元宇宙融入高校思政课堂，能够提高学生学习的参与感。众所周知，在传

---

① 荀渊. 高等教育全球化的愿景：从无边界教育到无边界学习［J］. 电化教育研究，2019，40（5）：32-39.

② 华子荀，黄慕雄. 教育元宇宙的教学场域架构、关键技术与实验研究［J］. 现代远程教育研究，2021，33（6）：23-31.

③ 李海峰，王炜. 元宇宙+教育：未来虚实融生的教育发展新样态［J］. 现代远距离教育，2022（1）：47-56.

统的高校思政课堂中，学生的课堂参与感不强，参与程度不高，而造成这种问题出现的原因，通常与教材内容的呈现方式和传统的课堂环境相关。在教材内容的呈现方式方面，高校思政课堂往往倾向于理论灌输式的呈现方式，把教材的内容搬上教学课件并进行讲解，这样很难吸引学生，更难在课堂教学中激发其兴趣。此外，在思政课堂环境设计方面，往往缺乏对学生的关注，学生与课堂教学环境的分离造成了学生在课堂中的自动边缘化。而与之不同的是，在元宇宙融入高校思政课堂之后，如上两个方面的不利因素将会被改善或者消除。元宇宙是众多新兴技术发展成熟之后汇聚而成的技术，其中就包括人工智能、计算机仿真、虚拟现实和数字孪生等新兴增强技术。所以，就元宇宙而言，它能借助其底层支撑技术和设备，营造全身心沉浸的高校思政课堂环境。在这种环境中，它通过交互技术来提升人的沉浸式体验、通过计算技术强化人的体验通达、通过安全技术保障智能交往有序，并展现出全在线服务、全维社交、响应及时、契合个性需求等效能①。所以，无论是线下还是线上的课堂教学，学生的各类感觉器官都能被充分地调动起来，而且有数字孪生技术的加持，学生与教师之间、学生与环境之间的互动变得非常容易和逼真，传统的教学方式转变为"互动式""参与式"，甚至是"游戏式"的教学方式。此外，借助于元宇宙的课堂教学内容的呈现方式，则是一种聚集性呈现方式，能够在最短的时间整合相同理论背景下多元异构的感性教学材料，并且可以进行时间和地点的筛查，接近学生生活的教学内容更容易获得。同时，元宇宙教育还能将课堂中的抽象知识和枯燥内容转变成形象、生动和具体的环境和内容，有利于激发广大学生的学习热情②。所以，在课堂教学过程中，学生在思政课堂上就能明显地感受到备受教师的关注，以及各种知识对其自身的"有用性"。因此，通过借助元宇宙改善课堂教学内容和教学环境等方式，学生学习的参与感和获得感会得以提高。

二、元宇宙融入高校思政课堂的原则

（一）学生中心原则

元宇宙融入高校思政课堂，遵循"学生中心原则"是首要条件。1952 年，全球知名心理学家罗杰斯首次提出了"以学生为中心"的课堂解决方案，向赫尔巴特的经典"旧三中心"发起挑战，引发了广泛的"罗杰斯挑战"的大讨

---

① 赵建超. 元宇宙重塑网络思想政治教育论析 [J]. 思想理论教育，2022（2）：90-95.
② 张爱民，黄艺坤. 虚拟现实技术在高校思想政治教育中的应用探究 [J]. 教育理论与实践，2021，41（3）：19-22.

论，最终的结论便是"以学生为中心"赢得了社会的普遍共识，并被写入《高等教育改革与发展的优先行动框架》等联合国权威文件中。由此可见，学生中心原则现如今已是高等教育改革的必然趋势。而将元宇宙融入高校思政课堂亦属高等教育改革的行列，自然不应该忽视学生的主体地位。因此，推动元宇宙融入高校思政课堂，促成高校思政课堂改革的过程，更是要突出学生中心原则。在开展思政课堂的元宇宙教学相关设计时，需要严格遵循学生中心原则，重点关注学生的课堂学习体验与学习效果之间的关系，学生的课堂参与度与学生的积极性、主动性与创造性之间的关系。与此同时，要注意在元宇宙思政课堂教学过程中归纳、提炼、总结和发现蕴含在其中的教学规律和学习规律，发挥元宇宙的先进技术优势，以学生的认知水平和认知能力为基线，以思政课堂相关教学内容为载体，将集体教育与学生的个人成长严密结合起来。

（二）虚实共生原则

虚实共生原则成就了元宇宙思政课堂的优越性。元宇宙融入高校思政课堂要遵循虚实共生原则，这是元宇宙本身的技术特性所决定的。在计算机仿真、虚拟现实和数字孪生等技术的加持下，元宇宙融入高校思政课堂的过程，就是不断走向"虚拟"与"现实"相互融合共生的过程，虚拟的元宇宙思政课堂是与现实的思政课堂同生共长又互为协同补充的，各自都能发挥特有的教学优势。所以，利用学习空间元宇宙大数据处理系统和数字孪生学习环境能够进行实时信息同步、交互操作以及虚实共生，学习者能够实现虚实环境的状态观察和相互操作①。但需要注意的是，这种虚实共生的特性，本身对于突破思政课堂的教学边界有着重要意义，而在时空压缩的情形下，传统边界被打破，并不是指思政课堂边界没有边界，而是扩充了历史边界的内涵，赋予了新的时代内涵，不再局限于传统的思政课堂，而是融入了新时代的"大思政"课堂格局之中，不断地推进育人工作的向前发展。

（三）人机交互原则

人机交互是元宇宙思政课堂最鲜明的特征。元宇宙在其本质上是一项智能集成技术，而技术的运行自然离不开人与机器的交互，所以，元宇宙融入高校思政课堂，自然也要遵循人机交互的相关设计原则。从"可用性"的角度来说，元宇宙在思政课堂中的运行过程，至少要保证它的各个环节是实用的，使用的

---

① 李海峰，王炜. 数字孪生驱动的协同探究混合教学模式［J］. 高等工程教育研究，2021（5）：194-200.

过程是灵活可靠的，是一种值得师生对其产生信任感的交互系统。从"可解释性"角度来说，元宇宙在思政课堂中的运行过程，至少是要能够被师生理解的，而各方面的设计思想、运行规则，以及相应的教学功能是要具有清晰明确的概念内涵和价值取向的。从"满意度"的角度来看，元宇宙思政课堂的相关设计，应该凸显出对师生感觉器官体验的极致关怀，其对系统设计的友好性、亲和性、互动性、可操作性等不同方面都有较高要求。

（四）隐私安全原则

元宇宙融入高校思政课堂，遵循隐私安全原则事关广大师生的安危。元宇宙与高校思政课堂建设，虽然加强了对课堂各环节的分析与决策功能，也提高了对师生在课堂各环节的学习体验与收获，但由于元宇宙思政课堂建设离不开对课堂多元异构的数据进行采集、存储、管理、分析和共享，这就意味着师生的所有课堂教学行为将会被精准记录，所以对一个班级或是一个学校而言，这完全是广大师生的隐私数据，需要在开展元宇宙融入工作时严加考量。2018 年4 月，教育部其发布的《教育信息化 2.0 行动计划》中就曾指出，在教育的信息化过程中，需要做好关键信息基础设施保障，重点保障数据和信息安全，强化隐私保护，建立严密保护、逐层开放、有序共享的良性机制，切实维护好广大师生的切身利益。因此，对将元宇宙融入高校思政课堂而言，遵守隐私安全原则，在系统设计中嵌入隐私安全的相关保护措施应该引起高度重视。Soria -Comas J 认为，匿名化似乎是缓解此类冲突的最佳工具，而实现匿名化的最佳方式是遵循具有精确隐私保障的隐私模型①。就高等教育系统而言，元宇宙思政课堂的数据完全不共享是不可能的，恰好就需要在该系统中提前嵌入"精确隐私保障的隐私模型"，采取不共享、有条件共享和无条件共享三种手段，将思政课堂中的数据进行分权共享，确保使用权与决定权的系统分离，以及在系统登录的权责对等的基础上，实现数据的匿名保护机制。遵循元宇宙思政课堂设计的隐私安全原则，从其效果来看，通常可以有效降低广大师生因隐私"被监视"带来的认知负荷，从而赋予广大师生在元宇宙思政课堂中的自主决策能力。

（五）效果导向原则

效果导向原则是元宇宙思政课堂建设的关键。坚持元宇宙思政课堂建设的效果导向原则，就是要为深入落实"立德树人"这个根本任务指明方向。围绕

---

① SORIA - COMAS J, DOMINGO - FERRER J . Big Data Privacy：Challenges to Privacy Principles and Models ［J］. *Data Science and Engineering*, 2016, 1 (1)：21-28.

思政课堂的根本任务，把握思政课堂现存的问题，以问题为导向突出思政课堂创新建设的问题解决能力，构建能评估、能考核、能反馈，以及能给出决策建议的元宇宙思政课堂教学系统，促进学生在教学过程中能反思、能进步、能学习、能立德，以及能成长成才，能堪当时代复兴大任。因此，坚持元宇宙思政课堂建设的效果导向原则，就要以任务为驱动，以问题为导向，而不是为创新而创新，也不是为提高学生的互动和体验而只关注师生的体验，建设设计的形式永远要为本质服务，效果服务。

三、元宇宙融入高校思政课堂的路径

（一）夯实元宇宙教育的新基建

首先，加强元宇宙的信息基础设施建设。一项重要技术成果的成熟应用，离不开大量基础设施的提前布局，元宇宙的完善同样需要众多技术环节的长期建设①。建设信息基础设施是元宇宙融入高校思政课堂的前提。元宇宙的信息基础设施建设主要包括信息的采集、存储、管理和共享等方面的网络通信基础设施，以及以大数据、人工智能、区块链等技术为基础的技术和算力基础设施。所以，加强元宇宙的信息基础设施建设，在本质上就是要加强元宇宙的网络通信、技术和算力基础设施建设。元宇宙融入高校思政课堂，元宇宙本身的理论体系、标准架构和技术支撑必须要优先予以完善，才能确保元宇宙的先进理念在实践层面有实现的可行性。譬如，在高校思政课堂中，元宇宙本身若是无法有效实现教学情境的精准映射和高效且个性化的互动，那么，只能判定将元宇宙融入高校思政课堂的教学改革与实践只能停留在乌托邦世界。因此，元宇宙元年虽已过，但其网络通信基础设施、技术基础设施和算力基础设施建设工作依然薄弱，唯有夯实元宇宙的信息基础设施，才能更进一步地在更多的情境中展开应用。

其次，加强元宇宙的融合基础设施建设。目前来看，传统的技术手段与高校思想政治教育的融合经验已经成熟，但由于技术本身的局限和教育理念的滞后，亟待将技术与高校思想政治教育的融合推向深度发展和高质量发展。所以，在元宇宙教育情境中加强元宇宙的融合基础设施建设，就是要将支撑元宇宙的新兴技术进行转型升级，改善元宇宙融合服务能级。在改善底层支撑技术条件的情形下，促成元宇宙底层应用技术的高质量供给与高效能服务，提高元宇宙

---

① 奇偶派. 元宇宙的技术、基础设施、场景和未来猜想［J］. 大数据时代，2021（11）：6-15.

融入高校思想政治教育的效率和质量。一是进一步提升5G基站覆盖率，提高移动网络速度，减少网络延迟；二是把控数字化教育资源的"源头"，优化资源结构，提高资源质量；三是打造多元的教育元宇宙产品，服务学生成长①。

再次，加强元宇宙的创新基础设施建设。在高校思想政治教育话语语境下，元宇宙教育是以平台的身份现身，在完善元宇宙的信息基础设施和融合基础设施的基础上，需要进一步完善元宇宙的创新基础设施建设。一是要加强元宇宙教育的科教基础设施建设，为创新教育教学情境、改善师生互动方式等提供可编程控制系统平台，提高元宇宙教育平台与高校思政课堂的精准衔接与实时互动；二是要创新应用基础设施，在充分调研和总结的基础上，以问题为导向，从课堂教学的痛点上狠抓课堂教学工作，创造性地解决课堂教学中的老大难问题。

（二）打造元宇宙教学的新模式

相较于计算机仿真、虚拟现实、混合现实而言，元宇宙背景下的高校思想政治教育，需要打破传统的教学模式，打造元宇宙教学的新模式。因为元宇宙对高校思想政治教育的塑造是系统性的，不仅体现在智能环境的构建、表现形态的创新以及运作流程的再造，更为根本的是推动模式框架的创新②。基于元宇宙的高校思想政治教育新模式，是场景重构、知识创生与价值再造的前沿一线教学现场，它在某种意义上突破了传统教学模式的场景限制，不再只是囿于学校的藩篱，而是更多地强调学校与社会诸多成员的互动与合作，将学校的教学与社会大环境有机融合。譬如，要开展红色资源文化教育，学生可以不用出校便能参观附近的红色教育基地和各种类型的红色资源陈列的博物馆。并且，如果需要参观博物馆回顾某段历史，可以通过场景置换的方式，将学生的视野转换到与学校建立合作关系的博物馆，并结合相关的历史珍贵影像开展多重教学，再结合学生自身的身临其境与全身沉浸感体验，教学效果势必会远胜原有的教学模式。

（三）营造全身沉浸的教学环境

元宇宙融入高校思想政治教育，在课堂教学中最突出的特点就是"全身沉浸"，而实现全身沉浸的手段就是要营造全身沉浸的教学环境。犹如3D电影、

① 胡辰洋，于昌利．韩国教育元宇宙的内涵、实践与启示［J］．阅江学刊，2022，14（3）：99-100，174-175.
② 刘革平，王星，高楠，等．从虚拟现实到元宇宙：在线教育的新方向［J］．现代远程教育研究，2021，33（6）：12-22.

虚拟现实游戏等，都需要借助一定的技术手段，营造出指定条件下的环境才能实现。营造全身沉浸的教学环境，一是要将构成教学环境的构成要素与元宇宙进行复杂性耦合，确保运用元宇宙技术能够调控教学氛围的诸多条件，包括班级规格、学生身份、互动情况等。具体又包括对物理环境、文化环境和技术环境的三重改造，确保元宇宙教学环境与现实教学环境在感觉经验层面的重叠与覆盖，从而达到在"三重改造"的基础上实现教学环境的跨越式发展。二是缩小元宇宙教学环境与现实教学环境的差距。在元宇宙教育平台精准实时映射现实教学情况的同时，确保学生在平台环境中不会轻易感觉和发现元宇宙教学环境与现实教学环境之间的差距，否则，这种差异就会分散学生的注意力和专注力。所以，在元宇宙教育平台上营造全身沉浸的教学环境，为了缩小虚拟与现实的差距，还需要在大量实验验证的基础上，展开教学环境设计的技术标准的制定，确保能全方位、多层次、宽领域、多物理量塑造适合学生全身沉浸的思政课堂学习环境。三是技术层面的环境营造，需要解决物理层、软件层和应用层的诸多技术问题，将教育者、教育对象和教育中介（包括课堂内容、课堂空间等）进行技术化在线，全部真实映射在元宇宙思政课堂中。

（四）培养元宇宙教学新兴人才

元宇宙融入高校思想政治教育，人才是关键。遵循高校思想政治教育规律和高校人才培养规律，回应高校思想政治教育行业需求，将元宇宙融入高校思想政治教育需要从两个方面培养元宇宙教育人才。一方面，从现有教师队伍中培育元宇宙教育人才队伍。启动人才需求应急工作，回应人才需求重大关切，从元宇宙的基础知识和基本技能的学习开始，在现有的教师队伍中开展元宇宙教育人才培育工作。另一方面，从教育系统外部引进。由于元宇宙教育平台涉及的技术系统为非常复杂的汇聚技术体系，从现有高校思想政治教育教师来看，其多为传统文科背景下培养出来的人才，通过简单的知识学习与技能培训，并不能很好地适应新工科、新文科背景下的人才岗位需求。因此，需要从教育系统外部引进元宇宙教育高精尖人才，并做好引进人才与原有教师队伍之间的"传帮带"工作，并设置相应的相互帮扶的激励机制。两方面相互辅成，形成具有技术后现代特点的新时代人才培养模式，为元宇宙融入高校思想政治教育提供源源不断的人才储备。

（五）配套元宇宙教育的新政策

为元宇宙融入高校思政课堂配套相应的政策措施，实则是以政府和教育部门主动推动元宇宙教育发展的教育举措。从长远来看，元宇宙教育中的行为主体,也需要遵循元宇宙虚拟社会规范和伦理道德。现实世界的政策法规是否适合虚拟世界?如何构建适切元宇宙的政策法规?元宇宙将会对现实政策法规产生哪些冲击和影响?以及元宇宙标准规范等都亟待研究①。但从现实价值维度来看,元宇宙在思政课堂中的发展,显然离不开政策的支持,而鉴于元宇宙在思政课堂中鲜明的时代价值,教育主管部门超前布局相应的管理和激励政策显得尤为必要。一是出台相应的元宇宙教育激励政策,鼓励元宇宙企业与教育行业跨界合作,夯实元宇宙教育领域的基础设施;激励高校马克思主义学院教师队伍主动向元宇宙进军,不断尝试将元宇宙融入思政课堂的方式方法。同时,激励政策中还应该考虑政策的包容性,允许尝试结果的消极方面的存在。二是将元宇宙教育的发展列入国家和各级地方政府的发展规划和行动计划,写入各级政府年度工作报告,构建元宇宙教育生态示范区,积极开展元宇宙融入思政课堂的尝试性工作,对于已经发展起来的元宇宙教育先进典型,予以先进模范称号,鼓励先进典型带动行业变革。三是出台元宇宙教育发展的管理政策,整治元宇宙融入高校思政课堂的乱象,避免元宇宙教育发展的"脱实向虚"趋势;规范元宇宙教育运行的政策法规和标准规范,合理合法地考核和监督在思政课堂中运用元宇宙的全过程;促进元宇宙思政课堂建设工作的高质量。

---

① 王运武,王永忠,王藤藤,等. 元宇宙的起源、发展及教育意蕴 [J]. 中国医学教育技术,2022,36 (2):121-129,133.

高校思政课线下学习小组群体认知研究[①]

黄勤锦[②]

　　高校思想政治理论课（下简称思政课）的教学成效，成员间的交互行为十分关键。学习小组是常见的高校课程教学组织模式，能增强思政课立德树人的实效。小组活动要求学生通过计划与合作共同完成相应主题任务，使学生在表达信息、阐释观点、交流情感、关系构建的过程中形成正确的政治认知、政治态度和信仰，培养政治参与能力。

　　20 世纪 80 年代以来，认知科学研究随着以"计算-表征"为核心，将认知视为对外部世界的映射的衰落，以"具身性"为核心，将认知视为心智对外部世界的投射兴起，新研究范式主张：认知并非大脑基于抽象符号的计算和问题的解决过程，而是主体和世界构成了统一的认知系统，认知是这个系统涌现的结果。小组成员的社会认知关注主体对自我和他者（组内与组外）的判断、理解和评价。线上学习小组因为时空分离，学习的组织方通常会为学习者提供与同伴学习有关的大数据，包括小组排名、成员参与、活跃度等信息，有研究发现，这引发学习者之间的相互感知，提高计算机支持的协作学习效果[③]。学习属于复杂的社会活动，在线下的社会情境中，学生对小组内（外）的认知靠交互还是直觉、推演还是归纳？

　　学习投入是表征学习者学习状态的重要指标，与学习者的学业满意度、学

---

① 基金项目：教育部高校思政理论课教师研究专项"四史教育视域下的高校思政课教学研究"（立项号：22JDSZK079）；省在线开放课程项目，"在线开放课程驱动高校混合教学变革研究——地方院校《概论》线上资源的利用及其与线下教学的融合"（立项号：2022ZXKC464）。

② 作者简介：黄勤锦，佛山科学技术学院教授，教育硕士。

③ 梁妙，郑兰琴. 支持协作学习的觉知工具：研究现状总结与思考 [J]. 远程教育杂志，2012（4）：30-39.

习持续性和学业完成情况高度相关①。学习投入是包含行为投入、认知投入和情感投入的多维概念②。线下学习小组属于更复杂和不确定情境，群体认知的过程、类别，以及让学习者感知到自己和他人的学习情况，是否决定了其在协作学习活动中投入的大小？主体间直接感知与间接感知作用一样吗？

一、学习小组群体认知的过程

认知是一个主体与另一个主体之间进行双向协调的动力学过程。这使得"当行动主体试图与一个无回应的搭档进行互动时，互动无法实现……相反，其行动的成功完成根本上取决于他们在与他人的相互联结中所包含的动态属性。给予和索取、来回往复的相互过程成就了各方的行动"③。在特殊的教学空间情境中，无意义的、抽象的感官信息是如何转变成有意义的、具体的理解的？而小组成员主体间通过具体的课业循环交互过程如何建构对自我及他者心智和行动的泛化理解？

1. 对象化。小组成员对他者的理解最初总是直接与"学习小组"的工具性或社会性情境联系在一起。正是通过日常教学活动实际情境，"我者"遭遇了他者。这是最初的、原始的与他者遭遇的本质。在学习小组活动开展的初期，诸如课程地位、教师风格与权威、小组任务、成员的权利与义务、权力结构等作为外部世界的对象，是多个主体解释或理解的客体。高校思政课堂学生人数大多在 70~150 人之间，师生间、生生间的在构成数量较大的系统中，多个主体间的多种多样的行为依赖着对等（高等教育、公共课、政治理论课）规则的相互作用，构成组织模式或群体行为。小组成员间对他者有意义的理解初期更多通过直觉或推演等方式形成。

2. 联合化。在小组教学活动开展的中期，主体在与他者相遇的时候，所遭遇的不再是一个其他的心灵或者是作为需要进行解释的他者，而是与自身共同参与活动的联合行动主体。主体开始从"小组活动"中来理解自身与他者的共在，并由此形成了第一人称复数——"我们"模式。有研究发现，教学活动中每个团队在一个任务上取得的成绩与其他任务上的得分是关联的。这个阶段小

---

① 李新，李艳燕. 基于系统性文献综述的国外学习投入实证研究分析 [J]. 现代远程教育研究，2021（2）：73-83、95.

② FREDRICKS J A, BLUMENFELD P C, Paris A H. School engagement: Potential of the concept, state of the evidence [J]. *Review of Educational Research*, 2004,（1）：59-109.

③ [美] 肖恩·加拉格尔. 现象学导论 [M]. 张浩军，译. 北京：中国人民大学出版社，2021：172.

组成员间对他者有意义的理解更多通过归纳方式形成。

3. 生成化。小组成员作为彼此独立又联系的主体总是在多样之事的磨炼中，完成对自我和他者（组内与组外）的判断、理解和评价，并通过与他人的行动的耦合而达成与他人的学习合作，完全融入主体生活世界之中，在思政课小组学习中对自我和他者的判断评价会迁移到学习之外的其他生活领域，如世界观、价值观、人生观是否正确、是否值得信任或跟随等。

二、学习小组群体认知的类别

认知意义上的感觉主要是基于"感官与对象之间的互动，感受则不限于感官活动，而且更在于认知意义上的感觉具有分析性的特点……比较而言，感受则更多呈现综合性的特点，情感、意欲、意愿、想象、感知、理性诸方面在感受中的相互关联及表现为不同规定之间的互动，也体现了感受本身的综合性"①。在课堂情境中，因教学任务组合而成的小组成员对他者（包括组员和组外成员）的认知不是一个对他者进行表征和计算的过程，而是在特定的情境中（包括教室等物理环境、社会角色、文化等）依据他者运动的动力过程、姿势、面部表情、语音语调等，与他者进行交互进而感觉、感受他者的意图、情绪和行动的过程。大学思政课的线下学习小组，小组成员的群体认知是在交互"流动"生成的，群体认知包括三类：活动认知、情感认知和行为认知，见表1。

表1　线下学习小组群体认知类别

类　别	子类别	操作性定义	示　例
活动认知	规范信息	事实性的理解	如何分配、如何考核
	组内信息	成员专业水平、技能感知	是否平衡、表达技能等体悟
	组外信息	组外进度、竞争性评判	是否是对手
	利益关联度	深层分析	成绩权重合理、成长互助的评判
情感认知	组内	成员态度、契合度感知	成员间的"共同体"体验
	组外	公平性感知	组外有无触及活动公平
	课堂	学习空间的质量评价	安全的、竞争性的、合作的
	个人	意欲、愉悦度	满足的，不平衡的

---

① 杨国荣．人与世界：以事观之［M］．上海：上海三联书店，2021：235.

续表

类　别	子类别	操作性定义	示　例
行为认知	群体	对协作过程进行管理、评估、反思	哪些小组行为具有内核竞争力；哪些小组行为具有核心破坏力
	自我	对个体行为监控	哪些行为受欢迎；哪些行为是取得他者信任的关键

1. 活动认知。子类别包括规范信息、组内信息、组外信息、利益关联度。活动认知既有基础型认知，如主体间对于小组协作学习如何分配、如何考核等规范信息的理解；也有比较型认知，如组内成员的专业水平是否平衡、表达等技能是否突出信息和组外活动进度、竞争性排序等信息；更有深层认知，如利益关联度，就需要成员对小组学习模式、大学思政课乃至大学甚至社会主义事业等有抽象的、整体的、关联性的分析与评判。深层认知应是哈贝马斯所指的"普遍化了的行为期待"，因为多个主体共同做好一件事的有效性基础就是"关于有关价值的共识或者基于相互理解的一种主体间性承认"①。

2. 情感认知。包括四个子类别，分别是组内、组外、课堂及个人。组内的情感认知指向主体间归属体验，其中对成员态度、契合度等的感知成为重要指标；组外的情感认知主要源于公平性感知，有无形成使主体产生相对剥夺感的情绪倾向；课堂的情感认知主要针对以教师为组织者的学习空间的质量评价，关乎安全、竞争与合作等指标；个人的情感认知包括个体对具体小组主题及成长的愉悦度。图梅勒将"我们"模式定义为：多个（两个及以上）个体以共同的目标为导向，通过承担相应的角色来实现某种联合行动或达至某种共享的心智状态②，这种模式最大的特征是不再以"自我模式"工作，在情感上有共同体的体悟——"我们"的相伴随以及互动将直接影响"自我"对思政课程认知、大学学习感受、社会主义事业想象的结构和质量。

3. 行为认知。主要分为群体行为和自我行为认知。每一次行为，都是对认知的强化；改变了认知，就可以引发出与以往不同的行为。群体行为认知是对群体协作过程进行管理、评价、反思，如哪些小组行为具有内核竞争力，哪些小组行为具有核心破坏力。自我行为认知是对个体行为监控，如哪些行为受欢

① HABERMAS J. *Justification and Application：Remarks on Discourse Ethics*［M］. Cambridge：MIT Press，1993：12.

② TUMELA R. "We Intentions Revisited"［J］. *Philosophical Studies*，2005（3）：340.

迎，哪些行为是取得小组或他者信任的关键。

课程教学中小组成员的活动认知、情感认知和行为认知属于主体间性的认知，主体间性从本质上说就是多个主体进行持续的双向的过程。主体所获的来自外部世界的"输入"，在很大程度上是由主体主动呈现给世界的方式决定的。主体和世界实际上是彼此决定的关系，为此感知没有直接抑或间接之别。

三、学习小组群体认知的影响与对策

小组学习进程中主体间的认知感受并不是隐匿在头脑中的神经元活动，而是能够在表情、态度、行动、关系构建中得到表达、传递、甚至迁移的。学习小组群体认知对思政课教学的重大影响源于双向规定性、预测性和平衡性。

1. 双向规定性决定小组群体认知的动力特征。认知是通过循环往复的交互作用，自我与他者之间的双向规定。无论是小组组内的搭便车行为还是小组间的竞争与联合行动等，都是成员间联结-协调双向应对的动力学结果。即一个主体是自身经验的主体同时是他者经验的对象，主体在影响他者的同时把他者的变化带回自身。自我、他者以及具体的情境构成了一个结构耦合的整体系统。社会性的理解就在这种双向作用中生成，不确定性也是教学的魅力来源。让学习者感知自己和他人的学习情况有利于小组学习动力开启。有研究发现，跨组感知信息比组内感知信息更能促进学生的行为投入和认知投入，更有助于在小组之间形成竞争氛围、激发小组成员的情感投入①。为此思政课堂的组织有序性，包含但不限于及时多向度的反馈，不仅要向学生展示个人的小组贡献值、小组间的竞争排名还要展示主体间的动态变化。

2. "良性预测"是课程教学目标达成的加速度。情境性强调了世界中的结构如何塑造并限定大脑所接受的刺激特征。大脑对知觉进行主动预测和积极建构。良性预测是学生对课程教学的正向"图式"，有利于教学任务完成质量、效率及关系建构稳定性。为此教师各环节充分准备，如设计环节——合理划分小组、科学制定组织目标和规范，为小组学习模式奠定基础；指导环节——合理分配任务，划定成员角色定位，有效利用群体认知预测和修订增加凝聚力和求同压力激发动力，从而高效完成任务；评估环节——检验小组学习模式即团体动力的效果，为不断改进小组学习模式提供依据等。这些都是学习小组主体形成"良性预测"所需的理性准备。布莱特曼主张"我们模式"作为"一种事件

---

① 李艳燕，张蒙华，彭禹，等. 在线协同写作中组内、跨组群体感知信息对小组学习投入的影响［J］. 现代教育技术，2021（10）：49-58.

状态，存在于参与者的态度以及这些态度间的关系之中"①，而无法被还原到单个主体的心智状态。群内认知，即这个集体的所有成员都相信：通过良好的合作，无论具体的小组任务还是群体成长、个人进步都是可以实现的，这种认知所形成的"良性预测"，从社会性来说使得主体不再是一个纯粹独立的个体，而是一个与其他个体紧密相连的社会性个体；从政治身份来说，即成为社会主义事业并肩奋斗的伙伴关系。小组活动设计要设定丰富多彩的感受环节作为小组内部、小组区间的情感纽带将主体间连接起来，达成某种统一或彼此的认同。

3. "将心比心"等的认知和协作能力是教学的重要产品。为了小组合作学习的成功，更要顾及成员总的知识、目标和价值观，而不是突出精英个体。正如美国心理学家伍利提到的，当群体成员具有更大的社会敏锐性时，群体的集体智慧就会更高②。高校思政课的主体和客观世界构成了统一的认知系统，要完成思政课教学的复杂任务（认知、美学、身份等），群体间有效沟通和社会感知平衡是重要前提，而"将心比心""反思"等认知及相关协作能力是这个统一认知系统涌现的结果。对理性探索和对情感需求两者的平衡认知，才不会导致群体在互动系统中伦理失落，也不会陷于小群体或派系的情感泥沼。前者即"人"的退隐，导致仅从事物的利弊、价值进行最大化的计算与判断；后者因群体存在导致个体思维惰性、亢奋压抑了理性。

---

① BRATMAN M. *Faces of Intention*：*Selected Essays on Intention and Agency* ［M］. Cambridge：Cambridge University Press，1999：123.
② 徐艺明等. 元认知在社会互动中发挥重要作用［N］. 中国社会科学报，2019-03-26（8）.

增强"概论"课教学目标意识

当前思想政治课堂教学中存在的一个很严重的问题是：教学效率低，教学效果差，即高耗低效。究其原因，我认为很重要的一点就是缺乏一个明确具体的教学目标。有了目标，教与学才有主攻方向，同时恰当合理的目标又是选择教学方法、安排教学步骤、检查评价教学效果的依据。因此，在教学中教师应注重学生目标意识的培养，让目标具体化、意识化和过程化，充分发挥目标的导向作用。

"教学目标是教师实践活动与学生认识活动有机统一的价值结合点。"② 教学目标是教学活动主体预先确立的、在具体教学活动中所要达到的、需要教和学双方共同追求的教学效果，是教学目的的具体化和指标化，是任何教学活动都不可缺失的首要构成要素。从教学过程来看，教学目标是教学活动的起点与终点，教学活动实际上就是确立教学目标、追求教学目标、达到教学目标的一个文化活动过程。只有深刻领会"毛泽东思想和中国特色社会主义理论体系"（以下简称"概论"）课的教学目标，才能准确把握教学内容，从而提高大学生思想理论素质，促进大学生的全面发展。

一、怎样具体把握"概论"课的教学目标

根据《中共中央宣传部教育部关于进一步加强和改进高等学校思想政治理论课的意见》（以下简称《意见》）实施方案（教社政〔2005〕9 号）的规定：着重讲授中国共产党把马克思主义基本原理与中国具体实际相结合的历史进程，充分反映马克思主义中国化的三大理论成果，帮助学生系统掌握毛泽东思想、

---

① 作者简介：郭展义，法学博士，广东松山职业技术学院马克思主义学院副教授。
② 顾海良，等 . 高校思想政治理论课程建设研究 [M]. 北京：经济科学出版社，2009：120-121.

邓小平理论和"三个代表"重要思想基本原理，坚定在党的领导下走中国特色社会主义道路的理想信念。"概论"2021年版教材的课程目标是，高举中国特色社会主义伟大旗帜，以马克思列宁主义、毛泽东思想、邓小平理论、"三个代表"重要思想、科学发展观、习近平新时代中国特色社会主义思想为指导，本课程着重讲授中国共产党人如何实现马克思主义基本原理与中国具体实际相结合，实现马克思主义中国化的历史性飞跃与创造性发展的理论成果，帮助学生系统掌握毛泽东思想和习近平新时代中国特色社会主义思想，中国特色社会主义理论体系的基本原理，以及各大理论成果产生的时代背景、实践基础、科学内涵、精神实质和历史地位。

第一，着眼宏观。《中华人民共和国教师法》第三条规定：教师是履行教育教学职责的专业人员，承担教书育人，培养社会主义事业建设者和接班人、提高民族素质的使命。《意见》指出："加强和改进高等学校思想政治理论课的指导思想是……贯彻党的教育方针，解放思想、实事求是、与时俱进，立足于帮助大学生树立正确的世界观、人生观、价值观。"

中央宣传部、教育部联合印发了《普通高校思想政治理论课建设体系创新计划》。根据此计划的精神，思想政治理论课是巩固马克思主义在高校意识形态领域指导地位，坚持社会主义办学方向的重要阵地，是全面贯彻落实党的教育方针，培养中国特色社会主义事业合格建设者和可靠接班人，落实立德树人根本任务的主干渠道，是进行社会主义核心价值观教育、帮助大学生树立正确世界观人生观价值观的核心课程。思想政治理论课是巩固马克思主义在高校意识形态领域指导地位，坚持社会主义办学方向的重要阵地，是全面贯彻落实党的教育方针，培养中国特色社会主义事业合格建设者和可靠接班人，落实立德树人根本任务的主干渠道，是进行社会主义核心价值观教育、帮助大学生树立正确世界观人生观价值观的核心课程。

"概论"课立足于承担着对大学生进行系统的马克思主义理论教育的任务，是巩固马克思主义在高校意识形态领域指导地位、坚持社会主义办学方向的重要阵地，是全面贯彻党的教育方针、落实立德树人根本任务的主干渠道和核心课程，是加强和改进高校思想政治工作、实现高等教育内涵式发展的灵魂课程。"要抓好马克思主义理论教育，深化学生对马克思主义历史必然性和科学真理性、理论意义和现实意义的认识，教育他们学会运用马克思主义立场观点方法观察世界、分析世界……为学生成长成才打下科学思想基础。"①

---

① 习近平. 在北京大学师生座谈会上的讲话［N］. 人民日报，2018-05-03（02）.

第二，立足微观。教学目标可以分为课程目标、单元目标、课时目标。如，第九章《坚持和发展中国特色社会主义总任务》的教学目的和要求是，了解实现中华民族伟大复兴的中国梦；理解中国梦的内涵；掌握建成社会主义现代化强国的战略安排，建设社会主义现代化国家的战略导向。关键是帮助学生理解和掌握中国梦的本质是国家富强、民族振兴、人民幸福；理解和掌握实现中国梦必须走中国道路，弘扬中国精神，凝聚中国力量；正确认识党和人民事业所处的历史方位，深刻理解新发展阶段、新发展理念和新发展格局。最终达到学生树立为实现中国梦而奋斗的理想。

第三，抓住实质。"理论上清醒，政治上才能坚定。坚定的理想信念，必须建立在对马克思主义的深刻理解之上，建立在对历史规律的深刻把握之上。"①

实质在于坚定理想信念。中共中央办公厅、国务院办公厅印发的《关于进一步加强和改进新形势下高校宣传思想工作的意见》指出："加强和改进新形势下高校宣传思想工作的主要任务是：坚定理想信念，深入开展中国特色社会主义和中国梦宣传教育，加强高校思想理论建设，加强具有中国特色、时代特征的高校哲学社会科学学术理论体系和学术话语体系建设，进一步增强理论认同、政治认同、情感认同，不断激发广大师生投身改革开放事业的巨大热情，凝心聚力共筑中国梦。"

进一步增强大学生的"五个认同"是高校宣传思想工作的首要任务，也是高校思想政治理论课教育教学的总体目标。增强理论认同，增强大学生对马克思主义及其中国化理论成果的认同。增强政治认同，增强大学生对只有坚持中国共产党的领导，走中国特色社会主义道路，才能发展中国的认同。增强情感认同，增强大学生对在当代中国爱祖国、爱人民与热爱中国共产党、热爱社会主义是高度统一的认同。"概论"课侧重增强大学生对新时代中国特色社会主义的"道路认同""价值认同"，从而进一步坚定大学生的理想信念。

二、现实中存在哪些偏离目标的倾向

第一，娱乐化倾向。大讲逸闻趣事，漫无边际瞎侃，渲染个人经历。一是搞戏说。讲解理论时不严肃认真，任性、随意。有的为了达到"生动、活泼"的目的，用搞笑雷人的话语讲课，引用一些经不起推敲的故事来诠释论证理论；有的随心所欲地解释、解说理论，内容失真失据；有的在课堂上传小道消息。

---

① 习近平. 在庆祝中国共产党成立 95 周年大会上的讲话 [N]. 人民日报，2016-07-02 (02).

二是侃大山。主要是讲解理论时脱离主题、转移论题，漫无边际地瞎侃。有的人在正题上轻描淡写，却在旁枝末节上高谈阔论，没完没了地讲一些趣闻逸事；有的很少针对主要内容开展前期专题准备，不清楚受众实际需要什么，只会讲一些大话、空话、套话。三是瞎举例。在理论宣讲中适当引用一些案例是十分必要的。然而问题在于，一些人在选用案例时往往偏重其趣味性、生动性，而忽视了典型性、恰当性。

第二，知识化倾向。我发现比较普遍的问题是讲解知识非常详细，而强调思想政治教育则相对薄弱。有一种情况就是把思想政治理论课等同于一般的知识课，在教学中停留在一般知识的传授而忽视马克思主义基本立场、基本观点、基本方法的教育[1]，忽视中国特色社会主义思想理论的历史逻辑、话语特色、主导价值。高校思政课教学不只是传授知识，更重要的是要从大学生的兴趣出发创造一些新的教学方法，帮助大学生能够树立自己的人生理想，为了自己的人生理想不断奋斗。

第三，学究化倾向。大讲科学研究成果，醉心局部理论内容，科研情节比较浓重。学究化导致极端专业化倾向，表现为思想政治教育侧重于相关知识和内容的深度教育，而相对忽视思想政治理论课的意识形态内容的教育和教学，侧重于专题性、研究性和理论性的探讨，侧重于专业性的学术研究，而忽视思想政治理论课作为先进思想的宣传、推广和普及工作，忽视马克思主义的中国化、大众化和时代化，把马克思主义作为纯学术性的理论来对待，忽视马克思主义固有的实践本性以及方法论意义和价值的挖掘。[2]

三、如何有效达到"原理"课教学目标

第一，增强教材为本的意识。其一，课堂教学要依据教材；其二，任课教师得吃透教材；其三，教育教学需用活教材。

第二，提高整体把握的能力。毛泽东思想和中国特色社会主义思想理论体系概论是马克思主义与中国实际和时代特征相结合的产物，是党和人民实践经验和集体智慧的结晶。开设本门课程并通过相关十四章重点问题的讲解，主要是培养当代大学生运用马克思主义的立场、观点和方法分析和解决问题的能力，树立马克思主义的世界观、历史观、人生观，坚定"只有共产党才能救中国，

---

① 逄锦聚．"马克思主义基本原理概论"课教学中需要妥善处理的六个关系［J］. 思想理论教育导刊，2012（9）：57-61．

② 申永贞．论高校思想政治理论课教学中淡化意识形态的几种倾向［J］. 长春工业大学学报（高教研究版），2011（2）：104-106，118．

只有社会主义才能发展中国"信念，不断增强执行党的路线方针政策的自觉性。

　　第三，钻研课堂教学的技巧。什么是技巧？技巧属于手段。技巧是实用的方法、是熟练的技能、是内容的形式、是初步的艺术。（1）教学内容的选择。我们在教学大纲和教材选用的基础上，注重结合学生的不同专业特色，以广泛性与新颖性为原则，把原理课与学生的专业特色结合起来讲授重点内容。（2）教学技巧。在课件制作技巧方面，以提高教学质量为出发点，注意从学生的角度去审视所制作的课件，使课件能做到恰当地将教学内容化繁为简、化难为易、化抽象为具体、化艰涩为通俗。以教育心理学为指导，在激发学生的学习兴趣和学习动机方面下功夫。在讲课技巧方面，教师应该凭借自身丰富的教学经验和生动的讲解，感染学生，调动其学习的积极性。这就要求教师既要钻研多媒体课件，又要熟悉教材，讲授才能得心应手。同时要对学生的学习方法进行及时的引导。例如，学生笔记问题，在多媒体教学中学生普遍感觉记笔记和跟上讲授很难兼顾。授课时应采用多媒体教学与传统教学方法相结合的方法。任何一种单纯的教学手段都不可能达到理想的教学目的，多媒体教学也是如此。传统的教学方式具有如下的优点：教师直接面对学生，通过与学生的交流大大提高了教学质量；教师的讲授体现出的解决问题的思路，可供学生学习、体会，培养学生的思维能力；便于教师根据课堂情况对教学方式和方法作出灵活的调整；传统的教学方法为教师和学生的创造和发挥留有相当的空间。理想的教学形式应该把教师与多媒体的优势同时充分发挥出来，把多媒体辅助教学与传统教学完美地结合在一起，并且贯穿于教学的始终。（3）课堂讨论技巧。首先，精心设计论题。论题是讨论的灵魂，论题设计的优劣直接关系到讨论的效果。以"概论"课的"建设现代化经济体系"为例，说明课堂讨论论题设计的重要性。以两个论题作比较：一是"社会主义市场经济体制的基本特征是什么？"；二是"市场经济就是一切向钱看吗？"这两个题目的教学目的一致，但讨论的效果大相径庭。第一个命题指向明确，缺乏争议性，第二个命题则具有很强的现实性和很大的争议性，这样的命题本身就包含发人深省的丰富内涵，能够激发大学生的浓厚兴趣。其次，精心安排讨论任务。针对马克思主义理论课政治性较强，一些学生对发表自己的想法存在较大的心理顾虑，教师应明确告诉学生：既然是讨论课，各种思想是可以争鸣的，讨论课本身就是一个完善认识、辨明是非、追求真理的学习过程。只要言之成理、论之有据，任何观点都可以进行探讨，这样学生就能毫无顾虑地发表各种观点。再次，精心做好讨论过程的应对准备。教师应对讨论中可能出现的各种情况做周密的事前思考和准备。具体来说，教师在讨论前这段时期，应时常督促和关注学生的讨论准备，对他们论题的方向和范围做到心中有数。教师也要对学生可能论及的相关问题做详细、深入的准备，思考各种应对策略。教师只有做好充分的准备，才能在课堂讨论中应对自如，保证课堂讨论顺利进行，否则教师会在面临特殊情况时不知所措，陷入尴尬局面难以收场。那将是一场失败的讨论，也会挫伤学生参与讨论的积极性。

学生方面的准备。大学生已具备讨论的知识面、独立思考和自学科研能力，高校图书资料比较齐全、网络高效快捷、现代化的教学设施也为课堂讨论提供了便利。学生按教师提供的讨论题目及要求，利用图书馆和网络等渠道查阅资料，并运用多媒体技术制作图文并茂的 PPT 演示稿，能够让学生充分展示自我，这极大地激发了学生参与课堂讨论的兴趣和热情。一般来说，准备比较充分的课堂讨论，讨论气氛热烈，讨论效果好且质量高。

在课堂讨论结束时，教师对学生的各种观点做去粗取精、去伪存真的精要总结，为课堂讨论画上圆满的句号。教师应在讨论结束后预留一点时间，对课堂讨论进行总结，肯定正确的观点，修正错误的观点，升华对基本理论的理解。

立足意义建构，坚守树人根本

——地方高校思政课的探索①

黄勤锦②

课程是高校构建人才培养体系的基本单元，也是人才培养过程的基本载体。思政课是高校传承马克思主义理论知识、建构社会主义理性、凝聚政治共识的"关键课程群"。高校思政课具有史实跨度大、理论—历史—价值维度深的特性。随着"百年未有之大变局"的来临，如何面对媒体技术带来的教学模式、结构和教学内容体量的变化，更大范围融入地方特色的教学理论和实践之研究是重中之重。

一、意义建构探索的重要性及问题的提出

2022年4月，习近平总书记在中国人民大学考察时提出"思政课本质是讲道理"的论断，明确了思政课是理论课的属性，突出马克思主义理论自信的重要性，即思政课教师通过课程，不断向学生讲清或示范一个道理：对"有限性"和"不完满性"的超越，是人也只有人获得美好生活、自由和发展的唯一路径。布伦达·德尔文于1972年提出以用户为中心之意义建构理论，即认为知识是主观、由个人建构而成的，即信息寻求、在线检索的过程是一连串互动、解决问题的过程，形成不同的意义建构过程。地方高校思政课教师要把道理讲深、讲透、讲活就必须结合地方资源，利用技术与方法的变革，充分考虑参与者的情感态度和交互，形成政治态度与身份具有地方特色的意义建构。

坚持"举旗引导"。高校思政课对大学生"明道信道"起到主阵地的作用。

---

① 基金项目：教育部高校思政理论课教师研究专项"四史教育视域下的高校思政课教学研究"（立项号：22JDSZK079）；省在线开放课程项目，"在线开放课程驱动高校混合教学变革研究——地方院校'概论'线上资源的利用及其与线下教学的融合"（立项号：2022ZXKC464）。

② 个人简介：黄勤锦，佛山科学技术学院教授，教育硕士。

教学如何因事而化、因时而进、因势而新，打通"最后一公里"是根本。党史、新中国史、改革开放史和社会主义发展史（简称"四史"）及地方红色革命文化与传统先进文化，都是课堂取之不尽用之不竭的资源，课堂立足马克思主义"大道理"的意义建构，坚守树人根本，使"中国道路"在地方院校思政课堂走深走实。

防止"历史虚无"。马克思主义史学强调历史主义与阶级观点相统一，为此思政课教学必须不断挖掘"四史"在当代中国特别是地方全面深化改革阶段的新动力，使其不断朝着有益于意识形态坚守的征程进行生产和再生产。通过教学模式的变革，探索牢筑意识形态特性的同时，教学要更主动探索参与者认知—态度—交互，特别是共同体形成环节的运作，聚焦问题意识和中国意识，增加具有情感的身体操演（体验），使"中华民族伟大复兴"梦想在地方院校思政课堂入脑入心。

传统教学模式缺少循环交互，使学生价值内化乃至身份确认的资源不充分。思政课如果以"知识供给"为目的，就会过于强调"功能性"，甚至教学目标最后异化成对学生马克思主义知识的累计量、准确度、表达技巧等的检验，教师异化成教材、知识点的搬运工，"为考而教（学）"必然导致课程窄化、平面化，亦必然对"四史"素材内容呈现的背后机制和学生态度与行为的倾向关注不足，缺少"按图索骥"的跨时空的秩序解读码，导致大学生无论对斗争史、建设史，还是对当下秩序的判断，抑或自身价值选择都易出现"过山车式"的"策略性"摇摆。最后，他们却怪罪马克思主义学科专业化、科学化不足，怪罪大学思政课堂的自说自话。"四史"和地方史等教学资源是抽象的、整体的，只有转化为课堂参与者的情感态度和身份确认时，才是"活"的、充满意义和创造力的。

在传统教学模式中，支持和鼓励学生将自己视为"政治身份的践行者"的力度不足。思政课的教学目的在于建构和巩固参与者时空的沟通秩序，强化对当下社会秩序的认同。以讲授式教学为主，学生易沦为学科乃至生活世界的"旁观者"，而不是"亲历者"，有碍学习主动性、创造性的发挥。在教学实践中，没有充分让年轻一代同他们面前未完成的现实建立肯定的关系，使展开有意义的行动受到阻碍。从政治身份践行者视角切入的教学活动，内外部环境均为动态，"认知—态度—交互"不断构成与再构成，成员间共享与对话的能力提高，社会理性和历史自觉都会更为清晰。

二、意义建构的方法论

基础教育关注教育本身，高等教育关注教育与社会的关系，高等教育的目标是培养专业化的行动者，给行动者以理性是学科教学的真谛。高校思政课要给予大学生"跟党走"的马克思主义学科理性。这种理性的意义建构要了解学生如何解读他们目前所处情境、过去的经验及未来可能面临的情境，才可能围绕"树人"建构意义及制造意义。

（一）意义建构的目标：促进史实的认知与政治身份的确认

高校思政课教学成果包括认知产品、美学产品和共同体形成。思政课将基于事实的"四史"深化为社会生活中的"四史"，并将秩序和想象引入学生内心世界。过去（"四史"素材）的保存到现在（价值倾向）的重构再到未来（共同体身份）的确认，情感体验及关系的交互是"活化"的关键。"四史"是各具特点的伟大奋斗史，高校思政课的价值引领与政治认同功能决定了课程不仅专注客观事实的反映，更专注在"不再"和"尚未"之间撑起时间钢索平衡的政治态度——"优先保持的倾向"，并主动地、反复地填充与建构。课程需要跨越时间长河，"超越"平庸生活具象，让利益与价值的内在紧张不断作用于个体生命，实现史实到个人政治身份的生成需要"神圣"，即当下的、具体的个人被历史性的、普遍的个人所代替。人是以个体生存的状态存活于世的，作为社会化重要手段的教学实践则是重新框架化和重新语境化的过程，印证—联结—共通，促成教学参与者承载革命传统、强化政治身份，最终实现意识形态和人全面发展的合谋。地方高校作为地方环境见证的存在，应充分运用各具特色的乡土资源，如广东潮汕地区变迁的婚嫁文化、广州沙面西洋建筑群、顺德龙江甘竹滩洪潮发电站展示馆、深圳土洋东江纵队司令部旧址、中英街历史博物馆等，加强生活世界的印证，更好地实现精神世界的联结与共通，在以政治路径与生活路径两个面向复线生产的张力下，师生在历史唯物主义和辩证唯物主义历史观导向下对中华优秀传统文化、革命文化和社会主义先进文化体悟、对话、反思和建构，在社会生产中不仅有意识形态的引导，也有参与者的创造补充，以寻找本真和根柢，挖掘自我潜能，促成立德树人目标。

（二）意义建构的基石：价值判断与体化实践的平衡

大学思政课教学必然着眼于发掘、匡正、发展的是关于具有全局性、根本性的"恢宏史诗"般的革命与建设的宏大之场。Olick（1999）说，"我们不能把历史看作是分离的不同时刻的更替……过去的意向不仅依赖于过去与现在的关系,更依赖于之前过去—现在关系的积累和不断持续的构成和再构成"。从个体来说,把那些"远景的""宏观的扫描"(事实判断)加以"微观的洞悉"(体化实践),拒绝将个人及现实孤悬在历史链条之外,才能发生质变(价值结论),教学意义"远远不是一种解释,而是(真相、真理)解决"。思想政治教育的对象最终是人,在匡正政治与人、文化与人、道德与人的关系中发展。课堂参与者情感的调度是将政治认知纳入个体生命记忆的前提。如何跨过时空将革命家的青春和忠贞的信仰,让网络时代的青年学生有代入感,需要辅以调动肢体参与的仪式,如运用地方红色基地、地方档案、地方非物质文化遗产、影视产品、情景剧、制作手工等多种教学手段,只有从课堂参与者的情感、态度生成出发,在时空矩阵下教学才会更重视史实事件和意义象征,当青年对"四史"的感知不异变、不退化,对民族屈辱史的疼痛感、对"自由人联合体"的峻烈、庄严及凌厉感就会被更有力地唤起,就更愿意用"终极目光"解读地方社会发展变迁、中国特色社会主义理论与道路选择,解读世界格局与人的全面发展。

(三)意义建构的方式:学科符号与生活符号的联结

在符号的运用下,意义得到多层次的披露,情感与态度被到位地传达,身份被准确地界定。在新时代背景下,学科话语与生活伦理交织应验,立足意识形态情境、中国场景和地方文脉,以促成关于中华民族伟大复兴的"'象征意义体系'——一个共同的经验、期待和行为空间"①。首先,学科符号所传达的并非只是阶级、团结、斗争、号召等语义,而是某种审美权利,乃至意识形态。其次,符号还能确保参与者的情感被迅速唤醒,实现某种沉浸式的"在场"。认可了符号体系,并形成特定审美习惯的思政课参与者会更主动地消费地方红色场馆等,亦会更主动地生产诸如党课或党史小视频等产品,因为已默定并接受符号背后的相关信息。再次,学科符号与生活符号的连接,即"宏观"与"微观"并重,才能使课堂参与者灵活地提取和应用马克思主义中国化理论去分析和解决问题。符号成为连接理论与现实之间的桥梁,帮助课程参与人建立共通。课堂通过课件、资料、话题、作业等的设计、实施,使得教学参与者循环交互,对课程内容感知、展演、传递,推动社会接受(态度)和意义凝聚(共同体)。

---

① [德]阿斯曼.文化记忆:早期高级文化中的文字、回忆和政治身份[M].金寿福,黄晓晨,译.北京:北京大学出版社,2015:6.

三、意义建构的实践探索

意义不是一个被"场"所限制的客体，而是一个不断流动的乐章，思政课教学必将致力于共同体所需的价值、行为与心理体验，促进学生感受他们实际上（从未）经历过的斗争史、建设史，最终促成源于历史、面向未来的共同体的身份确认与交互。

（一）教学空间：融合线上与线下

教学空间不仅是教学活动背景的物理空间，更是人际关系交互的一种社会空间，以及教学参与者信仰、价值等身份确认的精神空间。佐藤学指出："在教与学的过程中，关于教学内容的认知性问题是同人际关系中的社会性问题与自身的伦理性问题难分难解地纠缠在一道而形成的……"[1] 高校思政课教学就是让"四史"穿越时空，从"向历史深入"到"向历史汲取"，最终目的是唤醒被凝固的人的主体能力和本质力量。为了达到教育目的，课程必将创设多种教育方式和手段帮助参与者"摆脱这些外在现实的禁锢和袭扰，驱散外在现实对他们的内在占有，克服以'异己'的怪兽面目出现的外在现实对人们自身存在之中的创造力的剥夺"[2]。线下 40 分钟一堂课，几百页的教材，是不足以让这样宏大的"态度—身份确认"的教学目标完成的。为此，地方高校思政课必须坚定利用教学空间新的结构形态，实施线上与线下融合，拓展教学空间格局。教学空间从根本上来说，具有社会性，是"场域"，为此，无论线上还是线下都要关照人际交往，利用智能技术和手段，通过影视片段、学科前沿研究、重大讲话精神等的延展式观看、阅读、体验，以及师生间、生生间的讨论、角色扮演等教学方式，关照人的情感、态度和价值观等精神认同和归属，推进学生知识化、情感化、价值化乃至身份确认的演进路径。

（二）教学内容：赋予"四史"新的意义

思政课的魅力来自对现实的深切关注，在"活现实"中加强思想引导。教学中在事象层面上当尊重史实，基于"证据推理"力求"还原"，实现"跟党走"政治身份的引导建构；但在意义层面务须"重构"，要把握历史事象对于变动中的现实生活所不断生发的意义。随着新时代教学新技术（数字化、智媒体）

---

① 佐藤学，钟启泉. 教室的困惑 [J]. 华东师范大学学报（教育科学版），1998（2）：16-26.

② ［法］皮埃尔·布迪厄，［美］华康德. 实践与反思：反思社会学导引 [M]. 李猛，李康，译. 北京：中央编译出版社，1998：263-278.

运用、（案例、混合等）教学模式创新以及新发展格局下的社会处境，动态实践中的教学必将不断挖掘"四史"在新时代以及地方发展中的新动能，通过对"斗争史""建设史"的主导介入和党始终不渝为人民的情感"共享"，引导广大青年学生深刻认识党为国家、民族和地方所作出的伟大贡献，传承党在长期奋斗中铸就的伟大精神，为新征程凝聚磅礴力量。

（三）教学方式：驱动学习的流动性

意义建构下的教与学的要素是关联、融合、渗透，无论是课程活动空间还是内容都具有连续和开放的特征，能驱动学生的学习"流动"起来，学生在时代情境和具有地方特色的场域下理解知识，在与伙伴交互中增强情感、态度等精神体验，在"神圣"感召中确认政治身份。学习不仅包括课程、学习与考试评价等制度，还激发参与者进行自主、合作、探究学习，更包括师生学校生活经历和有责任的社会生活。同理，教学亦是生命影响生命的过程，教师从知识的"灌输者"、学生学习的"管理者"、课堂教学的"主导者"变成了交互活动的"参与者"、态度厘清的"帮助者"、身份确认的"引导者"，教学变成了一种师生之间、生生间的合作交往、意义建构活动。